BONAVENTURA · BREVILOQUIUM

CHRISTLICHE MEISTER
52

BONAVENTURA

BREVILOQUIUM

JOHANNES

Übertragen, eingeleitet und mit einem Glossar versehen von Marianne Schlosser

Johannes Verlag Einsiedeln, Freiburg [2]2006

Druck: Friedrich Pustet, Regensburg
ISBN 3 89411 373 1

INHALT

II. TEIL: ÜBER DIE ERSCHAFFUNG DER WELT

III. TEIL: DIE VERDERBNIS DER SÜNDE

IV. TEIL: ÜBER DIE MENSCHWERDUNG DES WORTES

V. TEIL: DIE GNADE DES HEILIGEN GEISTES

VI. TEIL: DAS HEILMITTEL DER SAKRAMENTE

«Ich meine, an erster Stelle unter allen Doktoren der Theologie müßte man Bonaventura empfehlen. In meinen Augen ist er – die anderen mögen es mir nicht verübeln – ein einmalig geeigneter Lehrer. Man ist bei ihm in besten Händen, wenn man Erleuchtung des Verstandes und Entflammung des Herzens sucht. Zwei seiner Werke – das andere übergehe ich für jetzt – sind begnadete Darlegungen von großer Dichte: Das Breviloquium und das Itinerarium.»[1]

Mit solchen und ähnlichen Worten pflegte Jean Gerson, einige Jahre lang Kanzler der Universität Paris, Studierenden wie auch theologisch interessierten Ordensleuten die Lektüre des seraphischen Lehrers ans Herz zu legen. Die Beschäftigung mit seiner Lehre würde gewisse Krankheiten in der theologischen Wissenschaft heilen, nämlich die Sucht, sich mit ganz neuen, ausgefallenen Theorien zu profilieren, und die Gefahr, die Zeit mit überflüssigen Spitzfindigkeiten zu vertun, anstatt das Wesentliche und Notwendige zu lernen. Gerson bedauerte zutiefst, daß man «einen solchen Lehrer, wie ihn Paris vielleicht kein zweitesmal hatte, links liegen» lasse, ja, daß er schier in Vergessenheit geraten sei.

Freilich, eine theologische Schule wie Thomas von Aquin oder Johannes Duns Scotus hat Bonaventura nicht begründet. Doch ganz so kläglich, wie Gerson es zeichnet, verlief die Rezeption des Breviloquium nicht. Die Edi-

[1] Jean GERSON, De libris legendis a monacho, n.5 f. (Oeuvres complètes, ed. P. GLORIEUX, IX, 612 f.); vgl. Brief an einen Kartäuser, 1428 (II, 322), Brief vom 7. Dez. 1426 (II, 276 ff.); Contra curiositatem studentium (III, 231-249).

toren der Opera omnia, in deren V. Band sich die letzte Edition des lateinischen Textes findet, listen 227 Handschriften vom Ende des 13. bis zum 15. Jahrhundert auf. Unter allen Werken Bonaventuras sind Breviloquium und Itinerarium am häufigsten ediert worden, das Breviloquium zum ersten Mal 1472 in Nürnberg. Es wurde von anderen Autoren benützt, zum Beispiel ausführlich, aber ohne Namensnennung, von Hugo Ripelin in seinem einflußreichen theologischen Handbuch «Compendium theologicae veritatis».

Bonaventura (1217/21-1274) verfaßte seine kleine Summa mit einer klaren Absicht, die er im Prolog (§7) erläutert. Vielen komme die Beschäftigung mit der «Heiligen Schrift», das heißt, die theologischen Vorlesungen darüber, «wie ein düsterer Wald» vor; unübersichtlich und verstreut würden die Inhalte vermittelt. Ganz ähnlich beschreibt Thomas von Aquin zu Beginn seiner «Summa theologiae», die ja ebenfalls als Lehrbuch für Anfänger gedacht ist, die Misere der Studierenden. Bonaventura kann zum Zeitpunkt der Abfassung – das Breviloquium dürfte gegen Ende des Jahres 1256 verfaßt worden sein – auf mehrere Jahre Lehrtätigkeit zurückblicken. Als Bakkalaureus hatte er von 1250 bis 1252 die vier Bücher «Sentenzen» des Petrus Lombardus kommentiert, nachdem er bereits 1248 eine Einführungsvorlesung über das Lukas-Evangelium gehalten hatte. Nach der Promotion zum theologischen Magister las er über das Buch Kohelet, das Johannes-Evangelium, überarbeitete seinen frühen Lukas-Kommentar, hielt verschiedene umfangreiche Disputationen. Im Breviloquium will er, «auf Bitten und Fragen der Brüder» eingehend, in systematischer Ordnung das theologische Grundwissen vorlegen, das sie zur Schriftauslegung – dem Kernstück der theologischen Vorlesungen –

brauchen. Denn ohne ein Fundament an Glaubenswissen ist schöpferisches theologisches Denken nicht möglich. Ebensowenig kann eine fruchtbare Auslegung der Hl. Schrift gelingen, wenn man sie nicht als Ganzes kennt.

In sieben Schritten präsentiert dieser «Grundkurs Theologie»[2] die klassischen Traktate der Dogmatik: Gotteslehre, Schöpfungslehre, Christologie, Gnadenlehre, Sakramententheologie und Eschatologie. Die Zahl der 72 Kapitel erinnert dabei ebenso an die 72 Jünger, die der Herr zur Verkündigung aussandte, wie auch an die Übersetzer der Septuaginta. Da nun weder die Hl. Schrift, noch die theologische Wissenschaft lediglich das Wissen von Gott vermehren wollen, sondern darauf hinzielen, «daß der Mensch gut werde», sind «Glauben» und «Sitten» nicht zu trennen. Was wir heute als Fundamentalmoral kennen, legt Bonaventura innerhalb der Gnadenlehre und der Lehre vom Sündenfall dar. Auch kirchenrechtliche oder liturgische Aspekte etwa im Bereich der Sakramentenlehre werden ganz selbstverständlich eingeflochten. Theologie zeigt sich hier noch einmal als *eine* Wissenschaft, wiewohl sie so viele Bereiche umfaßt.

Diese Einheit gründet in dem «einen Prinzip», dem einen URSPRUNG von allem: Theologie ist Wissenschaft vom Schöpfer und von allem Geschaffenen, insbesondere vom Menschen und seiner Berufung. «Weil nun das vernunftbegabte Geschöpf, welches gewissermaßen das Ziel aller Dinge ist, nicht in dem Zustand stehenblieb, in dem es erschaffen war, sondern fiel, und nach dem Fall der

[2] Das Breviloquium ist in der Tat auch unter Titeln wie: «Summarium», «Introductorius in totam Sacram Scripturam», «Breviarium» und «Summa fratris Bonaventurae» überliefert: B. DISTELBRINK, Bonaventurae scripta, authentica, dubia, spuria, critice recensita, Rom 1975, 3.

Wiederherstellung bedurfte, darum handelt die Theologie auch vom Schaden der Sünde, vom Arzt, der Heilung und dem Heilmittel, und schließlich von der vollkommenen Gesundung...» (I, 1). Am Modell von Krankheit, Arzt und Heilung, das sich durch alle Kapitel zieht, entfaltet Bonaventura den Aufbau des Breviloquium – eine heilsgeschichtliche Dogmatik.

Um das Gedächtnis der Studenten nicht zu überlasten, verzichtet Bonaventura in seiner «Summa» darauf, gegensätzliche Argumente zu referieren – wie es etwa Thomas in der «Summa theologiae», freilich in sehr gestraffter Weise, tut. Statt dessen weist jedes Kapitel die gleiche Struktur auf: In einem kurzen ersten Absatz wird gleichsam im Katechismus-Stil dargelegt, was Glaubenslehre oder gemeinhin anerkannte theologische Lehre ist: *«tenendum est»*. Im zweiten, sehr viel umfangreicheren Teil werden die einzelnen Punkte theologisch begründet und erläutert: *«ratio ad praedictorum intelligentiam»*. Ziel ist der Aufweis der inneren Stimmigkeit des Geglaubten, seiner *«ratio»*, also des inneren Grundes, warum etwas so ist. Wird dieser innere Grund erfaßt, so leuchtet er im «Verstehen» wider: Das zu Glaubende *(credibile)* wird als etwas auch «Einsichtiges» *(intelligibile)* erfaßt. Genau dies ist nach Bonaventura das Feld der theologischen Wissenschaft: «das zu Glaubende unter der Hinsicht, daß es verstehbar ist».

Im Breviloquium setzt sich Bonaventura das Ziel, jede einzelne Begründung im «Ersten Ursprung» *(primum principium),* in Gott selbst zu verankern (§7). Denn Gott ist nicht nur der Ursprung alles Geschaffenen schlechthin, sondern in besonderer Weise Ursprung und letzter Grund alles theologischen Wissens. Theo-logie ist möglich, weil zuerst, *principaliter,* Gott von sich selbst spricht.

Diese Mitteilung Gottes im Wort und im Heiligen Geist, für die er selbst «Urheber und Gewährsmann» *(auctor)* ist, bedeutet für den Menschen Erkenntnis, Leben und Seligkeit. Gerade diese Erkenntnis wird in der Heiligen Schrift vermittelt, die daher in einem «ursprünglichen» Sinn «theologia» heißt (§5; I,1): Gottesrede. Sie hat in Gott ihren Ursprung und Grund, sie hat Gott zum Gegenstand, sie entspricht ihm – das heißt, sie hat ihre eigene Methode, wodurch der Mensch in Erkenntnis und Liebe Gott ähnlich werden soll – und sie hat die selige Gemeinschaft mit ihm zum Ziel. Die theologische Wissenschaft unterscheidet sich nicht durch ihren Gegenstand von der Hl. Schrift und auch nicht in ihrem letzten Ziel, sondern nur durch die Art, wie sie das zu Glaubende darlegt. Die Hl. Schrift hat als Inhalt das zu Glaubende gerade unter der Hinsicht, daß es die Antwort des Glaubens fordert *(credibile ut credibile),* daher entspricht ihr weniger die literarische Gattung einer Disputation, als vielmehr Mahnungen, Gebote, Erzählungen, Verheißungen. Die theologische Wissenschaft aber beschäftigt sich mit dem zu Glaubenden, insofern es dem tieferen Verstehen zugänglich und aufschließbar ist *(credibile ut intelligibile)*, darum sucht sie nach Begründungen, zeigt Zusammenhänge auf, argumentiert. Bonaventura bietet also im Prolog des Breviloquium eine Art «Fundamentaltheologie», von der M.-D. Chenu zu Recht sagte, er habe damit «das schönste Programm geistlicher Hermeneutik, das im 13. Jahrhundert entwickelt wurde»[3] vorgelegt.

[3] Das Verhältnis «Theologie» und «Hl. Schrift» bei Bonaventura wird immer wieder diskutiert, vgl. E. FALQUE, Saint Bonaventure et l'entrée de Dieu en théologie. La Somme theologique du Breviloquium (Prologue et première partie), Paris 2000, sowie die kritische Antwort darauf: H. DONNEAUD, Le sens du mot théologia chez Bonaventure, RevThom 102 (2002), 273-295.

Die «Stimmigkeit» einer Glaubenslehre in ihrem Verhältnis zu anderen, offenkundigeren oder bereits dargelegten Wahrheiten drückt Bonaventura bevorzugt mit der Formulierung *«debet esse»* aus. Im Deutschen gibt es dafür kaum eine adäquate Übersetzung. Es kann fast soviel heißen wie: «es muß so sein», doch ist damit natürlich keine äußere Notwendigkeit für Gott gemeint, noch eine den Verstand unter allen Umständen zwingende Evidenz. Die Übersetzung: «es ist angemessen», klingt dagegen zu schwach. Sehr deutlich sieht man dies etwa im 1. Kapitel des IV. Teiles «Über die Notwendigkeit *(quod debuit incarnari)* und den tiefen Sinn *(decuit incarnari)* der Menschwerdung des WORTES»: «...nicht weil Gott die Menschheit nicht auf andere Weise hätte retten können, sondern weil keine andere Weise so passend und in solch hohem Grade angemessen war...» Mit diesen Formulierungen wird die eigentümliche Kraft der Glaubens-Einsicht zum Ausdruck gebracht, gleichsam ein eigener Grad von Evidenz. Sie macht den Glaubensakt nicht überflüssig, läßt aber doch die Wahrheit, die Gott in sich ist, und die innere Konvenienz seines Handelns in besonderer Klarheit aufleuchten.

Gewiß wird den heutigen Leser auch manches überraschen oder vielleicht herausfordern. Das Breviloquium ist passagenweise auch eine anstrengende Lektüre. Man erwartet vielleicht nicht, daß der «Fürst unter den mystischen Theologen», für den die Grenzlinie zwischen wissenschaftlicher Theologie und sapientialer Gotteserfahrung durchlässig ist, so viel Wert auf terminologische Exaktheit in der Trinitätslehre legt. Doch zeigt gerade das intellektuelle Bemühen, den Glauben auf die rechte Weise zu denken, wie der Theologe das Geheimnis Gottes ehrt. Man staunt über die Selbstverständlichkeit, mit der Bonaventura die Naturwissenschaft oder -philosophie seiner Zeit in die

Schöpfungslehre einbindet. Die hier nur «summatim» vorgestellte Schöpfungstheologie zeugt im übrigen davon, wie wenig «naiv» die Vorstellungen großer mittelalterlicher Theologen über den Beginn des kontingenten Seins, den Sinn der «Sechs Tage» oder die Stellung der Erde im Kosmos waren. Befremdlich mögen schließlich manchem die detaillierten Ausführungen über das Jüngste Gericht vorkommen. Doch, um nur eines herauszugreifen: die eingehenden Überlegungen, wie denn der verherrlichte Leib der Auferstandenen beschaffen sein müsse, lassen einen sehr nachdenklich werden, was die verbreitete Auffassung von der «leibfeindlichen Theologie» augustinisch geprägter Autoren des Mittelalters angeht.

Jean Gerson war nicht der erste und nicht der letzte, der das Breviloquium schätzte. Für Matthias Joseph Scheeben ist es ein «Juwelenkästlein», das mit jedem Wort eine große Frage löse und die Quintessenz der mittelalterlichen Theologie in sich berge; und Marie-Dominique Chenu sieht in ihm die franziskanisch inspirierte Theologie geradezu inkarniert[4]. In der Tat ist es nicht nur theologiehistorisch betrachtet ein Meisterstück, sondern vermag Licht auf Fragen zu werfen, die zu allen Zeiten gestellt werden.

Die hier vorgelegte Übersetzung beruht auf dem lateinischen Text des Breviloquiums im V. Band der Opera omnia (Quaracchi 1891)[5]. Sie will eine möglichst treue

[4] M.J. SCHEEBEN, Handbuch der Katholischen Dogmatik, Freiburg 1933, Bd. I, 432; M.-D. CHENU, La théologie comme science au XIIIe siècle, Paris 1943, 55.58.

[5] Für eine eingehende Beschäftigung mit dem Breviloquium im Kontext des Gesamtwerkes Bonaventuras ist besonders empfehlenswert die Ausgabe von Antonius M. a Vicetia, Freiburg 1881.

und zugleich lesbare Übertragung sein, um damit auch eine Hilfe zur Lektüre des Originals zu geben. Die größtmögliche Treue aber besteht bekanntlich nicht immer in größtmöglicher Wörtlichkeit. Wollte man etwa Bonaventuras subtil gebaute, in ausgezeichnetem Latein geschriebene Perioden im Deutschen nachahmen, so wäre das oft nur um den Preis einer Schwerfälligkeit zu erreichen, die genau jene Luzidität des lateinischen Textes verdecken würde. Eine besondere Schwierigkeit ergab sich darüber hinaus für die Übersetzung spezifischer Termini, die im Deutschen entweder überhaupt kein gebräuchliches Äquivalent haben – wie zum Beispiel «rectitudo»/«Rechtheit» – oder recht verschiedene Bedeutungen in sich schließen – wie zum Beispiel «memoria», «pietas» oder «virtus». Ein und dasselbe lateinische Wort wird daher nicht immer mit demselben deutschen Wort wiedergegeben. Um dem Leser einen Rückschluß zu ermöglichen, wird des öfteren (in Klammern) auf den lateinischen Begriff verwiesen. Ein Verzeichnis lateinischer Termini mit Erläuterung und Textverweisen soll eine zusätzliche Hilfe sein. Einige Anmerkungen im Text schienen unumgänglich. Sie beschränken sich, da eine Erläuterung aller (etwa der naturphilosophischen) Einzelheiten den Rahmen gesprengt hätte, auf das theologische Verständnis des Textes.

München, am Fest des hl. Bonaventura 15. Juli 2002

Marianne Schlosser

§ 1 Ursprung, Entfaltung und Ziel der Hl. Schrift

«Ich beuge meine Knie vor dem *Vater* unseres Herrn Jesus Christus, von dem alle Vaterschaft im Himmel und auf Erden ihren Namen hat, und bitte, er möge euch aufgrund des Reichtums seiner Herrlichkeit schenken, daß ihr dem inneren Menschen nach an Kraft und Stärke zunehmt durch seinen *Geist,* daß *Christus* durch den Glauben in euren Herzen wohne, und ihr so, in der Liebe fest verwurzelt und gegründet, mit allen Heiligen erfassen könnt, was die Breite, Länge, Höhe und Tiefe sei, ja daß ihr die Liebe Christi verstehen sollt, die alles Verstehen übersteigt, damit ihr erfüllt werdet von der Fülle Gottes» (Eph 3,14-19).

Der große Lehrer der Völker und Prediger der Wahrheit (1 Tim 2,7), vom Geist Gottes erfüllt, gleichsam ein auserwähltes und geheiligtes Gefäß (Apg 9,15), weist uns mit diesen Worten den *Ursprung,* die *Entfaltung*[1] und das *Ziel* der Heiligen Schrift, die Theologie genannt wird. Er will damit ausdrücken, daß der Ursprung der Heiligen Schrift in der fließenden Gnade[2] der Heiligsten Dreifaltigkeit zu suchen ist, ihre Entfaltung sich nach den Erfordernissen der menschlichen Aufnahmefähigkeit richtet, ihr Ziel oder ihre Frucht aber in der Überfülle überfließender Seligkeit besteht.

[1] *progressus*: Verlauf, Methode, Fortschreiten, Vorgehen, Entwicklung.

[2] *influentia*: wörtlich «Einfließen», von Bonaventura oft als Synonym für das *Gnadenwirken Gottes* gebraucht.

Den *Ursprung (ortus)* hat die Hl. Schrift oder Theologie nicht im menschlichen Forschen, sondern in der göttlichen Offenbarung. Diese fließt vom «Vater der Lichter» (Jak 1,17), «von dem alle Vaterschaft im Himmel und auf Erden ihren Namen hat», von dem auch der Hl. Geist in uns strömt durch seinen Sohn Jesus Christus[3]. Durch den Hl. Geist nun, der seine Gaben jedem austeilt und schenkt, wie er will (1 Kor 12,11), wird der Glaube geschenkt (9), und durch den Glauben wohnt Christus in unseren Herzen. Das ist die Kenntnis von Jesus Christus, aus der die Festigkeit *(firmitas)* der ganzen Hl. Schrift und die Einsicht in sie *(intelligentia)* quillt. Es ist daher unmöglich, daß jemand in die Erkenntnis der Hl. Schrift Eingang gewinnt, wenn er nicht zuvor den Glauben an Jesus Christus gnadenhaft empfangen hat; denn der Glauben an Christus ist gewissermaßen die Leuchte, die Tür und das Fundament der gesamten Heiligen Schrift[4]. Der Glaube ist nämlich das sichere Fundament, die wegweisende Leuchte und die Pforte für alle übernatürlichen Erleuchtungen, solange wir «fern vom Herrn pilgern» (2 Kor 5,6). Nach dem Maß des Glaubens müssen wir die uns von Gott geschenkte Weisheit messen, damit «nicht einer mehr weise sei als gut ist, sondern in Nüchternheit, so wie Gott einem jeden den Glauben gegeben hat» (Röm 12,3). Mittels dieses Glaubens wird uns die Kenntnis der Heiligen Schrift gegeben, entsprechend der fließenden Gnade der Heiligsten Dreifaltigkeit. Das will der Apostel im ersten Teil des zitierten Textes nahebringen.

[3] In diesem Geist des Sohnes rufen wir nämlich: Abba – Vater: Röm 8,15.

[4] «Leuchte», «Tür» und «Grundstein» sind biblische Namen für Christus selbst. «Wandelt, solange ihr das Licht habt…» (Joh 12,35); «Ich bin die Tür, wer durch mich ein- und ausgeht, wird Weide finden…» (Joh 10,9); «einen anderen Grund kann niemand legen, als der gelegt ist: Jesus Christus» (1 Kor 3,11).

Die *Entfaltung* oder der Verlauf *(progressus)* der Heiligen Schrift ist nicht eingeengt auf die Gesetze der Argumentation, Definitionen oder Einteilungen, wie es der Methode anderer Wissenschaften entspricht. Ihr Verlauf ist auch nicht eingeschränkt auf einen Teilbereich des Ganzen. Sie gibt vielmehr als übernatürliche Erleuchtung dem Menschen im Pilgerstand eine hinreichende Erkenntnis der Dinge, so wie es ihm zum Heile dient. Daher bedient sie sich zuweilen ganz klarer Worte, zuweilen geheimnisvoller, um gleichsam insgesamt zu beschreiben, was das Universum enthält – und hier erkennt man ihre *Breite*. Sie beschreibt den Ablauf der Geschichte – und hierin erkennt man ihre *Länge*. Sie beschreibt die Herrlichkeit derer, die am Ende gerettet werden sollen – hierin erkennt man die *Höhe;* und das Elend derer, die der Verwerfung verfallen – und darin besteht die *Tiefe,* wobei nicht nur die Tiefe des Universums gemeint ist, sondern die Tiefe des göttlichen Urteils. So beschreibt die Hl. Schrift das ganze Universum, so weit die Kenntnis davon zum Heil förderlich ist: nach Länge, Breite, Höhe und Tiefe. Die Hl. Schrift zeigt selbst in der Art ihres Vorgehens diese vier Eigenschaften; wir werden das später erläutern. Denn dies entspricht auch der menschlichen Aufnahmefähigkeit: Der Mensch ist dazu geboren, Großes und Vieles großartig und vielfältig zu erkennen, gleichsam wie ein ganz feiner Spiegel, in dem sich die Gesamtheit aller Dinge der Welt spiegeln soll, und zwar nicht auf natürliche Weise, sondern auch auf übernatürliche[5].

[5] D.h.: Mittels der natürlichen Erkenntniskraft ist der Mensch bereits *quodammodo omnia,* potentiell auf die Gesamtheit des Erkennbaren bezogen. Die übernatürliche Erkenntnis, die auf göttlicher Offenbarung beruht, bleibt an «Weite» hinter der natürlichen Kapazität nicht zurück.

Das *Endziel*[6] bzw. die *Frucht (fructus)* der Hl. Schrift ist kein geringeres als die Fülle der ewigen Seligkeit. Dies ist ja die Schrift, in der «Worte des ewigen Lebens» sind; und sie ist nicht nur geschrieben, damit wir glauben, sondern damit wir das ewige Leben haben, in dem wir schauen und lieben werden, und in dem all unsere Sehnsucht gestillt werden wird. Wenn sich das erfüllt, werden wir wahrhaft «die Liebe verstehen, die alles Verstehen übersteigt», und wir werden «erfüllt sein von der ganzen Fülle Gottes». In diese Fülle will uns die Hl. Schrift einführen, so wie es das oben zitierte Apostel-Wort wahr und klar zum Ausdruck bringt. Mit diesem Ziel und in dieser Absicht ist die Hl. Schrift zu erforschen, zu lehren und auch zu hören.

Damit wir auf dem Weg zu jener Frucht recht vorankommen und auf dem rechten Weg der [Hl.] Schriften das Ziel erreichen, müssen wir mit dem *Ursprung* beginnen: Das heißt, wir wollen mit lauterem Glauben zum «Vater der Lichter» hintreten und die Knie unseres Herzens beugen, daß er uns durch seinen Sohn im Hl. Geist die wahre Erkenntnis von Jesus Christus verleihe und mit dieser Erkenntnis die Liebe zu ihm; so daß wir in dieser Erkenntnis und Liebe zu ihm «im Glauben fest gegründet und in der Liebe verwurzelt» auch die Breite, Länge, Höhe und Tiefe der Heiligen Schrift erkennen können; und durch diese Erkenntnis schließlich zur vollen Erkenntnis und zur alles übersteigenden Liebe *(excessivus amor)* zur Heiligsten Dreifaltigkeit gelangen. Dahin zieht es ja die Sehnsucht der Heiligen, dort ist der Endzustand erreicht und die Erfüllung alles Guten und Wahren.

[6] *status:* Der Zustand, wo etwas zum Stehen, das heißt, zum Abschluß oder Ziel kommt.

Im Verlangen nach diesem *Ziel* der Hl. Schrift, nach dem wir uns ausstrecken, und im Glauben an ihren *Ursprung*, den wir im Gebet anrufen, müssen wir nun die *Entfaltung* in den Blick nehmen – und zwar nach «Breite, Länge, Höhe und Tiefe», so wie uns jene oben zitierte Apostelstelle den Weg und das entsprechende Vorgehen weist. Die Breite besteht in der Vielzahl der Teile der Hl. Schrift, die Länge in der Beschreibung von Zeiten und Epochen, die Höhe in der Beschreibung der heiligen Ordnungen *(hierarchiae)*, die aufsteigend geordnet sind, die Tiefe in der Vielfalt des geistlichen Sinnes bzw. der geistlichen Einsichten, die in ihr sind.

§ 2 Die Breite der Heiligen Schrift

Wenn wir die Breite der Hl. Schrift betrachten wollen, springt uns als erstes die Einteilung in zwei Testamente, das Alte und das Neue, ins Auge. Das Alte Testament präsentiert sich in einer Vielzahl von Büchern: Bücher des Gesetzes, der Geschichte, der Weisheit und der Prophetie. Die Bücher des Gesetzes sind fünf, der Geschichte zehn, der Weisheit fünf, der Propheten sechs, so daß sich insgesamt sechsundzwanzig Bücher ergeben. Ähnlich hat auch das Neue Testament Bücher, die diesen vier Arten entsprechen: Den Büchern des Gesetzes entsprechen die Evangelien, den Geschichtsbüchern die Apostelgeschichte, den Weisheitsbüchern die Apostelbriefe, den prophetischen Büchern die Apokalypse. So ergibt sich eine wundersame Entsprechung zwischen Altem und Neuem Testament, nicht nur hinsichtlich inhaltlicher Übereinstimmung, sondern auch in der Viergestaltigkeit. Als Vorausbild und Vorausbezeichnung dafür schaute Ezechiel das Rad mit den vier Gesichtern, und ein Rad in der Mitte des Rades; denn das Alte ist im Neuen und umgekehrt. In den Gesetzesbüchern und den Evangelien kannst du das Antlitz des Löwen sehen, wegen der erhabenen Vollmacht *(auctoritas)*, in den Geschichtsbüchern das Antlitz des Stieres, denn hier findest du Beispiele der Tugend, in den Weisheitsbüchern das Antlitz des Menschen, wegen Klugheit und Scharfsinn, in den prophetischen Büchern das Antlitz des Adlers, wegen seiner durchdringenden Einsicht.

Ganz richtig wird die Hl. Schrift in ein Altes und ein Neues Testament unterteilt, und nicht etwa in einen theoretischen und einen praktischen Teil wie die Philosophie. Weil nämlich die Hl. Schrift wesentlich auf der Glaubenserkenntnis gründet, und der Glaube als Tugend auch Grundlage des sittlichen Verhaltens, der Gerechtigkeit und überhaupt des ganzen rechten Lebens ist, kann in der Hl. Schrift das Wissen von Sachverhalten *(notitia rerum)*, das heißt: der Glaubensgegenstände, nicht vom moralischen Wissen *(notitia morum)* getrennt werden. Das ist bei der Philosophie anders; denn sie befaßt sich nicht nur mit der Wahrheit des sittlichen Bereichs, sondern auch mit dem Wahren strikt für sich genommen. Die Hl. Schrift aber enthält ein Wissen, das zum Guten bewegt und vom Bösen abhält, und sie bewirkt das durch Furcht und Liebe. Deswegen wird sie in zwei Testamente eingeteilt, deren Unterscheidung sich in Kürze als die Unterscheidung von Furcht und Liebe bezeichnen läßt[7].

[7] *timor et amor* (vgl. Röm 8,14f. mit Gal 4,24). Bereits bei Augustinus, Contra Adimantium, cap. 17, heißt es: «Das ist die kürzeste und klarste Unterscheidung zwischen Altem und Neuem Testament (...) jedoch entstammen beide dem barmherzigen Heilshandeln Gottes *(misericordissima dispensatione)*».

Nun läßt sich ein Mensch aber auf vierfache Weise zum Guten bewegen oder vom Bösen abhalten: durch die Gebote der *machtvollsten Majestät,* durch die Erweise der *weisesten Wahrheit,* durch das Vorbild und die Wohltaten der *lautersten Güte,* oder durch dies alles *zusammen.* Um dem zu entsprechen, sind die Bücher, welche die Hl. Schrift bilden, sowohl im Alten wie im Neuen Testament in viergestaltiger Form überliefert. Denn die Gesetzesbücher bewegen durch die Gebote der Majestät, die allmächtig ist, die Geschichtsbücher durch Beispiele der Güte, die ganz lauter ist, die Weisheitsbücher durch Zeugnisse der Wahrheit, die alles vorhersieht. Die prophetischen Bücher bewegen durch all dies zusammen, wie klar auf der Hand liegt; daher rufen sie gewissermaßen die ganze Weisheit und Lehre des Gesetzes in Erinnerung.

Die Hl. Schrift gleicht einem breiten Strom, der durch das Zufließen vieler Wasser immer mehr zunimmt, je länger sein Weg ist. Denn zuerst waren die Bücher des Gesetzes, dann kam das Wasser der Weisheit in den Geschichtsbüchern hinzu, an dritter Stelle kam die Lehre des weisen Salomo, danach die Lehre der heiligen Propheten, endlich die im Evangelium offenbarte Lehre, durch den Mund Christi verkündet, durch die Evangelisten aufgeschrieben, durch die Apostel verbreitet. Es kamen hinzu die Zeugnisse, in denen der Heilige Geist, der auf die Apostel herabkam, uns durch sie belehrte; so daß sie – wie es der Herr verheißen (Joh 16,13) – durch den Hl. Geist in aller Wahrheit unterwiesen, die Lehre der ganzen heilbringenden Wahrheit an die Kirche Christi übergaben, und so im Abschluß der Hl. Schrift die Erkenntnis der Wahrheit verbreiteten *(dilatarent).*

§ 3 Die Länge der Hl. Schrift

Die Hl. Schrift besitzt auch eine Länge, die in der Beschreibung der Zeiten und Zeitalter vom Ursprung der Welt bis zum Tag des Gerichtes besteht. Sie beschreibt ja, wie sich der Lauf der Welt über die drei Zeiten des *Naturgesetzes,* des *geschriebenen Gesetzes* und des *Gesetzes der Gnade* zieht. In diesen drei Zeiten unterscheidet sie auch sieben Zeitalter: das erste reicht *von Adam bis Noach,* das zweite von *Noach bis Abraham,* das dritte von *Abraham bis David,* das vierte *von David bis zur Verschleppung nach Babylon,* das fünfte *von der Verschleppung nach Babylon bis zu Christus,* das sechste *von Christus bis zum Ende der Welt;* das siebte Zeitalter aber läuft parallel zum sechsten, es beginnt nämlich mit der *Grabesruhe Christi* und dauert *bis zur allgemeinen Auferstehung.* Dann beginnt das achte Zeitalter der Auferstehung. Somit hat die Hl. Schrift die zeitlich längste Ausdehnung; denn sie beginnt mit der Behandlung des Anfangs von Welt und Zeit zu Beginn der Genesis und gelangt schließlich bis zum Ende von Welt und Zeit am Schluß der Apokalypse.

Es hat seinen guten Sinn, daß die gesamte Zeit, welche die drei Gesetzeszeiten durchläuft – die Zeit des innerlich eingesenkten Naturgesetzes, des von außen gegebenen mosaischen Gesetzes und des von oben [durch den Hl. Geist] eingegossenen Gesetzes –, auch in sieben Altern verläuft und ihre Vollendung am Ende des sechsten Zeitalters erreicht: Auf diese Weise entspricht die Geschichte der Welt der Entstehung der Welt [die in sechs Tagen erschaffen wurde], zugleich entsprechen die Zeiten des Makrokosmos denen des Mikrokosmos, nämlich dem Menschen, um dessentwillen die Welt geschaffen ist. Denn das erste Zeitalter: der Erschaffung der Welt, des

Falles der Dämonen und der endgültigen Festigung *(confirmatio)* der guten Engel, entspricht genau dem ersten Tag, an dem das Licht erschaffen und von der Finsternis getrennt wurde (Gen 1,3). Das zweite Zeitalter, in dem in der Arche durch die Flut hindurch die Guten gerettet, die Schlechten aber ausgetilgt wurden, entspricht dem zweiten Tag, an dem das Firmament gebildet wurde und Wasser von Wasser geschieden wurde. Das dritte Zeitalter, in dem Abraham berufen wurde und die Synagoge ihren Anfang nahm, die fruchtbar sein und Nachkommen hervorbringen sollte, die Gott die Ehre gäben, entspricht dem dritten Tag, an dem die Erde hervortrat und grüne Kräuter hervorbrachte. Das vierte Zeitalter, in dem Königtum und Priestertum kraftvoll waren – denn der König David gestaltete den Gottesdienst reicher aus –, entspricht dem vierten Tag, an dem die Leuchten des Himmels und die Sterne erschaffen wurden. Das fünfte Zeitalter, an dem sie auswandern mußten und unter vielen Völkern weilten und in Bedrängnis waren, entspricht dem fünften Tag, an dem die Fische und Vögel aus dem Wasser erschaffen wurden. Das sechste Zeitalter, in dem Christus in Menschengestalt geboren wurde – Er, der wahrhaft das Abbild Gottes ist –, entspricht dem sechsten Tag, an dem der erste Mensch gebildet wurde.

Und so lassen sich die sechs Alter unterscheiden aufgrund besonders bedeutsamer Ereignisse an ihrem jeweiligen Beginn, die wiederum ihre Entsprechung zu den Schöpfungstagen begründen. So kann man das erste Zeitalter «Säuglingsalter» nennen; denn wie das Säuglingsalter ganz in Vergessenheit versinkt, so verging dieses erste Alter mit der Sintflut. Das zweite kann man «Kindheit» nennen; denn da beginnen wir zu reden. Und im zweiten Zeitalter geschah die Trennung der Sprachen. Das dritte Zeitalter ist das des «Heranwachsens»; denn hier beginnt die Zeugungskraft aktiv zu werden. Und dementsprechend wurde Abraham berufen, er erhielt die Beschneidung aufgetragen, und er bekam die Verheißung der Nachkommenschaft. Das vierte Zeitalter ist das der «jugendlichen Kraft», denn dann steht der Mensch altersmäßig in voller Blüte. Und so blühte zur Zeit der Könige die Synagoge. Das fünfte Zeitalter ist das «Alter»; denn dann lassen die Kräfte nach und die Schönheit verfällt. So geschah es auch der Priesterschaft der Juden bei der Verschleppung. Das sechste Zeitalter heißt «Greisenalter»; denn wie dieses mit dem Tod verbunden ist, aber auch viel lichte Weisheit besitzt, so endet das sechste Alter der Welt mit dem Tag des Gerichts und steht in der Vollkraft der Weisheit, die aus der Lehre Christi entspringt.

Die Hl. Schrift zeigt also, wie die Welt geordnet voranschreitet von ihrem Ursprung bis zum Ende; diese Beschreibung gleicht einem wunderschönen, wohlgeordneten Gedicht, in dem man, dem Verlauf der Zeiten folgend, die Vielfalt und in der Vielfalt doch Gleichheit, Ordnung, Gerechtigkeit und Schönheit der zahlreichen Urteile Gottes erblicken kann *(speculari)*[8], die aus der Weisheit Gottes entspringen, welche die Welt regiert. Wie also niemand die Schönheit eines Gedichtes sehen kann, außer sein Blick richtet sich auf das ganze Gedicht, so kann auch niemand die Schönheit der Ordnung und der Lenkung des Universums sehen, außer er betrachtet sie als ganze. Weil aber kein Mensch so langlebig ist, daß er die ganze Schönheit mit den leiblichen Augen erblicken könnte, noch von sich aus das Zukünftige vorhersehen

[8] *speculari:* abgeleitet von *speculum* – «Spiegel»: «wie in einem Spiegel betrachten», oder von *specula* – «Ausguck, Warte»: «Ausschau halten»; von Bonaventura wird der Ausdruck bevorzugt für die kontemplative Betrachtung verwendet.

kann, darum hat der Hl. Geist uns in Fürsorge das Buch der Hl. Schrift gegeben, dessen Länge das gleiche Maß hat wie die Lenkung des Universums.

§ 4 Die Höhe der Hl. Schrift

Die Hl. Schrift hat auch eine Höhe: Sie beschreibt stufenweise geordnete Hierarchien[9], nämlich die der Kirche, die der Engel und die Gottes selbst; man kann sie auch die unterhimmlische, die himmlische und die überhimmlische Hierarchie nennen. Die erste wird in klaren Worten beschrieben, die zweite etwas geheimnisvoller, die dritte noch geheimnisvoller. In der Beschreibung der kirchlichen Hierarchie ist die Hl. Schrift erhaben, in der Beschreibung der Engelhierarchie erhabener, in der Beschreibung der göttlichen Hierarchie höchst erhaben, so daß wir mit dem Psalmisten sprechen können: «Wunderbar ist dein Wissen, überwältigend, ich vermag ihm gegenüber nichts» (Ps 139,6).

Ja, ganz zu Recht wird dies gesagt. Denn die Dinge haben ihr Sein sowohl «in materia», das heißt *in ihrer eigenen Natur,* sie haben auch ein Sein *in der Seele* und

[9] *hierarchia:* Der vor allem in der Theologie des Dionysius Areopagita zentrale Begriff läßt sich kaum übersetzen, er umfaßt die Bedeutungen «heiliger Ursprung», «heilige Herrschaft», und «heilige Ordnung», wobei diese Aspekte nicht nur statisch verstanden sind: Es handelt sich um eine «heilige und heiligende Ordnung», die im Ein-Wirken des «heiligen Ursprungs» begründet ist. Die «erste Hierarchia» ist die der hll. Dreifaltigkeit selbst, abbildhaft zu ihr sind die Welt der Engel wie die Kirche geordnet. Bei Bonaventura wird besonders der gnadenhafte Aspekt betont: *hierarchizata* ist die Seele, die geheiligt ist, daher in der rechten, von Gott gewollten und durch Christus, den *primus hierarcha,* verliehenen Ordnung steht.

zwar aufgrund erworbener Erkenntnis, oder aufgrund von Gnade oder aufgrund der Glorie[10], und sie haben auch ein Sein *im ewigen Plan Gottes*.

Die Philosophie nun beschäftigt sich mit den Dingen, wie sie in ihrer Natur sind, oder wie sie in der Seele sind aufgrund angeborener oder auch erworbener Erkenntnis. Die Theologie aber, als eine Wissenschaft, die auf dem Glauben gegründet und durch den Hl. Geist geoffenbart ist, beschäftigt sich mit den Dingen, insofern sie mit der Gnade und der Glorie oder auch der ewigen Weisheit zu tun haben. Sie macht sich also die philosophische Erkenntnis dienstbar und nimmt aus der Natur der Dinge so viel, wie sie braucht, um einen Spiegel herzustellen, der die göttlichen Dinge zu vergegenwärtigen vermag. Auf diese Weise errichtet sie eine Leiter, die an ihrem unteren Ende die Erde berührt, an ihrer Spitze aber den Himmel. Das geschieht ganz und gar durch den einen Hierarchen Jesus Christus, der nicht nur aufgrund der angenommenen Menschennatur der Ursprung der heiligen Herrschaft in der Kirche ist, sondern auch der heilige Herrscher der Engel und die mittlere Person in der überhimmlischen Hierarchie der Heiligsten Dreifaltigkeit. So fließt durch ihn von Gott, dem höchsten Haupt, die Gnade der Salbung herab, nicht nur bis zum Bart, sondern bis zum Saum des Gewandes; denn die Gnade erreicht nicht nur das himmlische Jerusalem, sondern auch die streitende Kirche. Groß ist die Schönheit des Welt-Gebildes, viel größer aber die Schönheit der Kirche, die im Schmuck der heiligen Gnadengaben glänzt, gewaltig groß die Schönheit des himmlischen Jerusalem, alles überragend groß die

[10] *Gnade* und *Glorie* sind hier als Habitus der Gottähnlichkeit verstanden, die jeweils auch das Erkenntnisvermögen formen. So können bestimmte Dinge nur vom gnadenhaft geformten Erkenntnisvermögen erfaßt werden.

Schönheit der Allerhöchsten und Allerheiligsten Dreifaltigkeit. So hat die Hl. Schrift nicht nur einen Gegenstand von höchster Erhabenheit, durch den sie erfreut und das Verständnis des Geistes in große Höhen erhebt; sie ist auch selbst von größter Anmut und erfreut auf wunderbare Weise unseren Geist. Und indem sie auf diese Weise erfreut, macht sie unseren Geist mehr und mehr vertraut mit der Betrachtung der göttlichen Dinge und der Erhebung zu ihnen.

§ 5 Die Tiefe der Hl. Schrift

Schließlich hat die Hl. Schrift auch eine Tiefe: sie besteht in der Vielfalt der geheimnishaften Einsichten *(mysticae intelligentiae),* die in ihr liegen. Denn über den buchstäblichen Sinn hinaus kann und muß sie an verschiedenen Stellen nach dem dreifachen Schriftsinn ausgelegt werden, nämlich nach dem allegorischen, moralischen und anagogischen Sinn. Der allegorische Sinn ist gegeben, wenn durch ein Geschehnis ein anderes Geschehnis angedeutet wird – was zum Bereich des Glaubens gehört. Ein tropologischer oder moralischer Sinn ist gegeben, wenn durch ein Geschehnis etwas anderes zu verstehen gegeben wird, das zu tun ist. Anagogisch aber, d.h. «nach oben führend», ist der Sinn, wenn etwas zu verstehen gegeben wird, was Gegenstand der Sehnsucht sein soll, nämlich die ewige Glückseligkeit der Heiligen.

Und ganz zu Recht muß dieser dreifache Sinn, über den buchstäblichen Sinn hinaus, in der Hl. Schrift gegeben sein; denn so entspricht es dem Gegenstand der Schrift, ihrem Hörer oder Jünger, ihrem Ursprung und ihrem Ziel.

Dem *Gegenstand* ist dies angemessen, weil die Hl. Schrift die Lehre von Gott, von Christus, von den Werken der Wiederherstellung und überhaupt von all dem ist, was zum Glauben gehört. Betrachtet man den Gegenstand seinem Wesen oder Gehalt nach *(substantia)*, so ist der Gegenstand der Hl. Schrift [bzw. Theo-logie] *Gott,* der Wahrheit nach betrachtet *Christus*[11], dem Wirken nach betrachtet das *Werk der Erlösung bzw. Wiederherstellung;* und wenn man das alles zusammen betrachtet, ist der Gegenstand *das zu Glaubende* selbst. Gott aber ist dreifaltig-einer: eins in der Wesenheit, dreifaltig in den Personen. Daher besitzt die Hl. Schrift, die von ihm spricht, in der Einheit des Buchstabens ein dreifaches Verständnis. Auch von Christus, der doch das eine WORT ist, heißt es, daß alles durch ihn geschaffen wurde (Joh 1,3) und alles in ihm widerleuchtet[12]: seine Weisheit ist also vielfältig und doch eine. Und obwohl die Werke der Wiederherstellung viele sind, so sind sie doch alle auf die Hingabe Christi bezogen wie auf ihre Wurzel *(principaliter)*. Das zu Glaubende als solches leuchtet in unterschiedlicher Weise auf, je nach dem unterschiedlichen Status der Glaubenden[13]. Es paßt also zu all dem jetzt Gesagten, daß die Hl. Schrift in dem einen Buchstaben vielfache Einsichten hervorbringt.

Auch dem *Hörer* ist dies angemessen; denn nur ein Hörer, der demütig, lauter, voll Glauben und voll Eifer ist, entspricht der Hl. Schrift. Deswegen liegt unter der Rinde des jedem zugänglichen Buchstabens der geheimnisvolle, tiefe Sinn verborgen, auf daß durch diese Tiefe,

[11] Unter dem Gesichtspunkt des Geoffenbartseins.
[12] Aufgrund der Exemplarursächlichkeit des WORTES.
[13] Im Alten Testament als Verheißung, im Neuen als Ereignis.

die unter dem schlichten *(humilis)* Buchstaben verborgen liegt, die Hochmütigen in die Schranken gewiesen, die Unlauteren zurückgeschlagen, die Falschen abgewiesen, die Nachlässigen aber aufgefordert werden, sich um die Einsicht in die Geheimnisse zu mühen. Und weil die Hörer dieser Lehre nicht alle von einer Art sind, sondern von jeder Art – denn es müssen ja alle, die gerettet werden sollen, etwas von dieser Lehre wissen –, so bietet sie vielfache Einsicht, um auf diese Weise jeden Verstand einzunehmen[14], sich zu jedem Verstand herabzubeugen und doch auch jeden Verstand zu übersteigen, und jeden Verstand, der sich ihr mit Sorgfalt und Liebe *(diligenter)* widmet, mit der Vielzahl ihrer Strahlen zu erleuchten wie auch zu entflammen.

Der mehrfache Sinn entspricht auch dem *Ursprung* der Hl. Schrift: denn sie stammt von *Gott* durch *Christus* und den *Hl. Geist,* der gesprochen hat durch den Mund der Propheten und anderer, welche diese Lehre aufgeschrieben haben. Gott aber spricht nicht nur durch Worte, sondern auch durch Taten *(facta)* – denn sein Sprechen ist Tun *(facere)*, und sein Tun ist Sprechen –, und alle Geschöpfe verweisen gleichsam als Wirkungen Gottes *(effectus)* auf ihre Ursache: Deswegen ist es angemessen, daß in der Hl. Schrift, die uns von Gott her gegeben ist, nicht nur Worte eine Bedeutung haben, sondern auch Taten bzw. Geschehnisse. Auch ist Christus ein Lehrer, der zwar demütig im Fleisch, aber erhaben in seiner Gottheit war. Demut im Wort und Tiefe des Sinnes paßte daher zu ihm und seiner Lehre: Wie Christus in Windeln gewickelt war (Lk 2,7), so sollte Gottes Weisheit in der

[14] Vgl. 2 Kor 10,5: «jeden Verstand Christus gefangen geben».

Schrift in schlichte Gestalt *(humilibus figuris)* gewickelt werden. Auf verschiedene Weise erleuchtete auch der Hl. Geist und bewirkte Enthüllungen in den Herzen der Propheten; kein Verständnis kann ihm verborgen sein, der gesandt ist, alle Wahrheit zu lehren. Also entspricht es seiner Lehre, daß in einer Rede vielfältige Einsichten verborgen sind.

Und schließlich entspricht der mehrfache Sinn auch dem *Ziel* der Hl. Schrift: denn sie ist gegeben, damit der Mensch durch sie in der Erkenntnis und im Handeln geleitet werde, auf daß er schließlich zu seinem ersehnten Ziel gelangt. Weil aber alle Geschöpfe dazu erschaffen sind, dem Menschen auf dem Weg zur himmlischen Heimat zu dienen, darum zieht die Hl. Schrift verschiedene Spezies von Geschöpfen heran, um uns durch sie jene Weisheit zu lehren, welche uns auf das Ewige ausrichtet. Weil aber diese Ausrichtung auf das Ewige nur geschieht, wenn des Menschen Erkenntniskraft *(cognitiva)* die Wahrheit glaubend anerkennt, wenn seine Handlungsfähigkeit *(operativa)* das Gute auch verwirklicht, und sein liebendes Streben *(affectiva)* danach seufzt, Gott zu schauen, ihn zu lieben und sich seiner zu erfreuen, darum zieht die Hl. Schrift, die vom Hl. Geist gegeben ist, das Buch des Geschaffenen heran[15], indem sie es in Bezug setzt zum Ziel, und zwar nach dem dreifachen Verständnis: Durch den tropologischen Sinn sollen wir die Kenntnis erlangen, wie wir sittlich zu handeln haben, durch den allegorischen Sinn das zu Glaubende in seiner Wahrheit verstehen, durch den anagogischen Sinn erfassen, was wir mit Freude ersehnen sollen. Denn *geläutert* durch ein kraftvoll-tugendhaftes Handeln *(virtuosa operatio), erleuchtet* durch einen

[15] Zum Verhältnis von Schriftoffenbarung und Schöpfung s.u. II, 12.

strahlend-lichten Glauben *(radiosa fides)* und *vollendet* durch glühende Liebe *(ardentissima caritas),* sollen wir schließlich den Lohn der ewigen Glückseligkeit erlangen.

§ 6 Die Argumentationsweise der Hl. Schrift

Bei dieser ganzen Vielförmigkeit der Weisheit, die in der Hl. Schrift nach Breite, Länge, Höhe und Tiefe enthalten ist, ist doch die Vorgehensweise der Schrift (in allen Teilen und Hinsichten) eine gemeinsame: die Art, wie sie spricht und argumentiert, ist «vollmächtig» («authentisch»[16]). Darunter sind einzelne Sprechweisen enthalten: erzählend, gebietend, verbietend, ermahnend, vorhersagend, drohend, verheißend, bittend und lobend. Alle diese Arten werden unter die authentische Sprechweise gerechnet, und zwar mit gutem Sinn.

Weil das Ziel dieser Lehre darin besteht, daß wir gut werden und das Heil erlangen, dies aber nicht durch bloße Überlegungen geschieht, sondern viel mehr durch die Neigung des Willens, mußte uns die Hl. Schrift in einer Gestalt gegeben werden, welche mehr auf die Neigung des Willens einwirkt. Weil nun unser liebendes Streben *(affectus)* sich durch Beispiele stärker bewegen läßt als durch Argumente, durch Verheißungen stärker als durch Schlußfolgerungen, durch Herzenswärme *(devotiones)* mehr als durch Definitionen, deswegen brauchte die

[16] «Authentisch» ist ein Text, der von einer «auctoritas» verbürgt wird. Letzteres bezeichnet die Urheberschaft (oder Initiative) einer Person, ihre Würde, aufgrund derer sie Vertrauen, Beachtung und Glauben verdient. Vgl. zum Zusammenhang von «auctoritas» und «authenticus»: M.-D. Chenu, Das Werk des hl. Thomas von Aquin, Heidelberg u.a. 1960, 142-144.

Hl. Schrift nicht den Stil von Definition, Teilung und Zusammensetzung, um irgendwelche Eigenschaften eines Gegenstandes zu beweisen, wie es andere Wissenschaften tun. Sie brauchte vielmehr eigene Sprech- und Argumentationsweisen, welche je nach den verschiedenen Neigungen der Seelen auch auf je verschiedene Weise auf diese einwirken können: damit etwa einer, der sich durch Gebote und Verbote nicht bewegen läßt, wenigstens durch die Erzählung von Beispielen angerührt wird; wenn einer sich dadurch nicht bewegen läßt, dann etwa durch Wohltaten, die ihm vor Augen geführt werden; wenn dadurch nicht, dann durch scharfe Ermahnungen, durch zuverlässige Verheißungen, durch furchteinflößende Drohungen, so daß er wenigstens auf diese Weise einen Antrieb empfängt, Gott Ehrerbietung und Lob zu bringen, wodurch ihm dann die Gnade zuteil werden kann, die ihn zu Werken der Tugend leitet.

Diese Arten erzählenden Sprechens *(modi narrativi)* beschreiten nicht den Weg der schlußfolgernden Gewißheit, da einzelne Geschehnisse nicht auf theoretischem Weg beweisbar sind[17]. Damit also die Hl. Schrift nicht sozusagen auf unsicherem Fundament schwanke und aus diesem Grund die Menschen weniger bewege, setzte die Vorsehung Gottes anstelle der Gewißheit der Vernunft *(certitudo rationis)* die Gewißheit der Autorität *(certitudo auctoritatis)*. Die dadurch gegebene Gewähr überragt allen Scharfsinn der menschlichen Denkkraft. Weil aber niemand sichere Gewähr leisten kann, der selbst täuschen oder getäuscht werden kann, allein Gott und der Heilige Geist aber von Täuschung und Getäuschtwerden nichts

[17] *de particularibus non est scientia;* weil Einzelnes als solches nicht durch allgemeine Gesetzmäßigkeiten definiert werden kann.

weiß, darum beruht die Hl. Schrift nicht auf der Forschertätigkeit von Menschen, sondern auf der Offenbarung Gottes, damit sie die ihr gebührende vollkommene Echtheit *(authentica)* besitze.

Darum darf man in ihr auch nichts als überflüssig mißachten, nichts als falsch verwerfen, nichts als un(ge)recht ablehnen; denn der Hl. Geist, ihr ganz vollkommener Urheber *(auctor)*, hätte weder etwas Falsches, noch zu viel, noch zu wenig sagen können. Deswegen «werden Erde und Himmel vergehen», die Worte der Hl. Schrift aber «werden nicht vergehen» (Mt 24,35), ohne daß sie erfüllt werden. «Bis nämlich Himmel und Erde vergehen, wird kein Jota und kein Häkchen vom Gesetz vergehen, bis alles geschieht», das bezeugt der Erlöser. «Wer also auflöst», was die Hl. Schrift lehrt, «und die Menschen so lehrt, der wird der Kleinste im Himmelreich genannt; wer aber danach handelt und lehrt, der wird groß heißen im Himmelreich» (Mt 5,18f.).

§ 7 Wie man die Hl. Schrift auslegen soll

Diesem besonderen Stil der Hl. Schrift muß auch die Art und Weise entsprechen, wie man sie versteht *(intelligit)* und auslegt. Da sie unter einer einzigen buchstäblichen Gestalt [wö.: unter einem Buchstaben] ein vielfaches Verständnis *(intelligentia multiplex)* birgt, muß der Ausleger das Verborgene ans Licht bringen (vgl. Ijob 28,11) und den gefundenen Sinn durch eine andere Schriftstelle, deren Sinn klarer zutage liegt, aufweisen.

Zum Beispiel: Wenn ich das Psalm-Wort auslegen soll: «Ergreife Waffen und Schild, steh auf, um mir zu helfen» (Ps 35,2), und ich erklären möchte, was die «Waffen»

Gottes sind, dann könnte ich sagen: das sind seine Wahrheit und sein guter Wille [Wohlwollen]; und ich würde dies durch ein offenkundiges Schriftwort zu beweisen haben. Denn es steht an anderer Stelle geschrieben: «Mit dem Schild deines guten Willens hast du uns gekrönt» (Ps 5,13), und: «Wie mit einem Schild umgibt dich seine Wahrheit[18]» (Ps 91,5).

Diese Fähigkeit kann keiner so leicht erwerben, wenn er nicht durch Gewöhnung den Text der Bibel dem Wortlaut nach lesend seinem Gedächtnis einprägt. Andernfalls wird er es bei der Schriftauslegung nie weit bringen. Hier verhält es sich genau so, wie wenn jemand die Bausteine, aus denen die Rede zusammengesetzt ist, zu lernen verschmäht: er wird nie die Bedeutung des Gesprochenen und die richtige Satzkonstruktion verstehen. So geht es auch demjenigen, der die buchstäbliche Gestalt der Hl. Schrift verschmäht: er wird nie zu den geistigen Bedeutungen aufsteigen.

Der Ausleger möge also beachten, daß man nicht für jede Stelle eine Allegorie zu suchen hat; nicht alles ist mystisch auszulegen. Daher müssen wir darauf hinweisen: Die Hl. Schrift hat vier Bereiche. Im einen spricht sie, dem Buchstaben nach, von den Dingen der natürlichen Welt, bezeichnet aber damit unsere Erlösung – wie es aus dem Schöpfungsbericht klar wird. In einem anderen Bereich geht es um Geschehnisse und Entwicklungen des Volkes Israel, und damit wird die Erlösung des Menschengeschlechtes bezeichnet. In einem dritten Bereich spricht die Schrift unverhüllt von unserer Erlösung und erläutert, was sich darauf bezieht: Glauben und Sitten. In einem

[18] *veritas* im bibl. Sprachgebrauch ('emet): nicht nur «Wahrheit», sondern auch «Zuverlässigkeit», «Treue».

vierten Bereich verkündet sie das Geheimnis unseres Heils voraus, und zwar teilweise in unverhüllter Rede, teilweise aber auch in rätselhaften und dunklen Worten. Stellen aus verschiedenen Bereichen sind daher nicht alle auf die gleiche Weise auszulegen.

Der Ausleger der Hl. Schrift muß sich nach einer dreifachen Regel richten, die man dem Werk «De doctrina christiana» (III, 10) des hl. Augustinus entnehmen kann.

Erstens: Wo die erste Wortbedeutung Dinge der Schöpfung oder einzelne Akte des menschlichen Lebens bezeichnet, da werden in erster Linie die durch die Worte bezeichneten Dinge gemeint, und dann die Geheimnisse unserer Erlösung. Wo aber die erste Wortbedeutung sich auf den Glauben und die Liebe[19] beziehen, da darf man nicht nach einer Allegorie suchen.

Zweitens: Wo die Worte der Schrift Dinge der Schöpfung oder Handel und Wandel des Volkes Israel bezeichnen, da möge man anhand einer anderen Schriftstelle suchen, was eine jede einzelne Sache bedeutet, und dann durch [Schrift-] Worte, die *unverhüllt* von der Wahrheit des Glaubens oder der Lauterkeit der Sitten sprechen, ihre Bedeutung freilegen. Zum Beispiel, wenn es heißt: Die Schafe werfen Zwillinge (Hld 4,2 Vg), dann ist zu zeigen, daß man unter «Schafen» Menschen verstehen soll, und die zweifache Frucht die zweifache Caritas (Gottes- und Nächstenliebe) ist.

Drittens: Wenn eine Schriftstelle einen wörtlichen und einen geistlichen Sinn hat, dann muß der Ausleger untersuchen, ob das Bezeichnete historisch oder geistlich gemeint ist; sofern nicht vielleicht beides möglich ist. Wenn beide – eine historische Bedeutung und eine geistliche – gegeben sind, dann muß man den wörtlichen und den

[19] D.h. das vom Menschen geforderte Handeln.

geistlichen Sinn bejahen. Wenn nicht, dann gilt es nur den geistlichen Sinn zu bejahen. Zum Beispiel: daß der Sabbat des Gesetzes auf immer bleibe (Ex 12, 16f.), das Priestertum (Ex 40,13; Num 25,13), der Besitz des Landes (Gen 17,8) und der Bund der Beschneidung (Gen 17,13) ewig seien – all das ist auf die geistliche Bedeutung zu beziehen.

Will also ein Ausleger sich im Wald der Hl. Schrift sicher bewegen[20], so muß er zuerst die Wahrheit der Hl. Schrift durch klare Worte kennengelernt haben. Das heißt, er soll darauf achten, wie die Schrift den Beginn, die Entwicklung und das Ende «des zweifachen Leibes» [einer zweifachen Körperschaft] beschreibt: der Guten, die sich hier erniedrigen, um zukünftig für ewig erhöht zu werden, und der Bösen, die sich hier selbst erhöhen, um auf ewig erniedrigt zu werden (Mt 23,12). Daher handelt die Hl. Schrift über das gesamte Universum: das Oberste und das Unterste, das Erste und das Letzte, und was dazwischen liegt; so bildet sie gleichsam ein geistiges Kreuz, auf dem das ganze Gebilde des Universums *(tota machina universi)* geschrieben steht und mit dem Licht des menschlichen Geistes gewissermaßen geschaut werden kann. Um die Schrift zu verstehen, muß man vom Ursprung aller Dinge wissen: von Gott, und von der Erschaffung der Dinge, dem Sündenfall, der Erlösung durch das Blut Jesu Christi, die Neuschaffung *(reformatio)* durch die Gnade, die Heilung durch die Sakramente, und

[20] Wörtlich «einfallen» oder «Holz schlagen». Vgl. *Lignum Vitae,* Prol. n.2: dort werden die Evangelien mit einem Wald verglichen, aus dem Bonaventura nur ein kleines «Myrrhenbüschel» (Hld 1,12) sammeln will.

schließlich von der Vergeltung durch Strafe oder Herrlichkeit in Ewigkeit[21].

Diese Lehre wird aber in den Schriften der Heiligen [d.i. der Kirchenväter] und der Theologen so verstreut dargeboten, daß die Anfänger unter den Hörern der [Wissenschaft von der] Heiligen Schrift sie lange Zeit nicht zu Gesicht und zu Gehör bekommen – weswegen die jungen Theologen häufig vor dem Studium der Hl. Schrift zurückschrecken, so als handle es sich da um etwas Ungewisses, ohne rechte Ordnung, gleichsam um einen düsteren Wald. Deswegen habe ich den Fragen und Bitten von Gefährten, ich solle aus meinem bißchen Wissen etwas *kurz und zusammenfassend* über die theologische Wahrheit sagen, nachgegeben und mich bereit erklärt, ein «Kurzes Wort» *(breviloquium)* zu verfassen. Ich will in der Art einer Zusammenfassung *(summatim)* zwar nicht gerade alles, aber doch einige wichtige Punkte in Kürze behandeln, die im Gedächtnis bleiben sollen; dazu habe ich jeweils eine Begründung zur besseren Einsicht in den Sachverhalt gegeben, je nachdem wie es mir die Zeit erlaubte.

Weil nun die Theologie «Rede von Gott» ist und vom ERSTEN URSPRUNG, und weil sie somit als höchste Wissenschaft und Lehre alles auf Gott, den Ersten und höchsten Ursprung, bezieht, darum habe auch ich mich bemüht, bei allen Begründungen, die ich innerhalb dieses Werkes angeführt habe, den Ausgangspunkt der Begründung vom Ersten Ursprung zu nehmen. Ich wollte so zeigen, daß die Wahrheit der Heiligen Schrift *von Gott,*

[21] Hier legt Bonaventura die Gliederung des Breviloquium vor: die Grund-Wahrheiten des Glaubens und damit der Theologie, ohne die eine Schriftauslegung nicht zum Ziel führt.

über Gott, Gott entsprechend und *auf Gott hin* ist, und daß sie sich ganz zu Recht als *eine* und eine wohlgeordnete Wissenschaft erweise, die verdientermaßen «theologia» genannt wird.

Sollte in diesem Werk etwas unvollkommen, unverständlich, überflüssig oder weniger richtig sein, möge man es mir nachsehen: Viele Aufgaben liegen auf mir, die Zeit ist kurz und mein Wissen ist gering. Wenn aber etwas Wahres darin ist, möge es Gott allein zu Lob und Ehre sein (1 Tim 1,17).

Damit aber die Abfolge ganz deutlich werde, will ich die einzelnen Überschriften vorausschicken. Dies möge der leichteren Einprägung und der klareren Zusammenschau dessen dienen, was ich nun sagen will. Das Ganze ist in sieben Teile und zweiundsiebzig Kapitel gegliedert.

Teil I, in 9 Kapiteln: Über die Dreifaltigkeit

1. Eine Zusammenfassung der sieben Gebiete der Theologie
2. Was man bezüglich der Dreiheit der Personen und der Einheit des Wesens im Glauben festhalten muß
3. Das rechte Verständnis dieser Glaubenswahrheit
4. Wie man diese Wahrheit, entsprechend dem Glauben, sprachlich richtig ausdrückt
5. Wie sich der wesenhaft eine Gott auf vielerlei Weise den Menschen zeigt
6. Die Einheit des göttlichen Wesens und die Vielfalt der den Personen im besonderen zugeschriebenen Eigenschaften (appropriata)
7. Gottes Allmacht

8. Gottes Weisheit, seine Vorherbestimmung und sein Vorherwissen
9. Gottes Wille und seine Vorsehung

Teil II, in 12 Kapiteln: Über die Erschaffung der Welt

1. Die Erschaffung der Welt im ganzen
2. Die körperliche Schöpfung hinsichtlich ihres Werdens
3. Die körperliche Schöpfung hinsichtlich ihres Seins
4. Die körperliche Schöpfung hinsichtlich ihres Einwirkens und ihres Tätigseins
5. Wie die Hl. Schrift von diesen Dingen spricht
6. Die Erschaffung der Geistwesen
7. Der Abfall der bösen Geister
8. Der guten Engel Festigung im Guten
9. Die Erschaffung des Menschen als geistiges Wesen
10. Die Erschaffung des Menschen als leibliches Wesen
11. Die Erschaffung des Menschen als leib-geistiges Wesen
12. Daß die so vollendete Welt ein vollständiges und geordnetes Werk ist

Teil III, in 11 Kapiteln: Die Verderbnis der Sünde

1. Über die Herkunft des Bösen ganz allgemein
2. Die Versuchung der Stammeltern
3. Die Übertretung des Gebotes durch die Stammeltern
4. Die Bestrafung der Stammeltern
5. Die Verderbnis, welche die Erste Sünde bewirkte
6. Die Übertragung der Erbsünde
7. Die Heilung von der Erbsünde
8. Die Herkunft der persönlichen Sünden

9. Die Herkunft der Wurzelsünden, und wie sie sich voneinander unterscheiden
10. Die Herkunft und Art derjenigen Sünden, die zugleich Strafcharakter haben
11. Die Herkunft der Sünden, die auf dem Menschen bleiben, das sind die Sünden wider den Hl. Geist

TEIL IV, IN 10 KAPITELN: ÜBER DIE MENSCHWERDUNG DES WORTES

1. Warum es notwendig und sehr angemessen war, daß das WORT Fleisch wurde
2. Über die Menschwerdung im Hinblick auf die Vereinigung der beiden Naturen
3. Wie die Menschwerdung geschah
4. Die Menschwerdung in der Fülle der Zeiten
5. Die Fülle der Gnade in Christi Gesinnung und Willen
6. Die Fülle der Weisheit im Wissen Christi
7. Die Vollkommenheit des Verdienstes Christi in seinem Wirken
8. Die Passion Christi – Er, der litt
9. Die Art und Weise des Leidens Christi
10. Ende und Frucht des Leidens Christi

TEIL V, IN 10 KAPITELN: ÜBER DIE GNADE DES HEILIGEN GEISTES

1. Die Gnade als ein von Gott gegebenes Geschenk
2. Die Gnade, insofern sie den freien Willen aus der Sünde herausführt[22]
3. Die Gnade, insofern sie zum Guten verhilft

[22] Im Text sind die Kapitel 2 und 3 umgestellt.

4. Die Verzweigung der Gnade in den Tugenden
5. Die Verzweigung der Gnade in den Gaben des Hl. Geistes
6. Die Verzweigung der Gnade in den Seligpreisungen und folglich auch in den Früchten des Geistes und den geistlichen Sinnen
7. Wie man mit der Gnade mitwirken soll hinsichtlich der Dinge, die zu glauben sind
8. Wie man mit der Gnade mitwirken soll hinsichtlich dessen, was zu lieben ist
9. Wie man mit der Gnade mitwirkt hisichtlich dessen, was man tun soll, nämlich nach den Geboten und Räten
10. Wie man mit der Gnade mitwirkt hinsichtlich des Bittgebetes und überhaupt beim Beten

Teil VI, in 13 Kapiteln: Das Heilmittel der Sakramente

1. Wo die Sakramente ihren Ursprung haben
2. Daß die Sakramente in den verschiedenen Epochen der Heilsgeschichte unterschiedlich waren
3. Wieviele Sakramente es gibt, und wie sie sich unterscheiden
4. Die Einsetzung der Sakramente
5. Die Spendung der Sakramente
6. Wiederholbarkeit von Sakramenten
7. Was zum Sakrament der Taufe gehört
8. Was zur Firmung gehört
9. Was zur Eucharistie gehört
10. Was zur Buße gehört
11. Was zur Letzten Salbung gehört
12. Was zum Sakrament des Ordo gehört
13. Was zur Ehe gehört

TEIL VII, IN 7 KAPITELN: ÜBER DAS ENDGERICHT

1. Über das Gericht ganz allgemein
2. Was dem Gericht vorausgeht: dazu gehören die Strafe des Reinigungsortes und
3. die Bittgebete der Kirche
4. Was das Gericht begleitet: der Feuerbrand und
5. die leibliche Auferstehung der Toten
6. Was dem Gericht folgt: die Strafe der Verwerfung
7. und das ist der Abschluß: die Herrlichkeit des Paradieses.

I. TEIL: DIE DREIFALTIGKEIT GOTTES

1. *Kapitel: Eine Zusammenfassung der sieben Gebiete der Theologie*

Zu Beginn sollst du verstehen, daß die heilige Lehre, also die Theologie, deren ursprünglicher Gegenstand *(principaliter)* der ERSTE URSPRUNG ist, nämlich der dreieine Gott, insgesamt *(in universo)* von sieben Bereichen handelt: erstens von der Dreifaltigkeit Gottes, zweitens von der Welt als Schöpfung, drittens von der Verderbnis, welche die Sünde brachte, viertens von der Fleischwerdung des WORTES, fünftens von der Gnade des Hl. Geistes, sechstens vom Heilmittel der Sakramente, und siebtens vom Ende und dem letzten Gericht.

Begründung zum tieferen Verständnis:

Die Hl. Schrift, beziehungsweise die Theologie, ist eine Wissenschaft, die uns in unserem jetzigen heilsgeschichtlichen Stand das hinreichende und zum Heil notwendige Wissen über den ERSTEN URSPRUNG gewährt. Gott ist aber nicht nur der Ursprung und das Urbild der Dinge, insofern er sie in der Schöpfung *bewirkt,* sondern er ist auch der Ursprung, der sie in der Erlösung *neu schafft,* und der Ursprung, der sie *vollendet,* wenn er den gerechten Lohn gibt[23]. Darum handelt die Theologie nicht nur von Gott dem Schöpfer, sondern auch von der Schöpfung und dem Geschaffenen. Weil nun das vernunftbegabte Geschöpf, welches gewissermaßen das Ziel aller Dinge ist,

[23] *principium effectivum, refectivum, perfectivum:* Bonaventura verwendet in dieser Reihe ausschließlich Komposita von «facere» («qui fecit coelum et terram»), ein Wortspiel, das im Deutschen leider nicht nachzuahmen ist.

nicht in dem Zustand stehenblieb, in dem es erschaffen war, sondern fiel, und nach dem Fall der Wiederherstellung bedurfte, darum handelt die Theologie auch vom Schaden der Sünde, vom Arzt, der Heilung und dem Heilmittel, und schließlich von der vollkommenen Gesundung, die einst in der Glorie gegeben sein wird, während die Frevler der Strafe verfallen.

Die Hl. Schrift oder Theologie, und sie allein, ist daher vollkommene Wissenschaft, weil sie mit dem Ersten beginnt, dem Ersten Ursprung, und bis zum Letzten fortschreitet, dem ewigen Lohn. Sie beginnt mit dem Höchsten, dem erhabenen Gott und Schöpfer aller Dinge, und gelangt bis zum Untersten, der Strafe der Hölle.

Sie allein ist vollkommene Weisheit; denn sie nimmt ihren Anfang von der höchsten Ursache, dem Ursprung alles Verursachten, wo die philosophische Erkenntnis an ihr Ende gelangt. Sie schreitet weiter, indem sie die Erste Ursache als die Heilung der Sünden erkennt. Und sie führt alles auf die Erste Ursache zurück, da diese selbst der Lohn für alle Verdienste und das Ziel aller Sehnsucht ist. In dieser Erkenntnis liegt vollendeter Wohlgeschmack[24], das Leben und das Heil für die Seelen. Und darum soll das Verlangen aller Christen darauf gerichtet sein, sie immer tiefer kennenzulernen.

Aus all dem erhellt, daß die Theologie eine einzige Wissenschaft ist, mag sie auch von derart vielen und so verschiedenartigen Gegenständen handeln: Ihr Inhalt ist

[24] *sapientia* – «Weisheit», ist nach Bonaventura nicht nur «Wissen von den ersten und höchsten Ursachen» (Aristoteles), sondern auch – nach einer weitverbreiteten Definition – *sapida scientia,* «wohlschmeckendes Wissen»: vgl. dazu den Sentenzenkommentar Bonaventuras III Sent. dist. 35 q.1.

Gott, insofern alles von ihm her ist, *Christus,* insofern durch ihn alles ist, das *Werk der Wiederherstellung,* insofern dies das Ziel von allem ist, das *Band der Liebe,* das Himmel und Erde verbindet, insofern dies alles umgreift, *das zu Glaubende als solches,* insofern die Theologie von allem handelt, was die kanonische Hl. Schrift enthält, und *das zu Glaubende als der Vernunft zugänglich,* insofern sie von allem handelt, was in den Schriften der Ausleger steht. Denn so sagte Augustinus in der Schrift «Über den Nutzen des Glaubens» (Kap. 11 n. 25): «Was wir glauben, verdanken wir der Autorität, was wir einsehen, der Vernunft.»

2. Kapitel: Was man bezüglich der Dreiheit der Personen und der Einheit des Wesens im Glauben festhalten muß

Was die Dreifaltigkeit Gottes betrifft, so sind als erstes drei Punkte zu überdenken: Erstens, wie die Einheit im Wesen und der Natur mit der Mehrheit der Personen zusammen besteht (2.–4. Kap.); zweitens, wie sich diese Einheit mit der Vielheit der Erscheinungen verträgt (5. Kap.), und drittens, wie sie mit der Vielheit der zugeschriebenen Eigenschaften zusammen besteht (6.–9. Kap.).

Über die Mehrheit der Personen in der Einheit des Wesens sagt uns der rechte Glaube, daß in der Einheit des Wesens drei Personen sind, Vater, Sohn und Heiliger Geist. Die erste Person ist von keiner anderen her, die zweite ist von der ersten her, und zwar durch Zeugung *(generatio)*, die dritte ist von beiden her, durch Hauchung *(spiratio)* oder Hervorgang *(processio)*. Dabei schließt die Dreiheit der Personen vom Wesen nicht die höchste Einheit, Einfachheit, Unermeßlichkeit, Ewigkeit, Unveränderlichkeit, das Notwendig- und Erst-Sein aus. Im Gegenteil, die Dreiheit schließt eher Fruchtbarkeit, Liebe, Freigebigkeit, Gleichheit, Verwandtschaft, Gleichgestalt und Unzertrennlichkeit ein. Daß all dies in der Heiligsten Dreifaltigkeit gegeben ist, sieht der rechte Glaube ein.

Begründung zum tieferen Verständnis:
Da der Glaube Ursprung der Gottesverehrung und Grundlage jener Lehre ist, die von Zuneigung zu Gott begleitet ist[25], sagt er uns zuerst, daß man von Gott das Höchste und das Beste, beziehungsweise *ganz erhaben* und *ganz liebevoll* denken muß *(altissime et piissime)*[26]. Man dächte aber nicht ganz erhaben von ihm, wenn man nicht glaubte, daß Gott sich in höchstem Maße mitteilen könnte. Und man dächte auch nicht ganz liebevoll von ihm, wenn man glaubte, er könnte es zwar, wolle es aber nicht. Um daher wirklich erhaben und liebevoll von ihm zu denken, sagt der Glaube, Gott sei in höchstem Maße Mitteilung, so daß er von Ewigkeit her einen Geliebten und einen Mitgeliebten habe – und deswegen dreieinig.

Diesen Glauben, der sagt, von Gott sei ganz liebevoll zu denken, bezeugt die ganze Heilige Schrift, die ja «Lehre begleitet von Zuneigung» ist: Sie bekennt, daß Gott einen Sohn habe, den er in höchstem Maße liebt, sein ihm gleichrangiges WORT, das er von Ewigkeit her zeugt und in dem er alles geordnet hat. Durch dieses WORT hat er alles geschaffen und leitet alles, durch dieses WORT,

[25] Der Ausdruck *scientia/doctrina secundum pietatem* (vgl. 1 Tim 6,3) wird von Bonaventura wie schon von Alexander von Hales bevorzugt für die Theologie verwendet. *Pietas* bedeutet «rechtes Empfinden», «Gespür», «Wertschätzung» und «Zuneigung» zu einem Gut, und daher auf Gott gerichtet auch «Frömmigkeit». Gottes *pietas* zum Menschen – und ähnlich des Menschen zu seinem Mitmenschen – ist «Barmherzigkeit» oder «Erbarmen».

[26] Vgl. Bonaventuras Schrift De mysterio Trinitatis I, 2.

Fleisch geworden im Übermaß seiner Güte, hat er den Menschen erlöst durch sein kostbares Blut, und hat den erlösten Menschen gespeist. Durch dieses WORT wird er am Ende der Welt seine höchste Barmherzigkeit schenken und uns von allem Elend befreien. Denn durch Christus sind alle Erwählten Söhne des höchsten Vaters, in Christus wird die Vollendung aller Liebe *(pietas)* sein: der Liebe Gottes zu uns, wie auch umgekehrt[27].

Insofern aber der Glaube auch sagt, daß man von Gott ganz erhaben denken muß, legt dafür nicht nur die Heilige Schrift Zeugnis ab, sondern die gesamte Schöpfung. Darauf verweist Augustinus im 15. Buch «Über die Dreifaltigkeit», Kapitel 4 (n.6): «Nicht nur die Autorität der göttlichen Schriften verkündet, daß Gott ist, sondern die ganze Natur um uns herum, zu der wir auch selbst gehören. Sie ruft laut hinaus, daß sie einen alles überragenden Schöpfer hat, der uns Geistigkeit und natürliche Vernunft geschenkt hat. Aufgrund dieser natürlichen Erkenntniskraft urteilen wir und ziehen das Lebendige dem Nicht-Lebendigen vor, die mit Sinnen ausgestatteten Wesen denen, die nicht empfinden, Wesen mit Verstand denen, die nicht erkennen können, das Unsterbliche dem Sterblichen, das Machtvolle dem Unvermögenden, das Gerechte dem Ungerechten, das Schöne dem Mißgestalteten, das Gute dem Bösen, das Unzerstörbare dem Vergänglichen, das Unwandelbare dem Wandelbaren, das Unsichtbare dem Sichtbaren, das Unkörperliche dem Körperlichen, das Selig-Sein dem Elend. Und daher müssen wir, weil wir den Schöpfer allen Geschöpfen zweifellos voranstellen, bekennen, daß er im höchsten Maß lebt, alles wahrnimmt

[27] Aufgrund der Menschwerdung ist Christus nicht nur die Mitteilung der Liebe Gottes an die Menschen, sondern ebenso die vollkommene Zuneigung zum Vater, wie es auch seiner ewigen Existenz als SOHN entspricht.

und erkennt, daß er weder sterben noch sich auflösen noch sich ändern kann, daß er nicht Körper ist, sondern Geist, der alles vermag, vollkommen gerecht und schön ist, daß er das Beste und Seligste ist.»

Sieh nun: diese zwölf Eigenschaften enthalten die edlen Bestimmungen des göttlichen Seins. Sie lassen sich, wie Augustinus selbst später aufweist, auf drei zurückführen: die Ewigkeit, die Weisheit und die Seligkeit. Und diese drei wiederum lassen sich auf eine zurückführen: die Weisheit. Die Weisheit nämlich umfaßt in sich den zeugenden GRUND DES GEISTES *(mens generans)*, den Sproß des WORTES *(Verbum proles)* und die LIEBE als Band zwischen beiden *(amor nectens utrumque)*. Und darin, so sagt der Glaube, besteht die heiligste Dreifaltigkeit. Weil also «höchste Weisheit» auch «Dreifaltigkeit» besagt, und weil sie auch alle anderen vorhin aufgeführten edlen Bestimmungen, nämlich Einheit, Einfachheit und die übrigen, in sich schließt, darum müssen alle diese Bestimmungen des göttlichen Seins mit der Dreiheit der Personen zusammen bestehen.

3. Kapitel: Das rechte Verständnis dieser Glaubenswahrheit

Was das rechte Verständnis dieser Glaubenswahrheit betrifft, so erklärt die Theologie, daß es in Gott zwei Hervorgänge, drei Hypostasen, vier Relationen, fünf Notionen und deswegen nur drei personale Eigentümlichkeiten gibt.

Begründung zum tieferen Verständnis:

Der ERSTE, HÖCHSTE URSPRUNG ist, weil er «erster» ist, vollständig einfach; weil er «höchster» ist, ist er vollkommen vollendet. Daher teilt er sich, als Vollkommenstes, in vollkommenster Weise mit, und als das Einfachste wahrt er in jeder Hinsicht die Unzerteiltheit. Die Weisen des Hervorgangs in Gott sind also vollkommen, und die Einheit der Natur bleibt dabei bewahrt. Es gibt jedoch nur zwei Weisen vollkommenen Hervorgehens, nämlich auf die Weise der Natur und auf die Weise des Willens. Die erste Weise ist die Zeugung, die zweite die Hauchung oder das Ausgehen *(processio);* und beide sind, da vollkommen, in Gott[28].

Weil durch zwei substanzbildende *(substantificae)* Hervorgänge notwendigerweise zwei Hypostasen hervorgehen, muß man notwendigerweise auch sagen, daß die erste Hypostase, die hervorgehen läßt, selbst nicht aus einer anderen hervorgeht; andernfalls ergäbe sich ein Regressus in infinitum. Also sind in Gott drei Hypostasen.

Weil nun jedem Hervorgang ein doppeltes Verhältnis entspricht, unterscheidet man vier Relationen, nämlich Vatersein, Sohnsein, Hauchung und Ausgehen.

Durch diese Verhältnisse werden uns die göttlichen Hypostasen bekannt *(innotescunt);* und darüber hinaus wird uns auch die erste Hypostase, die in erster Linie die Bedeutung des «Ursprungs» trägt, als eine Hypostase bekannt, die nicht hervorgeht – und das ist gerade ihre vorzügliche Eigenschaft *(nobilitas)*. Daher sind es fünf «Notionen», nämlich die vier vorher genannten Relationen und die Ursprungslosigkeit *(innascibilitas).*

Weil jede Person ursprünglich und in erster Linie aufgrund einer einzigen Eigentümlichkeit *(proprietas)* erkannt

[28] Im Bereich der Natur ist die vollkommenste Weise, wie etwas ein ihm Gleiches oder Ähnliches hervorbringen kann, die Zeugung bzw. Geburt; anders beispielsweise als die Einprägung eines Siegels in Wachs, setzt die Zeugung Lebendigkeit voraus. Weil Gott vollkommen einfach ist, kann er *ex toto* zeugen, das Geschöpf jedoch immer nur *ex parte sui*. Vgl. dazu Bonaventura, I Sent. dist. 9 a.1 q.1; zum Hervorgang des Hl. Geistes: I Sent. dist. 12 a.1 q.1-3.

wird[29], darum gibt es nur drei personale Eigentümlichkeiten, die vornehmlich und in eigentlichem Sinn mit den drei Namen: Vater, Sohn und Heiliger Geist, bezeichnet werden.

Da es dem Vater eigen ist, «ohne Ursprung» oder «ungezeugt» zu sein, «Ursprung ohne Ursprung» und «Vater», so bezeichnet ihn die «Ursprungslosigkeit» in der Weise der Verneinung – wobei diese freilich sogleich eine Bejahung einschließt: denn «Ursprungslosigkeit» behauptet ja für den Vater «Fülle im Quell» *(fontalis plenitudo)*. «Ursprung ohne Ursprung» bezeichnet ihn in der Weise der Bejahung unter Einschluß einer Verneinung. «Vater-Sein» aber bezeichnet ihn in der Weise der Bejahung und des Verhältnisses: Diese Bezeichnung ist eigentlich, vollständig und bestimmt.

Ähnlich ist der Sohn «Bild», «Wort» und «Sohn». «Bild» bezeichnet dabei die Person als gestaltgewordene Ähnlichkeit *(similitudo expressa)*, «Wort» als ausdrückende Ähnlichkeit *(similitudo expressiva)*[30]. «Sohn» aber bezeichnet eine Ähnlichkeit, die selbst Person ist *(similitudo hypostatica)*. Oder noch einmal: «Bild» meint Ähnlichkeit in der Gestalt, «Wort» geistige Ähnlichkeit oder Abbild des Geistes, «Sohn» Ähnlichkeit in der Natur.

Auf diese Weise kann man vom Heiligen Geist sagen, es sei ihm eigen, «Gabe» *(donum)*, «Band» *(nexus)* oder «Liebe» *(caritas)* zwischen beiden, und «Heiliger Geist» *(Spiritus sanctus)* zu sein. «Gabe» ist sein Name, weil er aus freiem Wollen gegeben ist, «Liebe» oder «Band», weil er

[29] *Proprietas personalis* ist diejenige Relation, die nur einer einzigen Person zukommt: «Ursprung», «Sohn=Gezeugter», «Geist =Gehauchter». Die aktive «Hauchung» fällt als personale Eigentümlichkeit aus, weil sie Vater und Sohn zukommt; das «Ungezeugtsein» ebenfalls, weil es auch dem Hl. Geist zukommt.

[30] WORT ist also dynamischer, aktiver als BILD.

freiwillige Gabe und erstrangige[31] Gabe ist. «Heiliger Geist» ist sein Name, weil er freiwillige Gabe, erstrangige Gabe und Gabe als Person ist[32].

So beinhalten also diese drei Namen: Vater, Sohn und Heiliger Geist, das, was den drei Personen eigentümlich ist.

Soviel zu dem, was man zum rechten Verständnis der Glaubenswahrheit von der heiligen Dreifaltigkeit festhalten muß.

4. Kapitel: Wie man diese Wahrheit, entsprechend dem katholischen Glauben der Kirche, sprachlich richtig ausdrückt

Was den sprachlichen Ausdruck des katholischen Trinitätsglaubens betrifft, so ist nach der Lehre der heiligen Theologen festzuhalten, daß es in Bezug auf Gott zwei Aussageweisen gibt: hinsichtlich der Substanz und hinsichtlich der Relation; drei Arten der Supposition: betreffend Wesen, Person oder Notion; vier Bedeutungen von Substanz»: nämlich im Sinn von «Wesen», «Substanz», «Person» und «Hypostase»; fünf Sprechweisen: «Wer» *(quis),* «welcher» *(qui),* «welche» *(quae)* und «was» als Adjektiv oder Substantiv *(quod, quid).* Und schließlich gibt es drei Weisen zu unterscheiden: nämlich nach dem Unterschied in der Weise des Seins *(modus essendi),* des Sich-Verhaltens *(se habendi)* und des Erkennens *(intelligendi).*

[31] *donum praecipuum:* die Liebe geht allen Geschenken, die den Namen verdienen, voraus *(prae)* und ist deren innerer Grund.

[32] «Heiliger Geist» – *Spiritus sanctus* – bedeutet auch «heiliger Atem». Hauchen oder Atmen *(spirare)* ist zum einen das äußere Zeichen für die Lebendigkeit eines Wesens, daher ist der Hl. Geist ganz besonders «Lebensspender»; vor allem aber ist der Atem Ausdruck der innerlichen Liebe eines Wesens zu sich selbst, das «Sich-Zugeneigt-Sein», daher ist der «Gehauchte» die «Liebe» in Gott.

Begründung zum tieferen Verständnis:

Der ERSTE URSPRUNG ist ganz vollkommen und zugleich ganz einfach; daher werden alle Vollkommenheiten von ihm in eigentlicher Weise ausgesagt, das heißt so, daß sie ihm wahrhaftig zukommen. Eigenschaften, die nicht Vollkommenheiten sind, werden von ihm entweder überhaupt nicht ausgesagt, oder sie werden in Bezug auf die angenommene menschliche Natur des Gottessohnes ausgesagt, oder sie werden in übertragenem Sinn auf Gott angewandt[33]. Nun gibt es zehn Kategorien oder Aussageweisen: Substanz, Quantität, Relation, Qualität, Tun, Erleiden, Wo, Wann, Lage und Verhalten. Die letzten fünf beziehen sich speziell auf das körperliche und wandelbare Seiende und werden daher Gott nur in übertragenem oder bildlichem Sinn zugeschrieben. Die anderen fünf können Gott zugeschrieben werden, insofern sie die Vollständigkeit *(completio)* eines Seienden besagen, freilich immer nur in dem Sinn, daß sie die Einfachheit Gottes nicht antasten. Alle diese Kategorien sind dasselbe wie das,

[33] Mit «Vollkommenheiten» meint Bonaventura hier «Eigenschaften, die in jedem Seienden besser sind als der Nichtbesitz» (nach der Definition Anselms von Canterbury), also «transzendentale Vollkommenheiten», wie Erkennen, Weisheit, Liebe. Diese werden von Gott «proprie» ausgesagt, d.h., sie werden ihm in ursprünglichem Sinn zugeschrieben, dem Geschöpf aber aufgrund von Teilhabe; sie werden Gott «vere» zugeschrieben, d.h. nicht metaphorisch *(translative),* auch wenn die Verwirklichung dieser Vollkommenheiten bei Gott und im Geschöpf analog ist. «Unvollkommenheiten» *(quae imperfectionis sunt)* und ebenso «begrenzte Vollkommenheiten», also Eigenschaften, die nur für eine bestimmte Gruppe von Seienden eine Vollkommenheit sind (z.B. Riechen-Können), werden entweder in Bezug auf die Menschheit Christi ausgesagt oder haben bei Gott eine «übertragene», metaphorische Bedeutung. Der Unterschied zwischen metaphorischer und analoger Prädikation ist von größter Bedeutung, vgl. I Sent. dist.22 a.1 q.3.

wovon sie ausgesagt werden; und so kann man sagen: sie lassen sich, wenn man sie in Bezug auf das Zugrundeliegende bzw. den Träger *(subiectum)* betrachtet, auf die Kategorie der Substanz zurückführen. Das gilt allerdings nicht für die Relation, die ja einen zweifachen Bezug besagt: Die Relation wird ausgesagt in Bezug auf den Träger, *in dem* sie ist, und den Zielpunkt, *auf den hin* sie ist. Im ersten Sinn läßt sich die Relation in die Substanz überführen, damit nicht eine Zusammensetzung in Gott entsteht; auf die zweite Weise bleibt die Relation erhalten, damit sie die Unterschiedenheit der Personen bewirkt. Daher «bewahrt die Substanz die Einheit, und die Relation bewirkt die Dreiheit»[34]. So gibt es also bei Gott nur zwei Aussageweisen: nach Substanz oder Relation.

Dabei ist folgende Regel zu beachten: Was gemäß der Substanz ausgesagt wird, wird von allen Personen, von jeder einzelnen, von allen zugleich, und im Singular ausgesagt. Was aber gemäß der Relation ausgesagt wird, wird entweder nicht von allen ausgesagt, oder – wenn von mehreren – dann im Plural, etwa: «Bezogene», «Unterschiedene», «Ähnliche», «Gleiche», aufgrund der inneren Bezogenheit. Die Bezeichnung «Dreifaltigkeit» aber umfaßt beides, Substanz und Relation.

Weil es nun mehrere Relationen in einer Person geben kann[35], wie es auch mehrere Personen in der einen Wesenheit gibt, bringt die Unterscheidung der Notionen keine Aufspaltung der Person, ebensowenig löst die Unterscheidung der Personen die Einheit des Wesens auf. Deswegen kommt nicht alles, was der Wesenheit zukommt, auch der

[34] Boethius, De trin. cap. 6.

[35] Das «Vatersein» des Vaters gegenüber dem Sohn und die aktive «Hauchung» gegenüber dem Hl. Geist.

Notion oder der Person zu, und ebensowenig umgekehrt. Daher gibt es drei Arten der Supposition, und man kann dafür eine gebräuchliche Regel angeben: Bezieht sich eine Aussage auf die Wesenheit, so kann man dafür nicht eine Notion oder Person setzen («supponieren»); bezieht sich die Aussage auf eine Notion, kann man nicht Wesenheit oder Person statt dessen setzen; bezieht sie sich auf eine Person, dann kann man nicht Wesenheit oder Notion dafür setzen, wie sich an Beispielen zeigen läßt.

Weil nun zwischen den Trägern der Substanz eine wahrhafte Unterscheidung herrscht, während die Wesenheit eine einzige bleibt, so ist notwendigerweise «Substanz» hier in mehrfachem Sinn verwendet, nämlich zum einen als *mitteilbar,* zum andern als *unmitteilbar.* Unter der Hinsicht der Mitteilbarkeit heißt sie abstrakt «Wesenheit» *(essentia),* konkret «Substanz» *(substantia).* Als unmitteilbar aber heißt sie «Hypostase» *(hypostasis)* unter der Hinsicht der Unterscheidbarkeit, «Person» *(persona)* unter der Hinsicht der Unterschiedenheit. Man könnte auch so sagen: «Hypostase» ist Bezeichnung für die Substanz, solange die Unterschiedenheit in einem unbestimmten Sinn gemeint ist, «Person» aber, wenn die Unterschiedenheit in ihrem vollen Sinn erkannt wird. – Ein Beispiel dazu aus dem Bereich des Geschaffenen: Menschheit, Mensch, irgendein Mensch, Petrus. Das erste bezeichnet die Wesenheit, das zweite die Substanz, das dritte die Hypostase oder den Träger, das vierte die Person.

Nun muß man bei den sich unterscheidenden Personen nicht nur die Person in Betracht ziehen, die sich unterscheidet, sondern auch, *wovon* sie sich unterscheidet. Das ist die «Eigentümlichkeit» *(proprietas)* oder «Notion» *(notio).* Daher muß es hinsichtlich des dreifaltigen Gottes fünf Aussage- bzw. Frage-Weisen geben: «Wer» *(quis)* fragt man hinsichtlich der Person, «welcher» *(qui)* hinsichtlich der Hypostase, denn diese bezeichnet ja den Träger der Substanz ohne genau den Unterschied [zu den andern Hypostasen] zu bestimmen, «welche» *(quae)* fragt man hinsichtlich der Notion, «was für ein» *(quod)* hinsichtlich der Substanz, «was» *(quid)* oder «wodurch» *(quo)* hinsichtlich der Wesenheit.

Weil alle diese Aussageweisen in der Einheit der Wesenheit wurzeln – denn alles, was in Gott ist, ist Gott selbst, der eine und einzige – darum wird durch diese Aussageweisen keine Aufspaltung *(differentia)* dem Wesen oder dem Sein nach in Gott hineingetragen. Es gibt daher nur drei Arten von Unterschied *(differre):* hinsichtlich der Weise des Hervorgangs, so unterscheidet sich *eine Person von der anderen,* hinsichtlich des Sich-Verhaltens, so unterscheiden sich *Person und Wesenheit* – denn eine Person bezieht sich auf eine andere und unterscheidet sich gerade darin von ihr, während die Wesenheit sich auf keine andere bezieht und sich daher nicht unterscheidet –, und schließlich bezüglich unserer Erkenntnisweise: so unterscheidet sich eine *Wesenseigenschaft von einer anderen,* wie Gutheit von Weisheit. Die erste Unterscheidung ist die größte, die man in Gott finden kann; denn sie liegt in den Personen, so daß hier das, was von einer ausgesagt wird, nicht von einer anderen ausgesagt wird. Die zweite ist geringer, sie liegt in den Zuschreibungen *(attributa):* Man kann zwar eines vom anderen aussagen, wie die Person von der Wesenheit, aber es gibt etwas, was nur vom einen, nicht aber vom anderen ausgesagt werden kann, zum Beispiel: Die Person unterscheidet sich und bezieht sich, die Wesenheit aber nicht. Die dritte Unterscheidung ist die geringste, denn sie liegt in den miterkannten Eigenschaften *(connotata).* Man kann nämlich hier eines vom anderen aussagen und umgekehrt, und das gleiche kann von beiden gesagt werden. Es wird jedoch nicht jeweils das gleiche gemeint und erkannt[36].

Die erste Unterscheidung begründet die Mehrheit der Personen, die zweite Unterscheidung bewirkt, daß es mehrere Aussagen gibt, solche bezüglich der Substanz bzw. solche bezüglich der Relation, die dritte Unterscheidung begründet die Vielheit der Eigenschaften, die sich auf das Wesen oder auf die Notionen beziehen, seien sie ewig oder zeitlich[37], in eigentlicher Weise Gott zugeschrieben oder in übertragener Weise, seinem Wesen allgemein *(communiter)* oder einer einzelnen Person im besonderen *(appropriate)*. Es gibt ja klare Beispiele dafür.

Wenn man dies verstanden hat, dürfte hinreichend deutlich geworden sein, was man über die allerhöchste göttliche Dreifaltigkeit denken, und wie man über sie sprechen soll.

5. Kapitel: Wie sich der wesenhaft eine Gott auf vielerlei Weise den Menschen zeigt

Mehrfach zeigte sich Gott. Was das betrifft, sagt uns die heilige Lehre, daß wir folgendes festzuhalten haben: Gottes Gegenwart ist nicht räumlich zu begrenzen, er ist unsichtbar und unveränderlich; dennoch *wohnt* er auf be-

[36] *Sapientia* und *bonitas* sind Eigenschaften aller drei Personen, sie gehören zur Wesenheit. Dennoch wird bei der Erkenntnis des Sohnes in besonderer Weise die Weisheit, beim Hl. Geist die Gutheit «miterkannt». Obwohl diese beiden Eigenschaften untrennbar voneinander sind, bedeuten sie doch nicht dasselbe, und mit der Erkenntnis der einen ist nicht eo ipso auch die Erkenntnis der anderen gegeben.

[37] «Zeitlich» sind die Eigenschaften Gottes, die sein Wesen im Hinblick auf das Geschaffene bezeichnen, z.B. «Herr» oder «Schöpfer».

sondere Weise in heiligen Menschen, er *erschien* den Patriarchen und Propheten, er *stieg vom Himmel,* er *sandte den Sohn und den Heiligen Geist* zur Rettung des Menschengeschlechtes. – Und obwohl in Gott das Wesen, die Kraft und die Tätigkeit der Dreifaltigkeit ungeteilt sind, ist doch die Sendung *(missio)* oder die Erscheinung *(apparitio)* einer Person nicht die Sendung oder Erscheinung einer anderen. – Obwohl in Gott auch vollkommene Gleichrangigkeit der Personen besteht, so ist es doch nur dem Vater eigen, zu senden ohne selbst gesendet zu werden; dem Hl. Geist ist es eigen, von den anderen Personen nur gesandt zu werden – außer man würde ein solches «Senden» in Bezug auf Christus in seiner menschlichen Natur verstehen[38]. Der Sohn aber sendet und wird gesandt, wie man es aus verschiedenen Schriftstellen erheben kann.

Begründung zum tieferen Verständnis:

Obwohl der ERSTE URSPRUNG unendlich und ohne räumliche Begrenzung, unkörperlich und unsichtbar, ewig und unveränderlich ist, so ist er doch der Ursprung von Geistigem und Körperlichem, von Natur- und Gnadengaben; und das heißt: er ist Ursprung von wandelbaren, mit den Sinnen wahrnehmbaren und räumlich begrenzten Dingen, durch die er sich zu erkennen gibt, obwohl er selbst nicht wandelbar, nicht mit den Sinnen wahrnehmbar und nicht räumlich begrenzt ist. *In allgemeinem Sinn* gibt er sich in der Gesamtheit aller von ihm ausgehenden Wirkungen zu erkennen; denn in ihnen, so kann man sagen, «ist» er mit seinem Sein, seiner Macht und seiner Gegenwart. Das gilt für alles Erschaffene. – Er gibt sich jedoch auch *in besonderer Weise* zu erkennen, nämlich durch bestimmte Wirkungen, die in besonderer

[38] «Der Geist führte ihn in der Wüste umher…»: Lk 4,1.

Weise zu ihm führen. Bezüglich dieser Wirkungen sagt man von ihm, er «wohne», «erscheine», «steige herab», «werde gesandt» und «sende».

Das *Wohnen* Gottes bezeichnet eine *geistliche* Wirkung, die mit der *Annahme* durch Gott *(acceptatio)* verbunden ist: das ist die Wirkung der Gnade, die Gott wohlgefällig macht. Diese Gnade ist «gottförmig» *(deiformis)*[39] und führt zu Gott zurück, sie bewirkt, daß Gott uns besitzt und wir ihn *(haberi a nobis),* und daß er eben dadurch in uns einwohnt. Und weil die Gnade die Wirkung aller drei Personen zusammen ist, wohnt nicht eine Person ohne die anderen ein, sondern die ganze Dreifaltigkeit.

«Erscheinen» aber bezeichnet eine *wahrnehmbare* Wirkung, die einen bestimmten Sinn *ausdrücken* soll: etwa die Erscheinung des Heiligen Geistes in Gestalt einer Taube (Joh 1,32). So wie die drei Personen voneinander zu unterscheiden sind, so können sie auch durch verschiedene Zeichen und Namen je für sich bezeichnet werden. Darum kann jede Person für sich erscheinen, und alle Personen können sich durch Erscheinung zeigen – sei es alle zusammen, sei es eine allein. Wenn es also heißt, daß der Heilige Geist in der Gestalt von Feuerzungen oder einer Taube erschien, so geschieht das nicht um einer neuen Verbindung oder einer besonderen Gnadenwirkung willen, sondern wegen der Einheit zwischen dem Bezeichneten und dem Zeichen; denn das Zeichen ist hier speziell nach seiner Art und seiner Entstehung dazu bestimmt, das Bezeichnete zum Ausdruck zu bringen[40].

[39] S.u. Teil V, 1. Kap.: Gnadenlehre.

[40] D.h. es handelt sich nicht um eine hypostatische Union zwischen Feuerzungen/Taube und Hl. Geist. Sie sind nur vergängliche Anzeichen, einzig zu diesem Zweck gebildet, daß mittels ihrer die Wirkung des Hl. Geistes sinnenhaft wahrgenommen werde.

«Herabsteigen» schließt *beide vorhergenannten* Wirkungen ein, bezeichnet aber darüber hinaus einen *Anfang*. Den seligen Engeln im Himmel ist Gott stets gegenwärtig; denn er wohnt immer in ihnen und zeigt sich ihnen immer. Für die Sünder auf Erden aber ist er zuweilen abwesend, sowohl was die Kenntnis von ihm, als auch was seine Gnade betrifft. Wenn er also «beginnt» zu erscheinen und einzuwohnen, dann «wird» er, der den Himmeln gegenwärtig, für uns aber gleichsam abwesend ist, gegenwärtig für die Erde. Daher kann man sagen, er steige herab, auch wenn er sich, in sich betrachtet, nicht verändert.

«Gesendet werden» schließlich besagt alle *drei vorher genannten* Wirkungen und schließt zugleich den *ewigen Hervorgang* ein. Dann sendet der Vater den Sohn, wenn er ihn uns gegenwärtig sein läßt durch Erkenntnis und Gnade und gerade darin zu verstehen gibt, daß der Sohn von ihm ausgeht. Weil der Vater selbst von niemandem ausgeht, darum heißt es auch nirgends, er werde gesandt. Weil der Sohn hervorbringt und hervorgebracht wird, darum sendet er und wird gesandt. Weil der Heilige Geist von Ewigkeit hervorgebracht wird, aber nur in der Zeit hervorbringt, darum ist es ihm eigen, gesandt zu werden, während er nur hinsichtlich des Geschaffenen sendet. – Es ist also klar, daß folgende Sätze unpassend sind bzw. der Erläuterung bedürfen: «Der Heilige Geist sendet sich selbst»; «der Heilige Geist sendet den Sohn»; «der Sohn sendet sich selbst» – außer wenn man damit meint: insofern er aus der Jungfrau Maria geboren wurde. Es ist nun auch deutlich, warum Senden und Gesandtwerden nicht allen Personen zukommt: Auch wenn damit eine Wirkung Gottes im Bereich des *Geschaffenen* bezeichnet wird, so betreffen diese Ausdrücke doch zugleich die innertrinitarischen Beziehungen; denn «Senden» bezeich-

net das «Ursprung-Sein» *(auctoritas)*, «Gesendet werden» eine Beziehung dazu *(subauctoritas*[41]*)*, wobei der *ewige* innergöttliche Hervorgang mitbezeichnet wird.

6. Kapitel: Die Einheit des göttlichen Wesens und die Vielfalt der den Personen im besonderen zugeschriebenen Eigenschaften (appropriata)

Was die Vielzahl der appropriierten Eigenschaften angeht, so lehrt die auf der Hl. Schrift gründende Theologie Folgendes festzuhalten: Obwohl alle Eigenschaften des Wesens allen drei Personen in gleichem Maß und ohne Unterschied zukommen, wird doch dem Vater in besonderer Weise die *Einheit*, dem Sohn die *Wahrheit* und dem Hl. Geist die *Gutheit* zugeschrieben.

Parallel dazu steht die zweite Appropriation, die aus Hilarius von Poitiers genommen ist: «die Ewigkeit *(aeternitas)* im VATER, die Gestalt oder Schönheit *(species)* im BILD, der Nutzen *(usus)* in der GABE»[42]. Ebenso parallel ist die dritte Appropriation gebildet: im Vater das *Ursprung-Sein*, im Sohn das *Urbild-Sein*, im Heiligen Geist das *Ziel-Sein*[43]. Und schließlich auch die vierte: dem Vater die *Allmacht*, dem Sohn die *Allwissenheit*, dem Heiligen Geist das *Wollen* beziehungsweise das Gut-Wollen *(benevolentia)*.

Diese Eigenschaften heißen «appropriiert» [d.h.: «in besonderer Weise den Personen zugeschrieben»], nicht weil

[41] I Sent. dist. 25 dub. 4: *«subauctoritas» non dicit inferioritatem sed habitudinem:* bezeichnet nicht eine niedrigere Stellung oder eine Unterordnung, sondern ein Verhältnis.

[42] Hilarius, De Trinitate II n.1.

[43] Dem entspricht, daß der dreifaltige Gott Wirk-, Exemplar- und Zielursache ist.

sie den einzelnen Personen allein zu eigen wären – sie sind vielmehr allen drei gemeinsam –, sondern weil sie zum tieferen Verständnis der tatsächlichen Eigentümlichkeit jeder Person *(propria)* führen.

Begründung zum tieferen Verständnis:

Weil der ERSTE URSPRUNG von höchstem Adel und höchster Vollkommenheit ist, sind in ihm alle edlen und vollkommenen Bestimmungen des Seins *(conditiones entis)* in höchster Verwirklichung. Dies sind die Bestimmungen *eines, wahr* und *gut.* Sie begrenzen oder bestimmen das Seiende nicht als wären sie davon unterschiedene Eigenschaften, sondern gemäß einer Hinsicht. «Eines» ist der Name für das Seiende als zählbares *(connumerabile)*, und das ist es gerade, insofern es in sich ungeteilt ist. «Wahr» ist der Name für das Seiende als erkennbares, und das ist es, insofern es ungetrennt ist von seiner Gestalt *(species),* also von dem, *was* es ist. «Gut» ist der Name für das Seiende als mitteilbares *(communicabile),* und das ist es, insofern es ungetrennt von seinem eigenen Wirken ist.

Diese dreifache Ungeteiltheit zeigt, wenn sie erkannt wird, eine bestimmte Ordnung: Das «Wahr-Sein» setzt das «Eines-Sein» voraus, und das «Gut-Sein» setzt die beiden anderen voraus. Daher werden diese Bestimmungen, als vollkommene und allgemeinste, dem Ersten Ursprung in höchster Vollendung zugeschrieben; und sie werden, weil sie untereinander in einer bestimmten Ordnung stehen, den drei Personen appropriiert: «Zuhöchst Eines» dem Vater, weil er der Ursprung der beiden anderen Personen ist; «zuhöchst wahr» dem Sohn, weil er vom Vater ausgeht als Wort; «zuhöchst gut» dem Heiligen Geist, weil er von beiden ausgeht wie die Liebe und die Gabe.

Das zuhöchst Eine ist nun auch das Aller-Erste *(summe primum),* denn es hat keinen Beginn; das zuhöchst Wahre ist auch das vollkommen Gleiche *(summe aequale)* und Aller-Schönste *(summe pulcrum)*[44]; das zuhöchst Gute ist auch das vollkommen Heilbringende *(summe utile)* und fruchtbar Wohltuende *(proficuum)*[45]. Und daraus ergibt sich die zweite Appropriationenreihe aus Hilarius: die Ewigkeit *(aeternitas)* dem Vater, weil er keinen Ursprung hat, sondern schlechthin Erster ist, die «Gestalt» oder Schönheit *(species)* dem BILD, das heißt: dem WORT, weil es vollkommen schön ist, der «heilbringende Nutzen» *(usus)* dem GESCHENK, das heißt: dem Heiligen Geist, weil er ganz Mitteilung und Wohltun *(proficuum)* ist. Das gleiche in anderen Worten hat Augustinus im Sinn, wenn er schreibt: «Im Vater die Einheit, im Sohne die Gleichheit *(aequalitas)*, im Heiligen Geiste die Eintracht zwischen Einheit und Gleichheit»[46].

Zur dritten Appropriation: Weil das *Eine und Erste schlechthin* die Bedeutung des «Ursprung-Seins» in sich enthält, das *Schöne und Gestalthafte schlechthin* die Bedeutung des «Ausdruck-Seins», das *Gute und Heilbringende schlechthin* die Bedeutung des «Ziel-Seins» – denn «das

[44] *pulcritudo* und *aequalitas:* Der Sohn drückt den Vater vollkommen aus, weil er ihm gleich ist *(aequalis)*, er ist dessen vollkommenes Abbild *(similitudo)*, daher gewissermaßen «Gestalt» *(species)*, und ganz und gar «Wahrheit» (als Übereinstimmung von Bild und Abgebildetem). Diese Vollkommenheit der Abbildung ist «Schönheit». In einem zweiten Sinn ist der Sohn «Schönheit» als *ratio pulcritudinis*, Grund aller Schönheit des Geschaffenen, insofern er als die WEISHEIT die Ideen alles Geschaffenen in sich enthält.

[45] Es wird hier eine spezifische Bedeutung von *usus, utile* vorausgesetzt: Man kann «gebrauchen» nämlich definieren als «etwas an sich nehmen, so daß man sich dessen freuen will». Dieser «Gebrauch» besteht in einem «freien Akt und einer Umarmung der Liebe» *(usus dicit amoris complexum et actum liberum)*. Vgl. I Sent. dist. 31 p.2 a.1 q.3.

[46] Augustinus, Doctr. chr. I, 5, 5.

Gute und das Ziel sind das gleiche»[47] –, darum wird in der dritten Appropriation die Wirkursächlichkeit dem Vater, die Exemplarursächlichkeit dem Sohn und die Zielursächlichkeit dem Heiligen Geist appropriiert.

Zur vierten Appropriation: Weil vom ersten und höchsten Ursprung alles *Können* und vom ersten und höchsten Urbild alles *Wissen* seinen Ausgang nimmt, und weil alles *Wollen* dem höchsten Ziel zustrebt[48], darum ist das Erste notwendig *allmächtig, allweise und alles Gute wollend.* Die erste und höchste Einheit ist, insofern sie sich auf sich selbst zurückbezieht in der «vollendeten und vollkommenen Rückkehr» *(reditio completa et perfecta)*[49], allmächtig, weiseste Wahrheit, reine liebende Gutheit des Wollens. Diese Eigenschaften werden appropriiert, weil sie eine Ordnung zum Ausdruck bringen: Wenn man von «Willen» spricht, hat man schon vorher «Erkenntnis» gedacht, Wille und Erkenntnis aber setzen Macht bzw. Kraft voraus; denn «Wissen-können ist ein Können»[50].

Nun ist klar, was «appropriiert» wird, welchen Personen, und warum. Vor allem hinsichtlich der letzten Dreier-

[47] Nach Aristoteles, Nikomachische Ethik I, 1 u.ö.

[48] Vgl. Aristoteles, Nikomachische Ethik I, 2 (wird vom höchsten Gut gesagt).

[49] Vgl. Liber de causis, propositio 15: «Jeder Wissende, der seine Wesenheit erkennt, kehrt in einer vollkommenen Rückkehr zu sich selbst zurück…, und das kommt nur daher, daß hier der Wissende und das Gewußte ein und dasselbe sind.» Vgl. propos. 17: «Jede in sich geeinte Kraft hat mehr von der Unbegrenztheit als eine vielfältig zerstreute. … Wenn sich nämlich eine Kraft aufzuspalten beginnt, löst sich ihre Einheit auf, und mit dieser ihre Unbegrenztheit *(infinitas)*. … Je mehr sich eine Kraft dem reinen und wahren Einen annähert, desto intensiver wird ihre Einheit, und je intensiver sie wird, desto mehr tritt die Unbegrenztheit zutage.»

[50] Richard von St. Victor, Über die Dreieinigkeit VI, 15.

reihe: als *Macht, Weisheit und Willen,* wird die erhabene Dreifaltigkeit in der Hl. Schrift gepriesen. Darum müssen wir jetzt kurz und zusammenfassend über diese Eigenschaften sprechen.

7. *Kapitel: Gottes Allmacht*

Der heiligen Lehre entsprechend ist über die Allmacht Gottes folgendes festzuhalten: Gott ist allmächtig, jedoch auf eine Weise, daß ihm weder ein Tun zugeschrieben werden darf, das *schuldhaft* ist, wie Lügen oder böser Wille, noch ein Tun, das eine *Strafe oder Pein* bedeutet, wie Furcht oder Schmerz, noch ein Tun, das ausschließlich mit *Körperlichkeit oder Materialität verbunden* ist, wie Schlafen oder Gehen – außer im metaphorischen Sinn –, noch ein Tun, das einfach *sinnlos* wäre, wie zum Beispiel, daß er einen erschaffen könnte, der größer wäre als er selbst, oder einen anderen Gott, der ihm gleich wäre, oder ein aktuell Unendliches, oder ähnliches. So sagt Anselm, daß «alles Sinnlose [oder: Unpassende – *inconveniens*], auch das Geringste, bei Gott unmöglich ist»[51]. Auch wenn er also derartiges nicht kann, ist er doch in einem wahren, eigentlichen und vollkommenen Sinn allmächtig.

Begründung zum tieferen Verständnis:

Der Erste Ursprung ist eine mächtige Macht *(potens potentia),* das heißt, eine Macht schlechthin. Die Bestimmung «all»-mächtig bezieht sich daher auf das «Können», welches ein *Können schlechthin (posse simpliciter)* ist, also auf das, was aus einer vollkommenen und geordneten Mächtigkeit hervorgeht.

[51] Cur Deus homo I, 20.

Eine «vollkommene Mächtigkeit» *(potentia completa)* nenne ich eine, die weder Versagen noch Unterliegen noch Mangel kennt. Die Verfehlung bzw. Sünde ist ein Versagen der Mächtigkeit, das Erleiden ist ein Unterliegen, und in körperlichen Tätigkeiten zeigt sich ein Mangel an Mächtigkeit. Die Mächtigkeit Gottes aber ist in höchstem Maße vollendet: sie ist nicht aus Nichts[52], sie steht unter keinem anderen, sie bedarf keines anderen. Deswegen ist sie unfähig zu verfehlten Akten, zu peinvollem Erleiden und zu Akten, die wesenhaft körperlich sind. Sie ist genau deswegen unfähig dazu, weil Allmächtigkeit vollendete Mächtigkeit ist.

Von einer geordneten Mächtigkeit *(potentia ordinata)* aber kann man in dreifachem Sinn sprechen: gemäß dem wirklichen Vollzug *(secundum actum)*, gemäß einer Hinordnung von seiten des Geschaffenen *(secundum aptitudinem ex parte creaturae)*, oder allein von seiten der unerschaffenen Kraft. Was der Mächtigkeit im ersten Sinn möglich ist, ist nicht nur möglich, sondern zugleich auch *wirklich*. Was im zweiten Sinn möglich ist, aber nicht im ersten, ist *einfachhin möglich*, aber nicht wirklich. Was im dritten Sinn möglich ist, nicht aber im ersten oder zweiten, ist *für Gott möglich*, aber nicht für das Geschöpf. Was aber in keiner der genannten Weisen möglich ist – alles, was in direktem Widerspruch zu der Ordnung der ersten, ewigen Seins- und Erkenntnisprinzipien steht[53] –, das ist schlechthin unmöglich: zum Beispiel, daß Gott etwas

[52] Daher kann sie – anders als die aus dem Nichts erschaffene Freiheit des Geschöpfes – dem Nichts auch nicht zuneigen, also nicht versagen *(deficere)*, verfehlen oder sündigen *(peccare)*.

[53] *rationes et causae primordiales et aeternae:* die Ideen im Geist Gottes, durch die er erkennt (im SOHN oder der Ewigen KUNST); zugleich aber auch die Grundlage des Geschaffenen. In der Gewißheitserkennt-

aktual Unendliches machen könnte; daß er etwas ins Sein setzen könnte, das zugleich überhaupt nicht ist; daß er bewirken könnte, daß etwas, was gewesen ist, nicht gewesen sei; und ähnliches derart. Solch ein «Können» ist ein Widerspruch gegen die Ordnung und Vollkommenheit der göttlichen Mächtigkeit.

Nun ist also klar, worauf sich die göttliche Macht bezieht. Auch ist geklärt, was «schlechthin möglich» und «schlechthin unmöglich» bedeutet, und: daß manche Dinge nicht zu können, zu wahrer Allmächtigkeit gehört.

8. Kapitel: Gottes Weisheit, seine Vorherbestimmung und sein Vorherwissen

Festzuhalten ist: Gottes Weisheit erkennt in vollkommener Klarheit alles Gute und Böse, Vergangenes, Gegenwärtiges und Zukünftiges, Wirkliches und Mögliches, und deswegen auch für uns Unbegreifliches und Unendliches. Sie selbst ändert sich dabei in keiner Weise, auch wenn sie mit verschiedenen Namen benannt wird. Insofern sie alles erkennt, was möglich ist, heißt sie «Wissen» *(scientia)* oder «Erkenntnis» *(cognitio),* insofern sie alles erkennt, was allüberall geschieht, heißt sie «Schau» *(visio);* insofern sie alles erkennt, was gut geschieht, heißt sie «Billigung» *(approbatio).* Als Erkenntnis des Zukünftigen heißt sie «Vorherwissen» *(praescientia)* oder «Vorhersehen» *(praevisio);* als Erkenntnis dessen, was von Gott selbst her geschehen soll, heißt sie «weise Ordnung» *(dispositio).* Als Erkenntnis dessen, was belohnt werden soll, heißt sie

nis *(cognitio certitudinalis)* berührt der geschaffene Intellekt die *rationes aeternae,* das heißt, er erkennt in Rückbindung an die Wahrheit schlechthin. Bonaventura führt dies aus in: De scientia Christi, qq. 1-4.

«Vorherbestimmung» *(praedestinatio),* als Erkenntnis des Strafwürdigen heißt sie «Verwerfung» *(reprobatio).*

Nun ist Gottes Weisheit nicht nur selber erkennend, sondern auch der *Grund allen Erkennens:* und als Erkenntnisgrund für alles Erkannte heißt sie «Licht» *(lux).* Als Erkenntnisgrund hinsichtlich des Geschauten und Gebilligten heißt sie «Spiegel» *(speculum),* hinsichtlich des Vorhergewußten und weise Angeordneten heißt sie «Urbild» *(exemplar),* hinsichtlich des Vorherbestimmten beziehungsweise Verworfenen heißt sie «Buch des Lebens» *(liber vitae).* «Buch des Lebens» ist die Weisheit Gottes hinsichtlich der Dinge, insofern sie in Gott ihr Ziel haben, «Urbild» der Dinge ist sie, insofern diese von ihr ausgehen, «Licht» aber in jeder Hinsicht. – Zur Weisheit als «Urbild» gehören auch die Bezeichnungen «Idee» *(idea),* «Wort», «Kunst» *(ars)* und «geistiger Grund» *(ratio):* «Idee» heißt die Weisheit Gottes, insofern sie etwas im voraus schaut, «Wort», insofern etwas zum Ausdruck gebracht wird, «Kunst», insofern ein Plan verfolgt wird, «vernünftiger Grund», insofern etwas vollendet werden soll; denn diese Benennung schließt die Zielsetzung mit ein. Weil nun dies alles in Gott eines ist, darum wird oft das eine Wort für ein anderes gebraucht.

Wenn auch die Weisheit Gottes mit unterschiedlichen Namen belegt werden kann – hinsichtlich der Unterschiede zwischen den erkannten Gegenständen –, so wird sie in sich doch keineswegs uneinheitlich. Sie erkennt vielmehr das Kontingente auf untrügliche Weise[54], das

[54] *contingentia:* das nicht Notwendige. Nicht nur das Zufällige, sondern vor allem das, was aus Akten des freien Willens entspringt. Diese freien Akte, die in der Zukunft liegen, sind dem geschöpflichen Wissen strikt verborgen. Einzig der Schöpfer weiß sie aufgrund seiner ewigkeitlichen Erkenntnis, und zwar «infallibiliter», untrüglich, d.h. nicht aufgrund von Erschließung oder Vermutung, wie auch ein Ge-

Veränderliche auf unwandelbare Weise, das Zukünftige in der Weise der Gegenwärtigkeit, das Zeitliche in der Weise der Ewigkeit, das Abhängige auf unabhängige Weise, das Geschaffene auf ungeschaffene Weise, das von ihr Unterschiedene erkennt sie in sich und durch sich. Und weil sie das Kontingente auf unfehlbare Weise erkennt, können die Freiheit und Wandelbarkeit des geschöpflichen Willens zusammen mit dem göttlichen (Vorher-)Wissen und der (Vorher-)Bestimmung bestehen.

Begründung zum tieferen Verständnis:

Der ERSTE URSPRUNG – als erster und höchster – besitzt eine Erkenntnis, die gänzlich einfach und ganz vollkommen ist. Weil sie ganz vollkommen ist, erkennt sie alles, und zwar ganz klar unter allen Bedingtheiten, welche Dinge haben oder haben können. Sie weiß also, daß das Zukünftige sein wird, und daß das Gegenwärtige gegenwärtig ist; sie weiß das Gute als das, was zu billigen ist, das Böse als das, was zu verwerfen ist. Darum kann sie mit verschiedenen Namen benannt werden, wie oben gesagt wurde.

Weil aber die Vollkommenheit der göttlichen Weisheit mit der höchsten Einfachheit verbunden ist, erkennt sie alles von ihr Verschiedene doch in sich und durch sich. Daraus folgt, zweitens, daß sie das Geschaffene auf ungeschaffene Weise erkennt, und daraus wiederum drittens, daß sie das Abhängige nicht in abhängiger Weise erkennt. Daraus ergibt sich viertens, daß sie das in der Zeit Ge-

schöpf nicht-notwendige Entwicklungen vorauswissen kann. Daher gehört die *gewisse* Erkenntnis oder Vorhersage solcher *contingentia,* ebenso wie die Erkenntnis der Gewissensgeheimnisse einer anderen Person, zu den Gegenständen der prophetischen Offenbarung im engsten Sinn: als Teilnehmen am Wissen Gottes.

schehende auf ewige Weise erkennt, fünftens, daß sie das Zukünftige auf gegenwärtige Weise, sechstens, das Wandelbare auf unwandelbare Weise erkennt. Und schließlich folgt daraus siebtens, daß sie das Nicht-Notwendige untrüglich, mit vollständiger Gewißheit, erkennt.

Die nicht-notwendigen Geschehnisse bleiben also «nicht-notwendig», und sind dabei für die Weisheit Gottes vollständig gewiß; das gilt für die nicht-notwendigen Geschehnisse im Bereich der Natur ebenso wie für den Bereich der menschlichen Willensfreiheit. Wenn also jemand verstehen will, wie die Freiheit des geschaffenen Willens zusammen bestehen kann mit der untrüglichen Bestimmung Gottes, dann muß er von diesem letzten Punkt Schritt für Schritt zurückgehen über die genannten sieben Stufen, bis zum ersten Ausgangspunkt, der ganz klar und gewiß ist: daß der Erste Ursprung alles auf vollkommenste Weise durch sich selbst erkennt. Alles andere läßt sich durch Schlußfolgerung klar und evident ableiten.

Die Gewißheit der Erkenntnis Gottes besteht also zusammen mit der Nicht-Notwendigkeit der erkannten Dinge, weil die göttliche Weisheit ganz einfach und ganz vollkommen ist. Und aus demselben Grund besteht die *Einheit* dieser Weisheit zusammen mit einer *Vielheit von Erkenntnisgründen und Ideen.* Weil die Weisheit Gottes ganz vollkommen ist, deswegen erkennt sie in klarer Bestimmtheit *(distinctissime)* alles und jedes Einzelne; und so hat sie alle Dinge gegenwärtig. Daher sagt man, sie habe die Seins- und Erkenntnisgründe beziehungsweise «Ideen» der einzelnen Dinge in sich, gleichsam ausdrucksfähige Bilder der Dinge *(similitudines expressivas)*[55].

[55] *Similitudo expressiva* ist das schöpferische Urbild, bzw. das Bild des zu schaffenden oder geschaffenen Dinges im Geist des Schöpfers; im Unterschied dazu ist *s. expressa* das (passive) Abbild.

Weil sie aber vollkommen einfach ist, darum sind alle diese Bilder in ihr eins[56]. Genauso wie Gott aus seiner *einen Kraft* alles, die ganze Vielzahl der Dinge, zeithaft *(ex tempore)*[57] ins Sein setzt, so drückt er in seiner *einen Wahrheit* alle Dinge in der Weise der Ewigkeit aus. Und wie es in Gott, dem Allerhöchsten, Allmächtigen, der Sache nach nur *ein* schöpferisches Tun gibt, man aber dennoch von mehreren Akten der Erschaffung sprechen kann – was begründet ist in der Vielzahl der erschaffenen Dinge –, so gibt es in Gott auch nur die *eine* Wahrheit eines einzigen Erkenntnisvollzuges; dennoch kann man von vielen Urbildern, Ideen oder Gründen *(rationes)* in Gott sprechen, hinsichtlich der Vielheit der Dinge, die in diesen Ideen gegenwärtig sind: als bereits seiende Dinge, als zukünftige oder als mögliche. Man kann jedoch nicht sagen, diese *rationes* oder Ideen seien eine einzige *ratio* oder eine einzige Idee, wenngleich das Licht, die Wahrheit und die Wesenheit Gottes eine einzige sind. *«Ratio»* bzw. «Idee» bedeutet nämlich einen Bezug zu etwas in der Ordnung der Erkenntnis. Es wird damit das Erkenntnisbild bezeichnet, und das bezieht sich der Sache nach auf Gott [weil es in seiner Weisheit ist], schließt aber offensichtlich auch den Bezug zu dem ein, *das* abgebildet wird [und nicht Gott ist].

Fragt man nach einer Analogie dafür im Bereich des Geschaffenen, dann muß man antworten, daß es sich hier um etwas handelt, was der schöpferischen Exemplarursächlichkeit eigentümlich ist. Denn nur sie ist ganz einfach, unendlich und vollkommen. Wenn man das verstanden hat, wird auch das andere klar. Denn dieses Urbild, das Gott ist, ist schlechthin einfach und ganz vollkommen,

[56] Sie sind «eins» (unum sunt), aber sie sind nicht eine einzige Idee.
[57] Dazu unten II, 1.

und daher reine Wirklichkeit *(actus purus).* Weil er unbegrenzt und unendlich ist, darum ist er außerhalb jeder Gattung. Deswegen kann er, als einer und einziger, schöpferisches Urbild von vielem sein.

9. Kapitel: Der Wille Gottes und seine Vorsehung

Was nun den Willen Gottes betrifft, so ist folgendes festzuhalten: Sein Wille ist *recht,* so daß er niemals verkehrt werden kann; er ist so *wirksam,* daß er in keiner Weise gehindert werden kann; er ist auf eine Weise *einer,* daß er dennoch mit mehreren Namen bezeichnet werden kann.

Der Wille Gottes, der sich auf das bezieht, was ihm wohlgefällt *(voluntas beneplaciti),* wird benannt nach dem, was diesen Willen in unterschiedlicher Weise anzeigt: Gebot, Verbot, Rat, Erfüllung und Zulassung. Mittels dieser fünf Weisen ordnet der Wille des Wohlgefallens alles, was im ganzen Kosmos geschieht. «Der Wille Gottes ist die erste und oberste Ursache aller Gestalten und Bewegungen. Nichts geschieht sichtbar und wahrnehmbar hier im Bereich des Geschaffenen – gleichsam einem riesigen ausgedehnten Staatswesen –, was nicht am inneren, unsichtbaren und geistigen Hofe des Herrschers angeordnet oder zugelassen worden ist, so wie es der unaussprechlichen Gerechtigkeit entspricht, die belohnt und bestraft, begnadet und vergilt.»[58]

Dieser Wille wird, als von der Vernunft geleiteter, «Vorsehung» genannt. Daher wird alles, was in der Welt geschieht, geführt und geleitet von der göttlichen Vor-

[58] Augustinus, De Trin. III, 4, n.9.

sehung. Sie ist untadelig in allem; denn alle ihre Gebote, Verbote und Ratschläge sind gerecht; sie handelt in allem gut; an ihren Zulassungen ist kein Unrecht.

Begründung zum tieferen Verständnis:

Der ERSTE URSPRUNG ist ganz edel, und daher ist auch sein Wollen von edler Art. Wenn also «Wille» bei einem mit Absicht handelnden Wesen bedeutet, die Regel der Rechtheit und die Wirksamkeit des Handelns zu beachten, dann muß der Wille in Gott vollkommen «recht» und vollkommen «wirksam» sein. Vollkommen recht, weil in Gott Wollen und Wahrheit das gleiche sind, vollkommen wirksam, weil in Gott Wollen und Kraft bzw. Macht das gleiche sind. Weil nun der göttliche Wille niemals ohne Wahrheit sein kann, darum ist er nicht nur recht, sondern das Maß aller Rechtheit. Weil er nie ohne Kraft sein kann, ist er nicht nur wirksam, sondern Quelle und Ursprung allen Wirkens: Nichts kann ohne diesen Willen geschehen, nichts kann gegen ihn geschehen, nichts kann es geben, das ihn hindern könnte.

Weil also dieser Wille vollkommen recht ist, kann niemand recht sein, wenn er ihm nicht gleichförmig ist. Keiner kann ihm aber gleichförmig sein, wenn ihm dieser Wille nicht bekannt wird. Der Wille Gottes mußte uns also als Regel der Rechtheit kundgetan werden.

Es gibt nun eine Rechtheit, die notwendig ist: nämlich das notwendige Gute zu tun und das Böse zu meiden (vgl. Ps 37,27); und eine Rechtheit, die der Vollkommenheit entspricht: mehr zu tun, als was unbedingt gefordert ist. Dementsprechend wird uns der Wille Gottes dreifach kundgetan: durch Gebote, Verbote und Räte. Das bedeutet, am göttlichen Wohlgefallen Gefallen zu haben und es als gerecht anzunehmen: zu tun, was den Geboten entspricht, zu meiden, was er verbietet, und zu erfüllen, was er rät. Durch diese drei wird uns der Wille Gottes als Regel für das Rechte untrüglich kund.

Weil der göttliche Wille in höchstem Maße wirksam ist, so kann niemand etwas bewirken, wenn nicht er wirkt oder mitwirkt. Es kann niemand versagen oder sündigen, außer er verläßt ihn aus gerechtem Grund. Und diesbezüglich gibt es wiederum zwei Zeichen des göttlichen Willens: die Erfüllung als Zeichen des wirkenden Willens, und die Zulassung als Zeichen des aus gerechtem Grund verlassenden Willens. «Gerecht» deswegen, weil es gerecht ist, daß der Wille Gottes die von ihm erschaffenen Dinge so leitet, daß er die ihnen eingeschaffenen Gesetze nicht bricht, und daß er so mit ihnen mitwirkt, daß er «die Dinge, die er schuf, ihre eigenen Bewegungen ausführen läßt»[59]. Wenn er daher den freien Willen, der nach dem Gesetz seiner Natur nach beiden Seiten neigen kann, in das Böse fallen läßt, dann ist diese Zulassung nicht ungerecht.

Und wenn er dem geschaffenen Willen durch die Gnade zuvorkommt und ihn stützend hält, dann tut er niemandem ein Unrecht. Er handelt hier weder ungerecht, noch einfachhin gerecht, nämlich wie es Verdienste erfordern würden; denn Verdienste können das nicht erwirken. Er handelt vielmehr aus Gnade und Barmherzigkeit, und auf eine gewisse Weise aus Gerechtigkeit, nämlich weil es seiner eigenen Gutheit so entspricht. Wenn er also verurteilt und verwirft, handelt er gemäß der Gerechtigkeit; wenn er erwählt, handelt er aus Gnade und Barmherzigkeit, was aber die Gerechtigkeit nicht ausschließt[60]. Allesamt sind verdorben und verdienen die Verwerfung; es

[59] Augustinus, Civ. Dei VII, 30.
[60] Anselm, Prosl. cap. 9-11.

werden mehr verworfen als erwählt, um darauf hinzuweisen, daß die Errettung durch die besondere Gnade geschieht, die Verwerfung aber der allgemeinen Gerechtigkeit entspricht[61]. Niemand kann sich beklagen über den Willen Gottes; denn er handelt in allem ganz recht. Wir müssen ihm im Gegenteil in allen Dingen danken und der Herrschaft seiner Vorsehung Ehre erweisen. Wenn nun jemand die Frage stellen wollte, warum einem Sünder das Geschenk der Gnade in reicherem Maß zuteil wird als einem anderen, dann heißt es, der Geschwätzigkeit der Menschen Schweigen auferlegen und mit dem Apostel rufen: «O erhabene Höhe des Reichtums der Weisheit und des Wissens Gottes! Wie unbegreiflich sind seine Urteile, wie unerforschlich seine Wege! Wer hat erkannt, was der Herr sinnt, wer war sein Ratgeber, oder wer hat ihm vorher etwas gegeben, so daß er es ihm zurückerstatten müßte? Denn aus ihm und durch ihn und in ihm ist alles. Ihm sei die Ehre in alle Ewigkeit. Amen» (Röm 11,33-36).

[61] So Augustinus, Civ. Dei XXI, 12; Enchiridion XXV, 99; De correptione et gratia X, 28.

II. TEIL: ÜBER DIE ERSCHAFFUNG DER WELT

1. Kapitel: Die Erschaffung der Welt im ganzen

Nach diesen knapp zusammengefaßten Ausführungen zum Verständnis der Dreifaltigkeit Gottes müssen wir nun einiges zur Welt als Schöpfung sagen. Als Kernpunkt ist folgendes festzuhalten: Das gesamte Gefüge der Welt wurde «ex tempore»[62], aus Nichts, von dem einen und einzigen, höchsten und ERSTEN URSPRUNG ins Sein gesetzt. Obwohl seine Mächtigkeit unendlich ist, bestimmte er «allem sein Gewicht, Zahl und Maß» (Weish 11,20). Das gilt ganz allgemein von der Hervorbringung der Dinge; man kann daraus die Wahrheit ableiten und zugleich den Irrtum zurückweisen.

Wenn nämlich gesagt wird: «ex tempore», dann schließt dies den Irrtum derer aus, welche die Welt als ewig dachten. Wenn gesagt wird: «aus Nichts», dann schließt das den Irrtum aus, ein ewiges materielles Prinzip anzunehmen. Wenn gesagt wird: «von einem einzigen Ursprung oder Prinzip», dann schließt dies den Irrtum der Manichäer aus, die mehrere Prinzipien behaupteten. Wenn gesagt wird:

[62] Dieser spezifische Ausdruck ist kaum übersetzbar. Gemeint ist, daß Gott die Welt als zeitlich erschaffen hat, d.h. die Welt nicht von Ewigkeit her ist; daß Gott sie auch nicht «in tempore» erschaffen hat, so daß die Zeit früher wäre als das Geschaffene, sondern eher so, daß mit dem Schöpfungsakt die Zeit erschaffen wurde. Gott erschafft, wenn man so sagen kann, «in einem Augenblick» vor der endlichen Zeit. Der Schöpfungsakt macht Gott nicht «zeitlich», sondern setzt zeitliche – nicht-ewige, nicht-notwendige – Dinge. «Zeitlich» zu sein (nicht unbedingt im Sinne der Vergänglichkeit) ist, wie «Kontingenz», konstitutiv für alles geschaffene Sein. Es trägt gewissermaßen seine Herkunft mit sich: Als «nicht notwendig», weder in seinem Sosein noch in seinem Dasein, läßt das Geschaffene stets erkennen, daß es «ex nihilo» und «ex tempore» erschaffen wurde.

«von dem höchsten Ursprung allein», dann wird der Irrtum derer ausgeschlossen, die behaupteten, Gott habe die niederen Geschöpfe durch die Vermittlung der Intelligenzen erschaffen[63]. Wenn hinzugefügt wird: «bestimmt durch Gewicht, Zahl und Maß», dann bedeutet das, daß die gesamte Schöpfung Wirkung der schaffenden Dreifaltigkeit ist. Diese ist in dreifacher Hinsicht Ursache des Geschaffenen: als Wirkursache *(causa efficiens),* und daher findet sich im Geschaffenen Einheit *(unitas),* eine bestimmte Seinsweise *(modus)* und Bemessung *(mensura);* als Exemplarursache, und daher findet sich in ihm Wahrheit *(veritas),* Gestalt *(species)* und Zahl *(numerus);* und als Zielursache, weswegen sich im Geschöpf Gutheit *(bonitas),* Hinordnung oder Verhältnis *(ordo),* und Gewicht *(pondus)* finden. Diese Bestimmungen kennzeichnen, gleichsam wie eine Spur des Schöpfers, alles Geschaffene, ob körperlich oder geistig, oder aus Körper und Geist bestehend.

Begründung zum tieferen Verständnis:

Für die vollendete Ordnung und den vollendeten Zustand der Dinge ist es erforderlich, daß alles auf einen einzigen URSPRUNG zurückgeführt wird: als «erster» vermag er dem übrigen seinen «Stand» zu geben, als «vollkommenster» kann er allem seine Vollendung geben. Der ERSTE URSPRUNG, in dem alles verankert ist *(in quo est status),* kann also nur ein einziger sein. Wenn er die Welt hervorbringt, muß er sie notwendigerweise «aus Nichts» hervorbringen, da er sie nicht aus sich selbst hervorbringen kann[64]. Hervorbringung aus Nichts aber heißt für das Hervorge-

[63] *intelligentiae:* getrennte Intelligenzen oder geistige Wesen (manchmal sogar als «Engel» bezeichnet), die nach Ansicht mancher Philosophen (etwa Avicenna) zwischen dem ersten unbewegten Beweger und der Welt vermitteln.

[64] D.h., keine Emanation, die auf Pantheismus hinausliefe.

brachte: zu sein, nachdem es einmal nicht war. Von seiten des Ursprungs aber bedeutet diese Hervorbringung eine unendliche Schöpferkraft, die einzig Gott eigen ist. Daher muß die Erschaffung der Welt «ex tempore», von der unendlichen Schöpferkraft selbst gewirkt worden sein, wobei diese selbst und unmittelbar handelte.

Der vollkommenste URSPRUNG, von dem alle Vollkommenheit der Dinge ihren Ursprung hat, handelt von sich aus *(a se),* wie es seinem Wesen entspricht *(secundum se)* und um seinetwillen *(propter se);* denn er bedarf keines anderen, um zu wirken. Darum ist dieser Erste Ursprung für jedes Geschöpf Wirk-, Exemplar- und Zielursache, und notwendigerweise ist jedes Geschöpf unter dieser dreifachen Hinsicht auf die Erste Ursache bezogen. Denn jedes Geschöpf wird ins Sein gesetzt von der Wirkursache, erhält seine Gestalt nach dem Urbild und ist auf die Erste Ursache als Ziel hingeordnet. Daher ist alles, was ist, eines, wahr und gut; es hat seine besondere Art, seine Gestalt, seine Ausrichtung; es besitzt sein Maß, seine Unterscheidung [von anderen] und sein Gewicht – denn «Gewicht» ist eine Neigung, welche eine Hinordnung bewirkt[65].

All das gilt ganz allgemein vom Geschaffenen, sei es körperlich, sei es unkörperlich, sei es aus beiden zusammengesetzt wie die menschliche Natur.

2. Kapitel: Die körperliche Schöpfung hinsichtlich ihres Werdens

Die körperliche Schöpfung haben wir unter drei Aspekten zu betrachten: hinsichtlich ihres Werdens, ihres Seins und ihres Wirkens.

[65] Vgl. Augustinus, Enarrationes in Psalmos, ps. 29, en. 2 n.10.

Was ihr Werden im besonderen anlangt, so ist folgendes festzuhalten: Sie wurde an sechs Tagen ins Sein gesetzt, wobei Gott «im Anfang», noch vor jedem Tag, «Himmel und Erde erschuf» (Gen 1,1). Am ersten Tag wurde das Licht gebildet, am zweiten das Firmament «inmitten der Wasser», am dritten Tag wurden die Wasser vom trockenen Land geschieden und an einem Ort gesammelt, am vierten Tag wurde der Himmel mit Leuchten geziert, am fünften Tag wurden die Luft und das Wasser mit Vögeln und Fischen geschmückt, am sechsten Tag die Erde mit Lebewesen und Menschen. «Am siebten Tag ruhte Gott», nicht von Mühsal oder von seinem Wirken – da er auch jetzt noch am Wirken ist (Joh 5,17) –, er ruhte vielmehr, was die Erschaffung neuer Arten betrifft: Er hatte alles gemacht, entweder in ähnlicher Gestalt – wie die Lebewesen, die sich fortpflanzen –, oder in den Keimgründen *(rationes seminales)* – wie bei den Dingen, die auf andere Weise ins Sein kommen.

Begründung zum tieferen Verständnis:

Die Dinge kommen vom Ersten und vollkommensten URSPRUNG her: er ist alle Machtfülle, alle Weisheit und alle Güte. Ihre Entstehung sollte also jene dreifache edle Würde aufleuchten lassen. Darum umfaßt das schöpferische Wirken Gottes ein dreifaches Tun: er *schuf*, er *unterschied* und er *schmückte*. Das erste steht in Verbindung mit seiner Allmacht, das zweite mit seiner Weisheit, das dritte mit seiner Güte.

[Zum ersten:] Da die Erschaffung aus Nichts geschieht, darum geschah sie «im Anfang», vor jedem Tag, gleichsam als Grundlage aller Dinge und Zeiten.

[Zum zweiten:] Die Körperdinge in dieser Welt kann man dreifach unterscheiden, und so geschah auch jene Scheidung durch Gott an drei Tagen: Die erste Unterscheidung ist die zwischen dem Leuchtenden einerseits, dem Durchsichtigen und dem Undurchsichtigen andererseits; sie geschah am ersten Tag bei der Scheidung von Licht und Finsternis. Dann gibt es, zweitens, eine Scheidung zwischen durchsichtig und durchsichtig, als am zweiten Tag Wasser von Wasser geschieden wurde. Und es gibt die Scheidung des Durchsichtigen vom Undurchsichtigen, als am dritten Tag das Wasser vom trockenen Land geschieden wurde. Hier kann man bereits implizit die Unterscheidung der Himmelssphären und der Sphären der Elemente sehen, was wir später noch erklären werden. – So also sollte die Scheidung an drei Tagen geschehen.

[Zum dritten:] Weil die Ausstattung oder Zier der Unterscheidung entspricht, darum war es angebracht, die Schöpfung in drei Tagen auch zu vollenden. Der Schmuck im Bereich der lichthaften Schöpfung wurde am vierten Tag hervorgebracht: Sonne, Mond und Sterne. Der Schmuck des Durchsichtigen wurde am fünften Tag erschaffen: Fische und Vögel zur Zier von Luft und Wasser. Der Schmuck des Festen und Undurchsichtigen, der Erde, wurde am sechsten Tag erschaffen: Tiere und alles, was auf der Erde kriecht, und schließlich zur Vollendung von allem die Natur des Menschen.

Obwohl Gott das alles in einem einzigen Augenblick hätte erschaffen können, zog er es doch vor, es nacheinander zu erschaffen: zum einen, damit seine Mächtigkeit, Weisheit und Güte klar und deutlich zum Ausdruck kämen, zum zweiten, weil die Tage oder Zeiten zu seinen Taten in Entsprechung stehen. Und noch ein dritter Grund läßt sich angeben: Wie «im Anfang» der Schöpfung die künftigen Werke keimhaft grundgelegt waren, so sollte der Verlauf der Schöpfung auch die künftigen Zeiten andeutend vorausbilden. In diesen sieben Tagen wurde gleichsam der Same gelegt für alle Zeitalter, nämlich die sieben verschiedenen, aufeinander folgenden Zeitalter[66]. Daher folgt den sechs Tagen der Tätigkeit der siebente Tag der Ruhe; und es steht nicht geschrieben, daß dieser Tag einen Abend habe – und zwar nicht aus dem Grund, daß dieser Tag keine auf ihn folgende Nacht gehabt hätte, sondern um die Ruhe der Seelen vorauszubedeuten, welche nie enden wird.

Wenn aber jemand anders interpretieren will, nämlich: alles sei zugleich geschaffen (Sir 18,1), dann beziehen sich die sieben Tage auf die Betrachtung der Engel. Doch steht die erste Art der Auslegung in besserem Einklang mit der Hl. Schrift und entspricht auch besser den Kirchenvätern, sowohl denen vor Augustinus wie denen nach ihm.

3. Kapitel: Die körperliche Schöpfung hinsichtlich ihres Seins

Was die Natur der Körper ihrem Sein nach betrifft, so besteht das gesamte Gefüge der Körperwelt in der *Natur des Himmels* einerseits und der *Natur der Elemente* andererseits. Die Natur des Himmels teilt sich hauptsächlich in drei Himmel: das Empyreum oder Feuerhimmel, den Kristallhimmel und das Firmament. Das Firmament ist der Sternenhimmel und enthält die sieben Kreise der Planeten: Saturn, Jupiter, Mars, Sonne, Venus, Merkur und Mond.

Die Natur der Elemente aber teilt sich vierfach: in die Sphären von Feuer, Luft, Wasser und Erde. Steigt man also vom höchsten Himmelstor herab bis zum Mittelpunkt der Erde, so zählt man zehn Himmelskreise und vier Elementarsphären. Diese bilden in klarer, vollendeter Ordnung das Gefüge der wahrnehmbaren Welt.

[66] S.o. Prol. §3.

Begründung zum tieferen Verständnis:

Die körperliche Natur erfordert, soll sie vollendet sein und die mannigfaltige Weisheit des ERSTEN URSPRUNGS angemessen ausdrücken, eine Mannigfaltigkeit von Formen, wie sie in den Mineralien, der Pflanzen- und Tierwelt erscheint. Es mußte daher einige einfache Körper geben, die sich auf vielfältige Weise mischen und so eine Vielfalt von Formen hervorbringen konnten. Das sind die Elemente, die ihrer Natur nach Gegensätzlichem zugrundeliegen können. Außerdem mußte es eine Natur geben, die Gegensätzliches in einer Mischung vereinen konnte und der selbst jede Gegensätzlichkeit fern ist: das ist die Natur des Lichtes und der überhimmlischen Körper.

Eine Mischung kommt zustande durch den Gegensatz von aktiven und passiven Bestandteilen. Darum bedarf es eines zweifachen Gegensatzes im Bereich der Elemente: was die aktiven Qualitäten betrifft, heiß und kalt, was die passiven betrifft, feucht und trocken. Und weil jedes Element wirkt und erleidet, hat auch jedes sowohl eine aktive wie eine passive Qualität, wobei eine davon die eigentümliche und vorherrschende ist. Vier Elemente also muß es geben, nach den vier genannten Qualitäten, die sich zu vier Paaren ordnen.

Die Himmelsnatur aber ist entweder eingestaltig *(uniformis)* und unbeweglich: im Empyreum, denn dieses ist reines Licht; oder beweglich und vielgestaltig: das ist das Firmament; oder beweglich und eingestaltig: das ist der Himmel zwischen dem Empyreum und dem Sternenhimmel, der Kristallhimmel. Eine vierte Kombination von Eigenschaften, nämlich vielförmig und unwandelbar, kann es nicht geben; denn Vielgestaltigkeit disponiert zu einer Vielheit von Bewegungen, nicht zur eingestaltigen Ruhe.

Es gibt somit drei Himmel: der erste, das Empyreum, ist ganz und gar lichthaft; der zweite, der Kristallhimmel, ist ganz und gar durchsichtig; der dritte, das Firmament, ist aus beiden zusammengesetzt. Da es nun drei Himmel gibt, die nicht dem Vergehen unterliegen, und vier Elemente, die der Veränderlichkeit unterliegen, ordnete Gott sieben Planetenkreise an: zur rechten Verbindung, Harmonie und Entsprechung. Verschiedenartig in ihren Bewegungen, aber unvergänglich ihrer Form nach stellen sie gleichsam das Bindeglied zwischen dem Bereich der Elemente und den höheren Himmelssphären dar, zum Schmuck und zur Vollendung des Universums. Man sagt daher, das Universum ist geordnet nach Zahlenverhältnissen und gewoben aus der Zehnzahl der Himmelkreise und der Vierzahl der Elementarsphären. Die Proportionen machen das Universum schön, vollkommen und geordnet, so daß es auf seine Weise seinen Ursprung abbildet *(repraesentat)*.

4. Kapitel: Die körperliche Schöpfung hinsichtlich ihres Einwirkens

Was das Wirken der körperlichen Natur angeht, so ist festzuhalten, daß die Himmelskörper einen Einfluß auf die irdischen, aus den Elementen zusammengesetzten Körper ausüben, indem sie die Zeiten unterteilen und anzeigen, also Tage, Monate und Jahre. So sagt auch die Hl. Schrift (Gen 1,14), daß die Gestirne Zeichen für die Zeit, die Tage und Jahre sein sollten.

Die Himmelskörper üben auch einen wirkenden Einfluß aus bei der Entstehung derjenigen Dinge, die werden und vergehen, nämlich auf Steine, Pflanzen, Tiere und den menschlichen Körper. Sie zeigen also die Zeiten an und regeln durch ihren Einfluß manches Tätigwerden, jedoch nicht so, daß sie sichere Zeichen für künftige kontingente Geschehnisse wären, oder kraft ihrer Konstellation auf den freien Willen Einfluß nehmen könnten. Manche Philosophen behaupteten dies und nannten es «Schicksal».

Begründung zum tieferen Verständnis:

Wegen ihrer Nähe zum Ersten Ursprung ist in den Himmelskörpern *Licht, Bewegung, Wärme und Kraft:* Licht aufgrund ihrer besonderen Form und Gestalt, Bewegung hinsichtlich des höheren Einflusses, Wärme hinsichtlich der Aufnahme durch die niedrigere Natur, Kraft hinsichtlich aller dieser Aspekte. Die Himmelskörper dienen also aufgrund von Licht und Bewegung zur Unterscheidung der Zeiten: des Tages durch das Licht der Sonne und die Bewegung des Firmamentes, des Monats durch die nicht ganz ebenmäßige Kreisbewegung des Mondes, des Jahres aufgrund der ebenfalls kreisförmigen Bewegung der Sonne, der Zeiten aufgrund der verschiedenartigen Bewegung der Planeten, Abstand und Annäherung, Aufsteigen und Absteigen, Rückwärtsbewegung und Stillstehen, woraus die Unterschiede in den Zeiten sich ergeben.

Durch Kraft und Wärme aber nehmen sie Einfluß auf die Entstehung der Dinge, die aus den Elementen hervorgebracht werden, indem sie diese Entstehung anregen, fördern und verbindend wirken. Sie wirken die Verbindung von Gegensätzlichem bei den Mineralien, wobei aber diese Verbindung einer ausgewogenen, innigen Vereinigung noch fern steht *(conciliatio ab aequalitate remota)*[67], bei den Pflanzen wirken sie eine Verbindung, die

[67] *aequalitas* – «Ausgeglichenheit» der Bestandteile: Je inniger die Verbindung zu einem Ganzen, desto weniger leicht ist ein Teil abzutrennen. Ein Stein ist leicht zu spalten, ohne daß er sein Wesen

sich der innigen Ausgewogenheit annähert, bei den Sinneswesen und beim Körper des Menschen wirken sie eine Verbindung, die ausgewogen *(aequalis)* ist. Denn der menschliche Körper ist hingeordnet auf die edelste Form, die geistige Seele. Diese – als Form, seiend, lebendig, fühlend und erkennend – ist das Ziel des Strebens der gesamten sinnenfälligen und körperlichen Natur, damit sie so gleichsam in einem geistigen Kreis zu ihrem Ursprung zurückgeführt werde, in dem sie Vollendung und Seligkeit erlangt.

Da nun die Seele diesem Ziel mit ihrem freien Willen zustrebt, steht sie aufgrund der Willensfreiheit weit über jeder körperlichen Kraft. Alles andere ist dazu da, ihr zu dienen, sie hat als Herrscher nichts über sich als Gott allein, nicht das Schicksal, noch die Konstellation der Gestirne.

Deswegen ist unzweifelhaft wahr, daß wir das Ziel all dessen sind, was ist, und daß alle körperlichen Dinge erschaffen sind, um dem Menschen zu dienen: Sie alle sollten in ihm das Feuer des Lobes und der Liebe zu ihrem Schöpfer anfachen, der in seiner Vorsehung alles ordnet. Dieses ganze Gefüge der sichtbaren Welt gleicht einem Haus, das vom höchsten Baumeister für den Menschen erbaut ist, bis er zu jenem Haus im Himmel gelangt, das nicht von Händen gemacht ist (2 Kor 5,1). Denn wie die Seele jetzt aufgrund ihrer Verbindung mit dem Leib im Zustand der Bewährung auf Erden weilt, so soll einst der Leib aufgrund seiner Verbindung mit der Seele im Zustand der Belohnung im Himmel weilen.

verliert; auch von Pflanzen kann man einen gewissen Teil wegnehmen, ohne daß sie sterben; je höher entwickelt aber der Körper eines Lebewesens ist, desto mehr bildet er ein komplexes Ganzes, wie auch seine Form «edler» ist.

5. Kapitel: Wie die Heilige Schrift von diesen Dingen spricht

Aus all dem Gesagten ergibt sich, daß Gott die Dinge in zeitlicher Ordnung erschaffen und ihnen nach einer bestimmten Ordnung ihren Ort zugewiesen hat. Ebenso leitet er die Dinge in rechter Ordnung, was ihr Einwirken betrifft. Und ebenso geordnet erzählt die Heilige Schrift von diesen Dingen, damit wir darüber ausreichend belehrt seien. Allerdings beschreibt sie explizit weder die unterschiedlichen Sphären des Himmels noch die der Elemente, sagt wenig oder nichts über die Bewegung und die Kräfte der Himmelskörper, über die Mischung der Elemente und der aus den Elementen gebildeten Dinge, und was noch wichtiger ist: sie berichtet nichts explizit über die Seinsweise *(conditio)* der himmlischen Geistwesen, gerade wenn sie von der Hervorbringung dieses Universums spricht.

Begründung zum tieferen Verständnis:

Der ERSTE URSPRUNG gibt sich uns zum einen durch die Heilige Schrift und zum andern durch die Schöpfung zu erkennen: durch das Buch der Schöpfung erweist er sich als wirkender Ursprung bzw. URSPRUNG ALLES SEIENDEN *(principium effectivum)*, durch das Buch der Hl. Schrift als URSPRUNG DER ERLÖSUNG *(principium reparativum)*. Als Ursprung der Erlösung aber wird er nicht erkannt, wenn er nicht auch als Ursprung des Seins erkannt wird. Darum muß die Hl. Schrift, wenngleich sie hauptsächlich über die Werke der Erlösung handelt, auch vom Werk der Schöpfung sprechen; denn sie soll doch zur Erkenntnis des Ersten Ursprungs führen, der schafft und neu schafft. Diese Erkenntnis ist hoch und heilbringend: Hoch, weil sie vom Ursprung handelt, der alles wirkt, nämlich von Gott dem Schöpfer, heilbringend, weil sie vom Ursprung handelt, der Erlösung schafft, nämlich vom Erlöser und Mittler Christus.

Weil die Heilige Schrift ein *hohes Wissen* gibt – denn dieses Wissen hat den Ersten Ursprung und das Höchste Wesen zum Inhalt –, läßt sie sich nicht darauf ein, die besondere Natur, Bewegung, Kräfte, Unterschiede von einzelnen Dingen zu beschreiben. Ihre Ausführungen bleiben vielmehr in einer gewissen Allgemeinheit, in der die Einzelheiten implizit enthalten sind, indem sie die Erschaffung und Seinsweise der Dinge[68], Ordnung und Einwirken der lichthaften, durchlässigen und undurchlässigen Natur allgemein beschreibt.

Der ERSTE URSPRUNG, von dem die Heilige Schrift handelt, besitzt in sich die Ordnung des Wesens *(ordo naturae)* in seinem Sein, die Ordnung der Weisheit *(ordo sapientiae)* in seinen Anordnungen, und die Ordnung der Gutheit *(ordo bonitatis)* in seinen Einwirkungen *(influendo)*. Die Ordnung des Wesens in Gott besagt Gleichzeitigkeit und Gleichheit [der drei Personen], die Ordnung der Weisheit bezieht sich auf Früher und Später, die Ordnung des Einwirkens auf Höher und Niedriger.

Um nun die Ordnung des göttlichen Wesens oder seiner «Natur» anzudeuten, sagt die Heilige Schrift ganz dezidiert, wie Gott zu Werk ging, und daß es so stimmig ist: «Im Anfang» oder «im Ursprung», das heißt: bevor die Zeit zu laufen begann, wurden die drei «Naturen» [von denen die Rede war] aus dem Nicht-Sein ins Sein gesetzt: «Im Anfang *(in principio)* schuf Gott Himmel und Erde»; und: «der Geist Gottes schwebte über den Wassern».

[68] Das Wort *conditio,* das in diesem Abschnitt häufig verwendet wird, besagt zweierlei: «Erschaffung» und die spezielle «Seinsweise», die Bedingungen, unter denen etwas ist, bzw. die Eigenschaften der jeweiligen Seienden.

Mit dem Wort «Himmel» ist die Licht-Natur gemeint, mit «Erde» das Undurchlässige, mit «Wasser» das Durchlässige oder Durchsichtige, je nachdem, ob es der Gegensätzlichkeit unterliegt oder darüber erhaben ist. – In den Worten der Schrift wird auch die ewige Dreifaltigkeit angedeutet: der Vater in den Worten «Gott schuf», der Sohn im «Anfang bzw. Ursprung», der Heilige Geist in dem Namen «der Geist Gottes».

Und so ist auch jene Stelle zu verstehen: «Er, der in Ewigkeit lebt, hat alles zugleich erschaffen» (Sir 18,1). Das heißt nicht, er habe alles als Chaos in vollständigem Durcheinander erschaffen, wie es die Dichter wähnten, denn er erschuf diese dreifache Natur so, daß die höchste ganz oben, die mittlere in der Mitte und die unterste ganz unten war. Es heißt aber auch nicht, daß Er alles bereits in vollständiger Unterschiedenheit ins Sein gesetzt hat; zwar war der Himmel vollendet, aber die Erde war noch ohne Ordnung, und das dazwischen Liegende [nämlich das Wasser, das später über und unter dem Firmament seinen Platz bekam] war noch nicht klar geschieden.

Um die Ordnung in der göttlichen Weisheit anzudeuten, erklärt die Schrift, daß die genannte dreifache Natur nicht zugleich Scheidung und Ausschmückung erfuhr. Die Scheidung geschah vielmehr in drei Tagen, so wie es die jeweilige Natur erforderte, und ebenso geschah die Ausschmückung in weiteren drei Tagen. Wie also Gott «im Anfang», als die Zeit geboren wurde *(in primordio temporis),* die dreifache Natur zugleich erschuf, so vollzog er die Unterscheidung der dreifachen Natur im Verlauf der Zeit, nämlich gemessen in drei Tagen. Und im Zeitraum weiterer drei Tage schmückte er die so unterschiedene Natur aus.

Um die Ordnung der göttlichen Güte anzudeuten, erklärt die Schrift, daß die dreifache Natur im Kosmos einen je bestimmten Platz einnimmt: nämlich unten oder oben, entsprechend ihrer Würde und ihrer Einwirkung auf andere. Das Lichtförmige besitzt in höchstem Maß Schönheit und Gestalt[69], daher hat es seinen Platz im Umkreis *(circumferentia)*. Das Undurchsichtige hat am wenigsten Anteil an Schönheit und Gestalt, daher bekommt es den Platz im Zentrum. Das Durchlässige steht dazwischen, daher hat es den Platz in der Mitte. Weil nun die Natur des Durchlässigen oder Durchsichtigen der Natur des Himmels und der Elemente gemeinsam ist, und auch das Lichtförmige beiden zukommt, heißt es ganz zu Recht, daß das Firmament «in der Mitte der Wasser» gesetzt wurde. Das bedeutet nicht, daß die Wasser über dem Himmel kalte, schwere und vergängliche Flüssigkeiten seien. Sie sind vielmehr feinstofflich, unzerstörbar, durchsichtig und über das Gegensätzliche erhoben[70]: sie gehören der Himmelsnatur zu, dort muß man aufgrund ihrer edlen Form ihren Platz annehmen.

Der jeweilige Ort für die dreifache Natur hat seinen Grund aber auch in der Kräftigkeit und Art des jeweiligen Einflusses. Jede körperliche Aktivität der niedrigeren Seienden nimmt ihr Richtmaß, ihren Ursprung und ihre Kraft von der Himmelsnatur. Weil es zwei aktive Qualitäten gibt, nämlich warm und kalt, und einer der Himmel, nämlich der leuchtende Gestirnhimmel, in der Hauptsache seinen Einfluß auf das Warme ausübt, so ist es angemessen, daß ein anderer Himmel auf das Kalte Einfluß nimmt; das ist der Kristallhimmel. Freilich hat der gestirn-

[69] *species:* vielfältiger Begriff. «Gestalt, insofern sie sich an den Gesichtssinn wendet» *(spicere)*, eine «bestimmte, unterscheidbare Gestalt», davon übertragen: «geistiger Inhalt», «geistiges Bild». Die unterscheidbare, klare Gestalt, die erkennbar sie selbst ist (*species* als So-Sein), ist «schön» *(speciosus)*.

[70] Zum «Gegensatz» s.o. II, 3 und 4.

te Himmel, auch wenn er seinen Einfluß als Wärme ausübt, selbst nicht die Form der Wärme, und ebenso ist auch der Kristallhimmel oder «Wasserhimmel» nicht der Form nach kalt. Wenn daher Kirchenväter sagen, daß jene Wasser über dem Himmel die Hitze der Himmelskörper mildern sollen und ähnliches, dann soll das nicht als formale Aussage [über die Kühle dieser Wasser] verstanden werden, sondern hinsichtlich der Wirkung, die sie ausüben.

Das ganze Schöpfungswerk, dessen Ordnung wir jetzt erläutert haben, entspricht der Ordnung der göttlichen Weisheit, und es entspricht der Heiligen Schrift, die ein erhabenes Wissen enthält.

Weil die Hl. Schrift aber auch das *Wissen zum Heil* enthält, deswegen äußert sie sich dezidiert zum Schöpfungswerk nur um des Erlösungswerkes willen. Wie man im folgenden sehen wird, sind die Engel so erschaffen, daß sie nach einem Sturz nicht erlöst werden können. Deswegen schweigt die Schrift, wenigstens dem Buchstaben nach, über den Fall der Engel und über ihre Erschaffung, weil keine Erlösung folgen sollte.

Weil die Hl. Schrift aber wiederum *erhabenes Wissen* beinhaltet, wäre es auch nicht angebracht, wenn sie völlig stumm bliebe über die erhabensten aller Geschöpfe. Sie beschreibt die Erschaffung der Dinge so, wie es ihr als erhabenem und heilwirkendem Wissen angemessen ist. Gemäß dem geistlichen Schriftverständnis jedoch kann die ganze Beschreibung des Schöpfungswerks auf die Hierarchien der Engel und der Kirche übertragen werden. Nach dem geistlichen Verständnis bezeichnen jene drei zuerst erschaffenen Naturen unter dem Namen «Himmel» die Hierarchie der Engel, unter dem Namen «Erde» die kirchliche Hierarchie, und unter dem Namen «Wasser» die Gnade, wodurch beide getränkt werden.

In der Siebenzahl der Tage kann man außerdem die sieben Phasen der Kirche entsprechend dem Ablauf der sieben Zeiten verstehen. Man kann in den sieben Tagen auch die siebenfache Erkenntnis der Engel verstehen, die sich in ihrer Wendung von den Geschöpfen zu Gott vollzieht[71].

Aus dem soeben Dargelegten zeigt sich klar, daß die Hl. Schrift alles Notwendige sagt und daß sie wahr ist; die verschiedenen Ansichten der heiligen Väter, Augustinus' und anderer, widersprechen sich nicht, denn sie sind wahr, wenn man sie richtig versteht.

6. Kapitel: Die Erschaffung der Geistwesen

Im folgenden soll es um die Natur der geistigen, unkörperlichen Wesen gehen: die Engel. Drei Dinge sind hier zu bedenken: die Erschaffung der Geistwesen, der Fall der bösen Geister und die Festigung der guten Engel.

Man muß wissen[72], daß den Engeln bei ihrer Erschaffung vier Eigenschaften mitgegeben wurden: Ihr Wesen ist einfach, sie sind als Personen untereinander unterschieden, sie sind Vernunftwesen mit Gedächtnis, Erkenntnis und Wollen, und sie besitzen den freien Willen, um das Gute zu wählen und das Böse zu verwerfen. Diese Haupteigenschaften werden von vier weiteren begleitet: kraftvolles Handeln; Dienstbarkeit, scharfes Erkenntnisvermögen, und Unwandelbarkeit im Guten wie im Bösen, sobald die Wahl vollzogen ist.

[71] Vgl. Civ. Dei XI, 7: Den sechs Tagen entspricht eine sechsfache Erleuchtung der Engel.

[72] Hier heißt es: *sciendum est* – nicht: *fide tenendum.*

Begründung zum tieferen Verständnis:

Der ERSTE URSPRUNG erschuf, weil er «Erstes» ist, alles aus dem Nichts. So war es angebracht, daß er nicht nur Seiende als dem Nichts benachbart erschuf, sondern auch als ihm selbst benachbart, nicht nur Wesen, die ihm fern sind, wie die körperliche Natur, sondern auch solche, die ihm nahe stehen: die geistigen und unkörperlichen Wesen. Ihre hohe Ähnlichkeit mit Gott besteht gerade in der Einfachheit ihres Wesens und in der personalen Unterschiedenheit; sie sind damit Gott in den Eigenschaften ihres Wesens ähnlich, wie auch als Individuen. Das geistige Geschöpf trägt das Ebenbild der Dreifaltigkeit in den Fähigkeiten des Bewußtseins, der Erkenntnis und des Wollens; und es besitzt die Freiheit des Willens: Es sollte auch in seinen Fähigkeiten Gott ähnlich sein, der Fähigkeit des natürlichen Wollens und des Wahlwillens[73], besiegelt mit dem Ebenbild Gottes einerseits und der Willensfreiheit andererseits. Denn es kann niemand – auf eine Weise, daß er es verdiente – zum Lohn der ewigen Herrlichkeit und Seligkeit gelangen, wenn er nicht den freien Willen besitzt. Freien Willen aber kann es nur in einem vernunftbegabten Wesen geben, was gleichbedeutend ist mit den Fähigkeiten von Bewußtsein, Erkenntnis und Willen. Wo also «Vernunft» ist, muß es auch «eine individuelle Substanz der vernünftigen Natur» geben. Und diese Substanz muß geistig und unkörperlich sein, daher einfach, ohne Ausdehnung der Quantität nach.

[73] Das «natürliche Wollen» ist die in der Natur gegründete Ausrichtung des Strebens auf die Glückseligkeit; der Wahlwille setzt die Erkenntnis voraus: s.u. II, 9. Die Fähigkeit des «freien Willens» besagt aber noch mehr als das Wählen-Können: Selbstbewegung als freie und bewußte Übereinstimmung mit dem von Vernunft und Willen gesetzten Akt. Daher gibt es in der Glorie zwar kein Wählen mehr, wohl aber Akte des freien Willens.

Eine solche Substanz ist eben dadurch, daß sie einfach ist, kraftvoll in ihrem Wirken. Weil sie kraftvoll und in personaler Unterscheidung existiert, kommt einer jeden solchen Substanz eine bestimmte Aufgabe zu. Weil sie einfach und kraftvoll ist, kommt ihr durchdringende Erkenntnis zu, und insofern sie einfach und scharfsinnig ist, hat sie einen in besonderer Weise gottähnlichen Intellekt. Und deswegen eignet einem solchen Geschöpf Festigkeit in dem einmal Gewählten, sei es das Gute oder das Böse.

Das sind die Eigenschaften, die zur Seinsweise aller Geistwesen gehören.

7. *Kapitel: Der Abfall der bösen Geister*

Was die Abtrünnigkeit der bösen Geistwesen betrifft, so ist festzuhalten, daß Gott die Engel allesamt als gut erschuf. Sie sollten jedoch in ihrem Gut-Sein die Mitte zwischen ihm, dem HÖCHSTEN GUT, und dem wandelbaren Gut der übrigen Schöpfung einnehmen: Wenn sie sich in Liebe dem Gut zuwendeten, das über ihnen steht, sollten sie aufsteigen zu einem Zustand der Gnade und der Herrlichkeit; wenn sie sich aber dem wandelbaren Gut zuwendeten, würden sie in Schuld und Strafe stürzen – denn «es gibt die Häßlichkeit der Sünde nicht ohne die Zier der Gerechtigkeit»[74]. Der erste unter den Engeln, Luzifer, voll Hochmut wegen seines eigenen Gutes, strebte nach seiner eigenen Vorrangstellung, er wollte andere überragen. Darum stürzte er, und mit ihm diejenigen, die ebenso dachten wie er. Sein Fallen aber zog nach sich, daß er der Reue unzugänglich wurde, verhärtet und verblendet, ausgeschlossen von der Gottesschau, ganz ver-

[74] Augustinus, De Libero arbitrio, III, 15, n. 45.

kehrt in seinem Handeln, und daß sein ganzes Trachten danach geht, den Menschen durch vielerlei Versuchungen zu Fall zu bringen.

Begründung zum tieferen Verständnis:

Da der ERSTE URSPRUNG in höchstem Maße gut ist, tut er nichts, was nicht gut wäre – geht doch vom Guten nur Gutes aus[75]. Was aber vom höchsten Gut stammt, ist eben dadurch geringer als dieses, das heißt: es kann nicht das höchste Gut sein. Der Engel wurde also von Gott als gut erschaffen, aber nicht als das höchste Gut, sondern als ein Gut, das noch der weiteren Vollendung fähig war, sofern es sich nur mit seinem Streben dem höchsten Gut zuwendete.

Es war also möglich, daß der Engel in freier Entscheidung seines Willens dem höchsten Gut zustreben oder aber sich dem eigenen Gut zuwenden konnte. Der Blick auf seine Schönheit und seinen hohen Rang weckte in Luzifer die Liebe zu seinem eigenen Gut *(bonum privatum)*[76], er wurde stolz auf den hohen Rang, den er bereits besaß, und strebte nach seiner eigenen Vorrangstellung, die er noch nicht erreicht hatte. In diesem Akt der Überhebung setzte er sich selbst als Ursprung *(principium)* seiner selbst: er sonnte sich in seinem eigenen Glanz. Im Akt des ehrgeizigen Strebens setzte er sich selbst als höchstes Gut für sich selbst: sein Streben sollte in ihm selbst Ruhe finden. Da er aber selbst weder der Erste Ursprung noch das Höchste Gut ist, folgte aus diesem Streben wider die

[75] Dionysius, De Divinis nominibus cap. 4 §19

[76] *bonum privatum amare/amor sui ipsius usque ad contemptum Dei* (oder bei Evagrius Pontikus: *philautia*) ist ein Schlüsselbegriff für das Verständnis von Sünde schlechthin: Gott als *summum bonum* – und sich selbst als Geschöpf, dessen Erfüllung von Ihm her kommt – nicht anerkennen zu wollen, führt zur Verschlossenheit in sich selbst.

Ordnung notwendig der Sturz; und aus dem gleichen Grund stürzten alle seine Gesinnungsgenossen.

Weil es «die Häßlichkeit der Sünde nicht ohne die Zierde der Gerechtigkeit gibt», so verloren sie mit dem Sturz in die Sünde auch ihren erhabenen Ort, das Empyreum; sie mußten absteigen bis zur Sphäre der finsteren Luft oder zur Unterwelt. Daß sie in Sünde fielen, war durch ihren freien Willen herbeigeführt, daß sie der Strafe verfielen, durch den Urteilsspruch Gottes.

Und weil es die Eigenart des Engels ist, nach der Wahl unwandelbar im Gewählten zu verharren, so wurde Luzifer verhärtet im Bösen, und daher auch blind gegenüber der Wahrheit, verkehrt im Handeln und geschwächt in seiner Kraft. Daher ist sein Wille gottlos, sein Tun, das sich von Gott abgewandt hat, hat sich in Haß und Neid gegen den Menschen gewandt. Die klare Geistesschärfe, blind geworden für die Wahrheit, hat sich auf Täuschungen durch Wahrsagen oder sonstigen Trug verlegt. Den wahren Dienst, der seines Amtes gewesen *(officiositas)* wäre, verließ er und nahm die Tätigkeit des Versuchers auf. Das machtvolle Wirken *(virtuositas)* wurde gemindert und beschränkt, und – sofern es zugelassen wird – verlegt es sich auf das Wirken von Wundertaten: durch plötzliche Veränderungen im Bereich der materiellen Schöpfung.

Und weil all dies wider die Ordnung ist, insofern es von einem durch den Hochmut verdorbenen Willen stammt, so verwendet er auch all das als Nahrung für seinen Hochmut: er will von den Menschen angebetet und verehrt werden an Stelle Gottes. Daher kommt es, daß «alle seine Taten schlecht sind»[77]. Gott läßt dies dennoch zu, zur Strafe für die Übeltäter und zum Ruhm der Guten, wie es beim Jüngsten Gericht offenbar werden wird.

[77] Glosse des Petrus Lombardus zu 2 Kor 6,15.

Ebenso wie die Engel, die sich von Gott abwandten, sogleich verhärtet und der Reue unzugänglich wurden, so wurden die Engel, die sich Gott zuwandten, sogleich in ihrem Willen gefestigt *(confirmati)* durch die Gnade und die Glorie. Sie empfingen die vollkommene Erleuchtung *(illuminati)* in ihrem Verstand, nämlich die «morgendliche» und die «abendliche» Erkenntnis. Sie empfingen vollendete Stärke *(fortificati)* für ihre Wirkkraft – im Befehl wie in der Ausführung. Ihr Handeln wurde von vollendeter Ordnung geformt *(ordinati)* – in der Beschauung Gottes wie im Dienst an den Menschen. Und das vollzieht sich entsprechend den drei Hierarchien: der obersten, der mittleren und der untersten.

Die oberste Hierarchie umfaßt die Throne, Cherubim und Seraphim, die mittlere die Herrschaften, Mächte und Gewalten, die unterste die Fürsten, Erzengel und Engel. Von diesen sind sehr viele zum Dienst ausgesandt (Hebr 1,14), bestellt zum Schutz der Menschen. Sie dienen der Reinigung, Erleuchtung und Vollendung der Menschen, entsprechend Gottes Befehl.

Begründung zum tieferen Verständnis:

Wegen ihrer so ausdrücklichen Ähnlichkeit und Nähe zum Ersten und Höchsten URSPRUNG besitzen die Engel einen «gottförmigen» Verstand und Unwandelbarkeit des Willens, nachdem dieser frei entschieden hat. Als sie sich daher unter Einfluß der Gnade dem höchsten Gut zukehrten und ihr Streben ganz und gar auf Gott hin richteten, wurden sie durch die Glorie zugleich gefestigt und vollendet. Was den Willen betrifft, so gewannen sie Beständigkeit und Seligkeit, was den Verstand betrifft, schnelle und klare Erkenntnis. Diese Klarheit besteht darin, daß sie die Dinge nicht nur so erkennen, wie sie in der jeweiligen Gattung verwirklicht sind *(in genere),* sondern auch, wie sie im Schöpfungsplan Gottes sind: Sie haben nicht nur die Erkenntnis im «Abendlicht», sondern auch die im «Morgenlicht», vielleicht sogar im «Tageslicht», wegen der Fülle und vollkommenen Lauterkeit jenes Lichtes, mit dem verglichen alles Geschaffene zu Recht «Dunkelheit» genannt werden kann[78]. Sie empfingen auch Stärke, daß ihr Wirken kraftvoll geschieht, ob sie nun befehlen oder ausführen, ob sie in einer angenommenen Natur handeln[79] oder ohne eine solche. Ihr Handeln selbst entspricht vollkommen der rechten Ordnung. Sie können nicht aus dieser Ordnung herausfallen, weder wenn sie zu Gott aufsteigen in der Beschauung, noch wenn sie zum Dienst an den Menschen absteigen. Wohin auch immer sie gesandt werden: weil sie Gott von Angesicht zu Angesicht schauen, eilen sie innerhalb Gottes dahin.

Alles, was sie tun, und alles, wozu sie veranlaßt werden, geschieht nach der heiligen Ordnung der Hierarchien, die in ihnen bereits durch ihre Natur angelegt, durch die Glorie aber vollendet verwirklicht ist. Denn der Habitus der Glorie verleiht der wandelbaren Willensfreiheit Bestand, und eben damit ist die Erleuchtung der Erkenntnis, die Ordnung der Dienste und die Kräftigkeit des Wirkens verbunden – das sind die oben genannten vier Eigenschaften.

Die Klarheit in der Erkenntnis, mit der die Engel schauen, kann sich auf drei Gegenstände vornehmlich beziehen:

[78] Augustinus, Confessiones XIII, cap. 2 n. 3, cap. 8 n. 9; De Genesi ad litteram. I cap. 4 n. 9f.; IV cap. 22, n. 39; cap. 26 n. 43.

[79] Gemeint sind die im Alten Testament vielfach bezeugten Erscheinungen von Engeln, nicht nur in Menschengestalt, sondern auch in anderen Formen (die geflügelten Seraphim Jes 6; die tetramorphen Wesen in Ezechiels Thronwagen-Vision).

auf die Majestät Gottes, die der Anbetung würdig ist, auf die Wahrheit, die erkannt werden soll, und auf die Gutheit, die ersehnt werden soll. Dem entsprechen die drei Ordnungen von Engeln in der ersten Hierarchie: den Thronen *(Throni)* ist besonders die Ehrfurcht *(reverentia)* eigen, den Cherubim die Weisheit *(sapientia)*[80], den Seraphim das liebende Wohlwollen *(benevolentia)*.

Zur Vollkommenheit der Wirkkraft gehört die Kraft zu befehlen, die Kraft auszuführen und die Kraft, sich dazu Raum zu schaffen. Das erste ist den Herrschaften *(Dominationes)* eigen, das zweite den Kräften *(Virtutes)*, das dritte den Mächten *(Potestates)*, denn sie haben die Aufgabe, die feindlichen Mächte in die Schranken zu weisen.

Zur Vollkommenheit des Dienstes gehören Leitung, Offenbarung und Unterstützung. Das erste ist den Fürsten *(Principatus)* eigen, das zweite den Erzengeln, das dritte den Engeln, die denen, die stehen, ihren Schutz angedeihen lassen, damit sie nicht fallen, und denen, die fallen, ihre Hilfe, damit sie aufstehen.

So ergibt sich also klar, daß alle diese Eigenschaften den Engeln in größerem oder geringerem Maß zukommen; denn Stufe für Stufe steigen sie von den oberen bis zu den niedrigeren Ordnungen herab. Eine jede Ordnung aber wird zu Recht benannt nach «dem Dienst, der ihr ganz besonders gegeben ist»[81].

[80] *sapientia* meint hier die lichthafte *Erkenntnis* der Wahrheit, die innerhalb der Trinität in besonderer Weise dem Sohn Gottes appropriiert wird. An anderen Stellen ordnet Bonaventura die *sapientia* besonders den Seraphim, und innerhalb der göttlichen Personen dem Hl. Geist zu, nämlich dann, wenn er das Element der *Liebe* betont, die konstitutiv die *sapientia* von anderen Weisen des Erkennens unterscheidet.

[81] Gregor d. Gr., Evangelienhomilien II, hom. 34, n. 14.

9. Kapitel: Die Erschaffung des Menschen als geistiges Wesen

Nach den Ausführungen über die körperliche und unkörperliche Natur ist nun noch einiges über die aus beiden Komponenten zusammengesetzte Natur zu sagen: erstens, was den Geist, zweitens, was den Leib, drittens, was den Menschen als ganzen betrifft.

Was die vernünftige Seele *(anima rationalis)* angeht, so ist gemäß der heiligen Lehre folgendes festzuhalten: Sie ist eine Form, die ist *(ens)*, lebt, erkennt und sich des freien Willens erfreut. «Seiend» ist diese Form weder aus sich selbst, noch weil sie göttlicher Natur wäre, sondern sie ist von Gott aus dem Nichts erschaffen und ins Sein gesetzt worden. «Lebendig» ist diese Form nicht durch etwas Äußerliches, sondern durch sich selbst, und ihr Leben ist nicht sterbliches, sondern immer dauerndes Leben. Ihr «Erkennen» bezieht sich nicht nur auf das Geschaffene, sondern auch auf die Wesenheit des Schöpfers, nach dessen Bild sie geschaffen ist, indem sie Bewußtsein *(memoria)*, Erkenntniskraft *(intelligentia)* und Willen *(voluntas)* besitzt. Sie «erfreut sich der Freiheit», denn sie ist immer frei von Zwang. Auch von Elend und Schuld war sie einmal frei, nämlich im Zustand der paradiesischen Schuldlosigkeit; freilich besitzt sie diese Freiheit nicht mehr nach dem Sündenfall. Die Freiheit von Zwang aber ist nichts anderes als die «Fähigkeit von Wille und Verstand zusammen»[82], die ja beide die grundlegenden Kräfte der Seele sind.

[82] *facultas* – Fähigkeit: ein aktives «Fähigsein», wozu beide Potenzen, Vernunft und Willen, engstens zusammenwirken.

Begründung zum tieferen Verständnis:

Der ERSTE URSPRUNG ist vollkommen selig und voller Wohlwollen. Daher teilt er den Geschöpfen seine Seligkeit mit, und zwar nicht nur denen, die geistig sind und ihm ganz nahe stehen, sondern auch denen, die körperlich sind und weiter von ihm entfernt. Den körperlichen Geschöpfen teilt er sie jedoch vermittelt mit; denn «es ist göttliches Gesetz, daß das Niedere durch das Mittlere zum Höchsten zurückgeführt wird»[83]. So erschuf er also nicht nur den unkörperlichen Geist des Engels als der Seligkeit fähig, sondern auch den mit dem Leib verbundenen Geist des Menschen. Die Geistseele ist also eine Form, die *der Seligkeit fähig* ist. Zum Lohn der Seligkeit zu gelangen ist herrlich *(gloriosum)* aufgrund des Verdienstes. Ein Verdienst aber kann es nur geben, wo etwas frei und mit Willen geschieht[84]. Daher gebührte der Geistseele die Freiheit des Willens als Freiheit von jedem Zwang; denn es gehört zur Natur des freien Willens, nicht gezwungen werden zu können, wenngleich er durch die Schuld ins Elend geraten und Sklave der Sünde werden kann (vgl. Joh 8,34).

Als Form, die der Seligkeit fähig ist, kann die Seele aufgrund ihrer Fähigkeiten: Bewußtsein, Erkenntnis und Wollen, Gott erfassen *(capax Dei):* Das bedeutet, «Bild der Trinität» zu sein, denn die Wesenheit der Seele ist eine, die Fähigkeiten sind drei. Weil sie besiegelt ist mit dem Bild Gottes, kann es nicht anders sein, als daß sie Gott und alles erkennt.

Zur Seligkeit gehört es aber, die Seligkeit nicht verlieren zu können. Darum muß etwas, das der Seligkeit fähig

[83] Dionysius, De Caelesti hierarchia. IV, §3; VIII, §2; De Ecclesiastica hierarchia V, §4.

[84] Vgl. Bernhard von Clairvaux, In Canticum Canticorum 81, 6.

ist, unzerstörbar und unsterblich sein. Also muß die Seele von ihrem Wesen her ein *unsterbliches Leben* haben.

Alles, was von einem anderen seine Seligkeit empfängt und unsterblich ist, ist wandelbar, was sein Gut-Sein angeht, und unzerstörbar, was sein Sein angeht. Die Seele ist also nicht aus sich, noch ist sie von göttlicher Natur; denn sie ist wandelbar. Sie ist aber auch nicht aus etwas anderem hervorgebracht oder von Natur gezeugt; denn sie ist unsterblich und unzerstörbar. Diese Form kann nicht «werden» oder durch Zeugung ins Sein gesetzt werden; denn alles, was dem Werden der Natur unterliegt, unterliegt auch dem Vergehen[85]. Es ist also klar: Wenn das Ziel der Seele, für das sie bestimmt ist, die Seligkeit ist, dann folgen mit Notwendigkeit daraus die übrigen Eigenschaften.

Als der Seligkeit fähig, ist die Seele unsterblich. Wenn sie daher mit einem sterblichen Leib vereint ist, dann kann sie von ihm getrennt werden. Deswegen ist sie nicht nur eine Form, sondern auch eine einzelne Substanz *(hoc aliquid)*. Sie ist nicht nur die Vollendung des Leibes, sondern auch sein Bewegungsprinzip: aufgrund ihres Seins ist sie Vollendung und ebenso aufgrund ihrer Fähigkeit Bewegungsprinzip. Sie gibt nicht nur das Sein, sondern auch das Leben, Fühlen und Erkennen. Daher hat sie ein vegetatives, sensitives und intellektives Vermögen.

Durch das *vegetative Vermögen* geschehen Zeugung, Ernährung und Wachstum, Zeugung eines bestimmten Wesens *(quid)*, Ernährung nach der Beschaffenheit *(quale)*, Wachstum nach der Größe *(quantum)*[86].

Durch das *sinnenhafte Vermögen* nimmt sie mit den Sinnen Wahrnehmbares wahr, behält es im Gedächtnis,

[85] Vgl. Aristoteles, De caelo I, cap. 12.
[86] Aristoteles, De anima II, cap. 4.

kombiniert oder trennt die behaltenen Bilder. Die Wahrnehmung geschieht mit den fünf Sinnen des Körpers, die den fünf Grund-Körpern der Welt entsprechen[87]. Das Behalten wird vom sinnenhaften Gedächtnis geleistet, das Zusammensetzen oder Trennen von der Einbildungskraft *(phantasia),* welche die erste kombinierende Fähigkeit ist *(prima virtus collativa).*

Durch die *geistige Erkenntnisfähigkeit* unterscheidet sie das Wahre, flieht vor dem Bösen oder Übel und begehrt nach dem Guten. Die Erkenntnis des Wahren geschieht durch das rationale Vermögen, die Abstoßung des Bösen oder des Übels durch das iraszible Vermögen[88], das Streben nach dem Guten durch das begehrende Vermögen. Weil die Unterscheidung des Wahren *Erkennen* ist, Flucht und Begehren aber ein *Streben,* läßt sich die ganze Seele in den Bereich von Erkenntnis und Streben *(cognitio et affectio)* einteilen.

Die Erkenntnis des Wahren aber kann unter zweifacher Hinsicht geschehen: Erkenntnis des Wahren als wahr, und Erkenntnis des Wahren als gut. Außerdem kann man noch unterscheiden: die Erkenntnis von etwas Ewigem, was über der menschlichen Seele steht, oder von etwas Zeitlichem unter ihr. Daraus ergibt sich, daß die Erkenntniskraft, das heißt: Vernunft *(intellectus)* und Verstand *(ratio),* sich jeweils noch einmal aufteilen: die Vernunft ist spekulativ oder praktisch, und der Verstand hat einen höheren oder niederen Bereich *(portio superior/inferior),* wobei diese Bezeichnungen eher verschiedene Aufgaben als verschiedene Vermögen meinen.

[87] Erde: Tastsinn; Wasser: Geschmacksinn; Luft: Gehör; Dampf bzw. Feuer: Geruch; Licht: Gesichtssinn.

[88] Im folgenden wird *vis irascibilis* als «mutiges Streben» übersetzt.

Auch für das Strebevermögen gilt: es kann zweifach zu einem Gut gezogen werden, nämlich durch einen naturhaften Antrieb oder durch überlegte Wahl. Daher unterteilt man das Strebevermögen in den «natürlichen Willen» und den «Willen der Wahl»; und nur der letztere heißt im eigentlichen Sinn «Wille». Da es zum Wesen des Wählens gehört, sich nach zwei Seiten neigen zu können, ist eine Wahl getragen vom «freien Willen». Das Wählen-Können *(indifferentia)* erwächst aus einer vorhergehenden Überlegung und dem Hinzutreten des Willens. Darum ist der freie Wille «die Fähigkeit von Verstand und Willen». So kann man mit Augustinus sagen, daß der freie Wille alle die vorher genannten geistigen Vermögen umfasse: «Wenn wir vom freien Willen sprechen, dann sprechen wir gewiß nicht von einem Teil der Seele, sondern von ihr als ganzer»[89]. Aus dem Zusammenwirken dieser beiden Vermögen: des Verstandes, der noch einmal seinen Akt überdenkt *(ratio supra se rediens),* und des Willens, der ihn begleitet, erhebt sich die Freiheit des Willens. Sie ist das Prinzip von Verdienst oder Schuld, je nachdem ob das Gute oder das Böse gewählt wird.

10. Kapitel: Die Erschaffung des Menschen als leibliches Wesen

Nach der Lehre des wahren Glaubens ist festzuhalten, daß der Leib des Menschen, so wie er zu Anfang erschaffen war, aus Erde gebildet war. Er war jedoch der Seele untertan und entsprach ihr auf seine Weise: in seiner aus-

[89] Unter den Augustinus zugeschriebenen Werken: Hypognosticon V, 7 (PL 45).

gewogenen Zusammensetzung[90], der überaus schönen und vielfältigen Struktur seiner Glieder, und in seiner aufrechten Haltung. Er sollte der Seele untertan sein, so daß er ihr ohne Widerstand gehorchen würde, die aktive und die passive Zeugung ohne Begierde vor sich gehen konnte, er in seiner Lebenskraft nicht abnahm, ja sogar gegen die Verderbnis des Vergänglichen gefeit gewesen wäre, ohne daß der Tod eingetreten wäre. Deswegen war dem Menschen als Ort das irdische Paradies zugewiesen, auf daß er dort in Ruhe wohne. Die Frau wurde aus der Seite des Mannes gebildet; denn sie sollte ihm Lebensgefährtin sein und Hilfe bei der sündelosen Zeugung von Nachkommenschaft. Auch wurde dem Menschen der Baum des Lebens gegeben, auf daß dieser in ihm fortwährend die Lebenskraft erhalte und der Mensch schließlich vollendet werde in ewiger Unsterblichkeit.

Begründung zum tieferen Verständnis:

Der ERSTE URSPRUNG ist in seinem Schaffen höchst machtvoll, weise und gut. Dies tut sich in allen seinen Werken kund, und ganz besonders mußte es sich bei seinem letzten und vornehmsten Werk erweisen: dem Menschen, der als letztes der Geschöpfe hervorgebracht wurde, auf daß gerade an ihm die Vollendung der Werke Gottes aufstrahle.

Damit sich am Menschen die Mächtigkeit Gottes zeige, wurde er aus zwei Substanzen gebildet, die voneinander größten Abstand haben, aber dennoch in einer Person und zu einer Natur geeint sind: Leib und Seele. Das eine ist eine körperliche Substanz, das andere, die Seele, eine geistige und unkörperliche. In der Gattung der

[90] *complexio:* Zusammensetzung der Körpersäfte. Der folgende Ausdruck *organizatio* bezeichnet den Aufbau der Glieder und Organe.

Substanz besteht aber zwischen körperlich und geistig der tiefgreifendste Unterschied.

Damit die Weisheit Gottes sichtbar werde, erschuf er einen Leib, der auf eigene Weise der Seele entsprechen sollte. Der Leib ist vereint mit der Seele, welche das Prinzip der Vollendung und der Bewegung ist und sich in ihrem Streben nach Glückseligkeit nach oben richtet. Damit also der Leib der Seele als Lebensprinzip entspreche, besaß er eine ausgewogene Zusammensetzung, und zwar nicht aufgrund von Gewicht oder Masse, sondern aufgrund der Ausgewogenheit der natürlichen Gerechtigkeit *(aequalitas naturalis iustitiae),* welche die edelste Art von Leben ermöglicht[91]. Damit der Leib auch der Seele als Bewegungsprinzip entspreche – die ja über vielfältige Fähigkeiten verfügt –, wurde er mit einer Vielzahl von Gliedern und Organen ausgestattet, schön gestaltet, leicht beweglich, kunstfertig und geschickt. Das sieht man am Gesicht und an der Hand, die «das Werkzeug aller Werkzeuge ist»[92]. Damit der Leib der Seele schließlich auch in ihrer Ausrichtung entspreche – denn sie strebt nach oben, dem Himmel zu –, war ihm eine aufrechte Statur und ein erhobenes Haupt zu eigen. Die aufrechte Haltung des Körpers sollte somit das Aufrecht-Stehen *(rectitudo)* des Geistes bezeugen.

Damit schließlich Gottes Gutheit und Güte am Menschen offenbar würden, schuf er den Menschen ohne Makel und Schuld, ohne Strafe und Pein. Denn der ERSTE URSPRUNG ist ganz und gar gut und vollkommen

[91] D.h., die ursprüngliche Gesundheit des Leibes (aufgrund des ausgewogenen Verhältnisses der Körpersäfte) ist letztlich Ausdruck der ursprünglichen Rechtheit oder Gerechtigkeit, in der der Mensch erschaffen wurde.

[92] Aristoteles, De anima III, cap. 8.

gerecht. Weil er ganz gut ist, mußte er den Menschen gut erschaffen, also schuldlos und recht. Weil er ganz gerecht ist, hätte er dem Menschen keine Strafe auferlegen können, denn dieser hatte ja keine Sünde. Daher schuf Gott den Leib so, daß er der Seele gehorchte, ohne Auflehnung, ohne Neigung der Begierde, ohne Minderung der Lebenskraft, ohne Verderben im Tod. Er sollte der Seele solchermaßen gleichförmig sein: Wie die Seele ohne Schuld war, aber doch in Schuld fallen konnte, so war zwar der Leib gegen Leiden gefeit, konnte aber in den Zustand der Strafe fallen: «Er war fähig, nicht zu sterben, und konnte sterben»[93]. Er war im Besitz all dessen, was er brauchte – und konnte doch Mangel leiden; er war fähig, der Seele zu gehorchen – aber es war in ihm auch die Möglichkeit, mit ihr im Widerstreit zu liegen.

Auch im Stand des Paradieses wurde der Same zur Zeugung der Nachkommenschaft vom Körper abgesondert, und die Frau sollte bei der Zeugung Hilfe und ebenbürtiges Prinzip sein. Auch verzehrte sich die nährende Flüssigkeit des Körpers durch die Wärme, aber sie wäre durch die Nahrung von den Fruchtbäumen des Paradieses ersetzt worden, und die Grundflüssigkeit sollte durch den Baum des Lebens erneuert oder bewahrt bleiben. Denn diese Kraft war dem Baum des Lebens eigen; ihretwegen diente er nicht nur zur Speise, sondern hatte auch die Bedeutung eines Sakramentes, wie Augustinus sagt[94]. Daß der Leib Adams dem Vergehen und Sterben nicht unterworfen war, hat seine Wurzel zuerst in der Seele, die ihn zusammenhielt und ihren Einfluß auf ihn ausübte. Es hat aber auch einen Grund in der guten und ausgewogenen

[93] Augustinus, Gen. litt. VI, cap. 25 n. 36.
[94] Gen. litt. VIII, cap. 4 n. 8.

Zusammensetzung des Körpers, die er gleichsam als Voraussetzung für die Unvergänglichkeit mitbrachte, einen weiteren Grund in der lebenserhaltenden Kraft des Lebensbaumes, und letztlich in der lenkenden Fürsorge Gottes, die ihm von innen heraus Bewahrung und von außen Schutz zuteil werden ließ.

11. Kapitel: Die Erschaffung des Menschen als leib-geistiges Wesen

Der ganze Mensch war von Gott ins Paradies gesetzt worden. Dazu ist folgendes festzuhalten: Dem Menschen wurde ein doppeltes Wahrnehmen gegeben, ein inneres und ein äußeres, bzw. ein körperliches und ein geistiges. Es wurde ihm auch eine doppelte Bewegung gegeben, nämlich die Bewegung des Befehlens im Willen und die Bewegung der Ausführung im Leib. Es wurde ihm ein doppeltes Gut gegeben, das eine war sichtbar, das andere unsichtbar. Und es wurde ihm ein doppeltes Gebot gegeben, ein Gebot der Natur und ein Gebot des Gehorsams *(praeceptum disciplinae)*[95]. Das Gebot der Natur lautete: «Wachset und mehret euch»; das Gebot des Gehorsams hieß: «Vom Baum der Erkenntnis von Gut und Böse darfst du nicht essen». Dem entsprach eine vierfache Hilfe, die dem Menschen gegeben wurde: Wissen, Gewissen, Synderesis und Gnade. Diese Hilfen reichten vollständig aus, daß der Mensch gut bleiben, im Guten Fortschritte machen, das Böse meiden und es von sich fernhalten hätte können.

[95] Man könnte auch «Gebot der Belehrung» übersetzen. Der entscheidende Unterschied zum «Gebot der Natur» liegt in dem persönlichen Verhältnis (*discipulus* = Schüler, Jünger), auf dem das *praeceptum disciplinae* beruht.

Begründung zum tieferen Verständnis:

Der ERSTE URSPRUNG schuf diese sichtbare Welt, um sich selbst zu offenbaren; das heißt, der Mensch sollte durch sie wie durch einen Spiegel oder eine Spur zu Gott, dem Künstler, zurückgeführt werden, in Lob und Liebe. Daher gibt es ein zweifaches Buch, das «innen geschriebene», nämlich die ewige WEISHEIT oder den PLAN Gottes selbst, und ein «außen geschriebenes», nämlich die sichtbare Welt. Da es nun schon ein Geschöpf gab, welches ein inneres Wahrnehmungsvermögen besaß, und damit das innere Buch lesen konnte, nämlich den Engel, und ein Geschöpf, das nur ein äußeres Wahrnehmungsvermögen hatte, nämlich das Tier, so bedurfte es zur Vollendung des Kosmos eines Geschöpfes, das mit einem doppelten Wahrnehmungsvermögen ausgestattet war, zur Erkenntnis des innen wie des außen geschriebenen Buches – das heißt: der göttlichen WEISHEIT und ihrer Werke. Weil in Christus die ewige WEISHEIT und ihr Werk in einer Person geeint sind, darum heißt er «das innen und außen beschriebene Buch» (Offb 5,1; vgl. Ez 2,9) zur Wiederherstellung der Welt.

Jedem Wahrnehmungsvermögen entspricht nun eine Bewegung. Daher ist dem Menschen eine doppelte Bewegung eigen: die eine hat ihren Sitz im Geist und folgt dem Antrieb der Vernunft, die andere hat ihren Sitz im Leib und folgt dem Antrieb der Sinne. Die erste Bewegung soll herrschen, die zweite gehorchen – so entspräche es der rechten Ordnung. Wenn es sich umgekehrt verhält, dann bedeutet das einen Sturz kopfüber: Die Seele fällt aus ihrem rechten Stand und gibt ihre Führungsstellung auf.

Weil jeder Bewegung und jedem Wahrnehmen das Streben nach einem Gut entspricht, ist dem Menschen auch ein zweifaches Gut bereitet, «ein sichtbares und ein unsichtbares, ein zeitliches und ein ewiges, das eine für den Leib, das andere für den Geist. Das eine dieser Güter schenkte Gott bereits, das andere verhieß er; denn das eine sollte der Mensch als umsonst geschenkt besitzen, das andere sollte er durch Verdienst zu erwerben trachten.»[96]

Vergebens freilich wird ein Gut gegeben, wenn es nicht bewahrt wird. Vergebens wird es versprochen, wenn man nicht dazu gelangen kann. Daher wurde dem Menschen ein doppeltes Gebot gegeben: Das Gebot der Natur sollte ihm helfen, das bereits erhaltene Gut zu bewahren, das Gebot des Gehorsams, das verheißene Gut zu erlangen. Dieses hätte nämlich auf keine andere Weise besser erworben werden können als durch reinen Gehorsam. Reiner Gehorsam ist dann gegeben, wenn das Gebot aus sich selbst heraus verpflichtet, nicht aus irgendeinem anderen Grund. Und solch ein Gebot heißt: Gebot des Gehorsams, denn man lernt durch es, welche Kraft der Gehorsam hat. Er ist so verdienstvoll, daß er zum Himmel erhebt; die Verweigerung aber läßt in die Hölle stürzen. Dieses Gebot wurde nicht deswegen gegeben, weil Gott des Menschen Gehorsam irgendwie nötig hätte, sondern um diesem die Gelegenheit zu geben, durch reinen und freigewollten Gehorsam die Krone zu erwerben.

Weil nun der Mensch, aus Nichts erschaffen, von seinem Wesen her schwach ist und fallen kann, solange er nicht in der Glorie gefestigt ist[97], gab ihm Gott in seiner überreichen Güte eine vierfache Hilfe, zwei natürliche und

[96] Hugo von St. Victor, De Sacramentis christianae fidei I, p. 6, cap. 6; vgl. cap. 7.

[97] In die Glorie einzugehen, bzw. mit diesem Habitus überkleidet zu werden, bedeutet die Aufhebung des Bewährungs- oder Pilgerstandes. Im Stand der Glorie bejaht der Wille in vollendeter Freiheit das Gute, ohne mehr in Gefahr zu sein, bei der Wahl abzugleiten.

zwei gnadenhafte Hilfen. Er senkte nämlich der Natur des Menschen ein zweifaches Richtmaß *(rectitudo)* ein: das Gewissen, um recht zu urteilen, und die Synderesis, um recht zu wollen; denn ihre Aufgabe ist es, vor dem Bösen zu warnen und zum Guten anzutreiben[98].

Darüber hinaus gab Gott auch eine zweifache Gnaden-Hilfe, die den Menschen vollkommen machen sollte: zum einen die «umsonst geschenkte Gnade» *(gratia gratis data)*[99] eines Wissens, das den Verstand erleuchtete zur Erkenntnis seiner selbst, Gottes und der gesamten Welt, die ja um des Menschen willen erschaffen war, zum andern «die Gnade, die Gott wohlgefällig macht» *(gratia gratum faciens),* nämlich die Liebe, die dazu befähigt, Gott über alles und den Nächsten wie sich selbst zu lieben.

So war der Mensch vor dem Sündenfall mit allen Gaben der Natur ausgestattet und zudem überkleidet mit der göttlichen Gnade. Die Schlußfolgerung liegt auf der Hand: Wenn er fiel, dann nur aus eigener Schuld, weil er zu gehorchen verschmähte.

12. Kapitel: Daß die so vollendete Welt ein vollständiges und geordnetes Werk ist

Aus all dem Gesagten ergibt sich, daß die Schöpfung gleichsam ein Buch ist, in dem die erschaffende Dreifaltigkeit aufleuchtet, abbildlich vergegenwärtigt wird und

[98] Die Synderesis ist eine Art unverlierbares «Gewicht» des Willens, noch vor jeder konkreten Wahl oder Gewissensentscheidung; sie treibt zum Guten als solchem.

[99] Darunter versteht Bonaventura generell die Gnaden, die auf die heiligmachende Gnade – *gratia gratum faciens* – hingeordnet sind, sei es als Vorbereitung auf diese, sei es als besondere Gaben zum Aufbau der Kirche. Vgl. u. V, 1-3.

von ihr zu lesen ist. In drei Graden an Deutlichkeit drückt sich der Schöpfer in der Schöpfung aus: als Spur *(vestigium),* als Bild *(imago)* und als Gleichbild *(similitudo).* «Spur» ist jedes Geschöpf, die Bedeutung des «Bildes» aber erfüllen nur die geistigen oder vernunftbegabten Wesen, die Bedeutung des Gleichbildes nur die gottförmigen *(deiformes)* Geschöpfe. Diese drei Grade bilden gleichsam Stufen für den menschlichen Intellekt, mittels derer er bis zum HÖCHSTEN URSPRUNG, Gott, aufsteigen kann.

Begründung zum tieferen Verständnis:

Da alle Geschöpfe auf ihren Schöpfer bezogen und von ihm abhängig sind, kann man ihr Verhältnis zu ihm unter drei Hinsichten betrachten: Es gibt die Beziehung zu Gott als *erschaffenden Ursprung*, als *bewegenden Gegenstand* und als *einwohnende Gabe.* Auf die erste Weise ist jedes Geschöpf auf ihn bezogen, insofern es ein von Gott *Bewirktes* ist; auf die zweite Weise ist auf ihn jedes *erkennende Wesen* bezogen, auf die dritte Weise jedes geistige Wesen, das *gerecht* und von Gott *in Gnade angenommen* ist. Alles von Gott Gewirkte, und hätte es auch noch so wenig an Sein, hat Gott als seinen Ursprung. Jeder Intellekt, und hätte er auch noch so wenig Licht, ist dazu geschaffen, Gott durch Erkenntnis und Liebe aufzunehmen *(capere).* Und jedes geistige Geschöpf, das gerecht und heilig ist, besitzt den Heiligen Geist als eingegossene Gabe.

Hat das Geschöpf Gott als seinen Ursprung, dann muß es ihm auch in gewisser Weise gleichgestaltet sein, nach Einheit, Wahrheit und Gutheit. Auch kann kein Geschöpf Gott als Erkenntnisgegenstand haben, ohne ihn im Bewußtsein des Geistes *(memoria),* der Erkenntniskraft und dem Willen zu fassen. Und kein Geschöpf kann Gott als eingegossene Gnadengabe besitzen, ohne daß es ihm durch Glaube, Hoffnung und Liebe – bzw. einst durch die Gnadengaben der Glorie – gleichgestaltet würde. Die erste Ähnlichkeit ist eine entfernte, die zweite eine nahe, die dritte eine aus nächster Nähe. Daher heißt die erste Ähnlichkeit Spur, die zweite Bild, die dritte Gleichbild.

Der vernunftbegabte Geist des Menschen steht in der Mitte zwischen der ersten und der letzten Ähnlichkeit. Die erste hat er gewissermaßen unter sich [in seinem Leib], die zweite hat er als geistiges Wesen in sich, die dritte hat er über sich[100]. Im paradiesischen Zustand der Schuldlosigkeit, als das Abbild Gottes noch nicht durch die Sünde geschädigt, sondern durch die Gnade gottförmig war, war das «Buch der Schöpfung» ausreichend für den Menschen, den Glanz der Weisheit Gottes zu betrachten. So sollte er weise sein: indem er die Dinge in seinem Verstand sah, in ihrer eigenen Seinsweise, und auch im Schöpfungsplan Gottes. Denn die Dinge haben ja ein dreifaches Sein: das materielle Sein bzw. das Sein in ihrer eigenen Gattung, das Sein im geschaffenen Erkenntnisvermögen und das Sein im Plan Gottes. Dem entspricht jenes Wort der Hl. Schrift: «Gott sprach: Es werde …; er machte …; und es geschah so» (vgl. z.B. Gen 1,6f.)[101].

Um dieser dreifachen Schau willen erhielt der Mensch ein dreifaches Auge, wie Hugo von St. Victor sagt[102]: das Auge des Leibes, das Auge des Verstandes und das Auge der Beschauung *(contemplatio)*. Mit dem Auge des Leibes sollte er die Welt sehen und was in ihr ist, mit dem Auge des Verstandes die Seele und was in ihr ist, mit dem Auge der Beschauung aber Gott und was in ihm ist. Mit dem

[100] D.h., diese Ähnlichkeit ist gnadenhaft und gehört nicht zur Natur des Menschen.

[101] Augustinus, Gen. litt. II, cap. 8, 16-20; IV, cap. 29, 46; cap. 31, 48 (s.o.: Prol. §3).

[102] Sacr. I, p. 10, cap. 2.

Auge des Leibes sollte der Mensch also sehen, was außer ihm, mit dem Auge des Verstandes, was in ihm, mit dem Auge der Beschauung, was über ihm ist. Das Auge der Beschauung freilich betätigt sich in vollendeter Weise erst, wenn der Habitus der Glorie gegeben ist. Die Beschauung verliert der Mensch durch die Schuld, gewinnt sie aber wieder durch die Gnade, durch den Glauben und das Verständnis der Hl. Schrift. Denn eben dadurch wird der Geist des Menschen gereinigt, erleuchtet und vervollkommnet, um das Himmlische zu schauen *(contemplari)*. Doch bevor der gefallene Mensch dorthin gelangen kann, muß er zuerst seiner Schwächen und seiner eigenen Finsternis innewerden, das heißt: er muß sein Augenmerk auf den Fall der menschlichen Natur richten.

III. TEIL: DIE VERDERBNIS DER SÜNDE

1. Kapitel: Über die Herkunft des Bösen ganz allgemein

Nachdem wir in Kürze einiges über die göttliche Dreifaltigkeit und die Schöpfung geklärt haben, müssen wir nun noch kurz auf die Verderbnis durch die Sünde zu sprechen kommen. Grundsätzlich ist festzuhalten, daß die Sünde kein Wesen *(essentia)* ist [d.h., nicht ein Etwas ist], sondern ein Mangel *(defectus)* und eine Verderbnis *(corruptela)*[103]: Sie ist Verderbnis der Art, der Gestalt und der Ordnung des geschaffenen Willens. Die Verderbnis der Sünde ist also dem Guten direkt entgegengesetzt, hat aber ihr Sein nur in einem Guten, und stammt nur von einem Guten her: nämlich dem freien Willen. Dieser ist weder absolut schlecht, da er das Gute wollen kann, noch absolut gut, da er sich zum Bösen neigen kann.

Begründung zum tieferen Verständnis:

Der Erste Ursprung ist aus sich selbst *(a se ipso)*, nicht von einem anderen her, und daher ist er auch um seiner selbst willen *(propter se ipsum)*. Deswegen ist er gänzlich gut und hat keinerlei Mangel in sich. Etwas, das Erstes und gänzlich schlecht wäre, gibt es nicht und kann es nicht geben, weil «Erster Ursprung» höchste Vollständigkeit *(summum complementum)* besagt, «höchstes Übel» aber größtmöglichen Mangel. Weil also der Erste Ursprung, das in höchster Vollendung Seiende, weder im

[103] Vgl. Augustinus, Civ. Dei XI, 9: «Das Böse besitzt kein eigenes Wesen *(natura)*, sondern ‹böse› nennt man den Verlust des Guten». Vgl. auch De natura boni cap. 4; Bonaventura II Sent. dist. 25 p. 2 q. 3; dist. 34. 35.

Sein noch im Handeln abgleiten kann, gibt es kein zuhöchst und gänzlich Böses, noch ist das Böse ein Etwas, noch kann das Böse irgendwie von Gott her stammen. Weil der Erste Ursprung aber allmächtig ist, kann er das Gute aus dem Nicht-Sein ins Sein setzen, ohne irgendeine materielle Grundlage dafür zu brauchen. Eben dies hat er auch getan, als er das Geschöpf bildete, dem er Sein, Leben, Erkennen und Wollen verlieh. Weil es vom höchsten Gut, und zwar gemäß dessen dreifacher Ursächlichkeit, seinen Ursprung hat, ist ihm in seinem Sein und in seinem Willen eine dreifache Bezogenheit eigen: nämlich nach Art, Gestalt und Ordnung[104]. Dieses Geschöpf ist dazu bestimmt, seine Werke von Gott her, Gott gemäß und um Gottes willen zu vollbringen, und zwar entsprechend der Art, der Gestalt und der Ordnung, die ihm von der Schöpfung her mitgegeben sind.

Weil dieses Geschöpf aber aus Nichts erschaffen und nicht ohne jeden Mangel war, konnte es tatsächlich davon abfallen, um Gottes willen zu handeln, und statt dessen etwas um seiner selbst willen tun – was einschließt, daß eine solche Handlung weder von Gott her noch Gott gemäß vollbracht wird. Das ist die Sünde: eine Verderbnis in der Art, der Gestalt und der Ausrichtung bzw. Ordnung. Weil sie ein Mangel ist, hat die Sünde keine eigentliche Wirkursache *(causa efficiens),* sondern eine Fehlursache *(causa deficiens)*: das Versagen des geschaffenen Willens.

[104] II Sent. dist. 35 a. 2 q. 1: *Modus, species, ordo* kennzeichnen nicht nur jedes Geschöpf als Spur Gottes, der Wirk-, Exemplar- und Ziel-Ursache ist, sondern speziell das mit freiem Willen begabte Geschöpf: Dessen Willen hat die rechte «Art», wenn die Verbindung mit dem Willen Gottes, der den menschlichen Willen ja ursprünglich zum Guten bewegt, aufrecht erhalten wird; er hat die rechte «Gestalt», wenn er sich dem Willen Gottes gleichgestaltet, und die rechte «Ordnung», wenn er dem göttlichen Willen als Ziel zustrebt, um in ihm zu ruhen.

Weil es sich bei der Sünde also um eine Verderbnis handelt und zwar von etwas Gutem, und jede Verderbnis nur stattfinden kann in etwas, das dem Verderben unterliegen kann, darum kann die Verderbnis nur in etwas Gutem sein. Da der freie Wille in sich selbst seine Art, Gestalt und Ausrichtung verdirbt, indem er vom wahren Gut abfällt, geht jede Sünde als solche *vom freien Willen* als ihrem ersten Grund aus, und hat ihren Sitz *im Willen* als ihrem Träger oder Subjekt. Die Sünde wird vom Willen vollzogen, wenn er in seiner Anfälligkeit und Wandelbarkeit dem wandelbaren Gut anhängt und deswegen das unwandelbare, nie versiegende Gut verschmäht.

Daraus ergibt sich auch, daß «die Sünde nicht im Begehren schlechter Dinge besteht, sondern im Verlassen der besseren»[105]. Die Sünde ist Verderbnis der Art, der Gestalt und der Ausrichtung im Begehren des Willens, so daß «die Sünde so sehr eine Sache des Wollens ist, daß sie, wenn sie nicht gewollt ist, nicht Sünde ist»[106].

Hat man dies verstanden, so ist die gottlose Lehre der Manichäer erledigt, die ein absolut Böses als ersten Ursprung alles Bösen annahmen. Zugleich ist offenkundig, woher das Böse stammt und wo es seinen Sitz hat.

2. Kapitel: Die Versuchung der Stammeltern

Um zu verstehen, wie die Verderbnis der Sünde in die Welt gelangte, müssen wir den Fall der Stammeltern, die Weitergabe der Erbsünde[107] und die Wurzel bzw. Entstehung der persönlichen Sünden bedenken.

[105] Augustinus, De nat. boni 34. 36.

[106] Augustinus, De vera rel. cap. 14, 27.

[107] *culpa originalis* – gewöhnlich als «Erbsünde» übersetzt, bedeutet eigentlich: «Erste Schuld», «Erste Sünde», bzw. Schuld an der Wurzel der Menschheitsgeschichte, die sich auswirkt.

Was den Sündenfall der Stammeltern betrifft, sind drei Punkte zu erwägen: die Versuchung durch den Teufel, die Schuld, die sie auf sich luden, und die ihnen auferlegte Strafe.

Hinsichtlich der Versuchung ist folgendes festzuhalten: Gott hatte den Menschen als Mann und Frau erschaffen und in den Wonnegarten des Paradieses gesetzt. Der Teufel aber war voll Neid auf den Menschen; er nahm die Gestalt einer Schlange an und näherte sich so der Frau. Zuerst fragte er: «Warum hat euch Gott vorgeschrieben, nicht zu essen?» (vgl. Gen 3,1). Dann behauptete er: «Keineswegs werdet ihr sterben» (3,4). Und schließlich versprach er: «Ihr werdet sein wie Gott, Gut und Böse erkennen» (3,5). Auf diese Weise wollte er zuerst die Frau als die Schwächere zu Fall bringen und durch sie dann auch den Mann. Dies brachte er auch fertig, freilich nur, weil Gott es zuließ.

Begründung zum tieferen Verständnis:

Der Erste Ursprung ist ebenso machtvoll als Schöpfer wie gerecht als Lenker. «Seine Leitung der von ihm erschaffenen Wesen läßt zu, daß diese ihre eigenen Bewegungen ausführen»[108]. Der Mensch nun war so geschaffen, daß er durch den Sieg im Kampf den Lohn der ewigen Ruhe erlangen sollte. Daher war es angebracht, daß Gott – obwohl er wußte, daß der Mensch der Versuchung unterliegen werde – die Versuchung zuließ «durch den, der Wissen, Macht und Willen dazu hatte»[109]. Denn der Teufel, der einst wissend und aufrecht gewesen war, wurde nach seinem Sturz in den Hochmut verschlagen und neidisch; in seinem Neid wollte er verführen und in seiner Verschlagenheit wußte er es auch anzustellen.

[108] Augustinus, Civ. Dei VII, 30.

[109] Die Formulierung stammt aus Petrus Lombardus, II. Sent. dist. 23 cap. 1 (vgl. auch Bonaventura zur Stelle: a.1 q.1.2).

Er setzte seine Versuchung so ins Werk, wie er es vermochte und Gott es zuließ. Daß er dabei die Gestalt einer Schlange annahm, war kein Zufall, sondern entsprach der weisen Vorsehung Gottes[110]: Nicht nur sollte dadurch seine Hinterlist aufzudecken sein, sondern alle Nachkommen Adams sollten an diesem Bild die Hinterlist des Teufels in der Versuchung erkennen.

Auch daß er gerade das Gebot des Gehorsams[111] angriff, geschah nicht ohne einen Sinn in der Vorsehung Gottes: Ob er siegreich oder besiegt sei, allen sollte das Verdienst des Gehorsams und die Schuldhaftigkeit des Ungehorsams dadurch klar werden. Daß der Versucher mit der Frau begann, ist auf seine Verschlagenheit zurückzuführen; es ist ja leichter, den weniger Starken zu Fall zu bringen. Daher greift der verschlagene Feind eine Stadt an der schwächsten Stelle an.

Auch die Art, wie der Versucher vorging, läßt seine große Verschlagenheit erkennen: Zuerst erprobt er, dann drängt er, dann lockt er. In der Frage erprobte er, in der Behauptung drängte er, im Versprechen lockte er. Zuerst stellte er eine Frage über den Grund des Gebotes, um Zweifel in den Verstand *(rationem)* zu senken. Sobald der Zweifel eingenistet war – «daß wir nicht etwa sterben» –, gab er dem Menschen eine Versicherung, um sein mutiges Streben *(vim irascibilem)* zur Verachtung des Gebotes zu verleiten. Und schließlich gab er ein Versprechen, um das begehrende Streben *(concupiscibilem)* zu reizen. Dreifach zog er die Freiheit des Willens zur Zustimmung; denn der Freie Wille ist ja eine Befähigung, die im Zusammenwirken von Erkenntnis und Willen besteht. Er umfaßt die eben genannten drei Seelenkräfte: des Ver-

[110] *dispensatio:* was Gott anordnet, plant oder einrichtet im Blick auf die umfassende «Heilsordnung» oder «Heilsgeschichte».

[111] S.o. II, 11.

standes, des mutigen und des begehrenden Wollens. Der Teufel lockte die Frau, indem er jeder dieser Kräfte ein erstrebenswertes Ziel vorstellte: dem Verstand das Wissen, dem mutigen Willen eine Würdestellung «wie Gott», dem begehrenden Willen die süße Frucht des Baumes. Die Versuchung griff alles an, was in der Frau versuchbar war, und brachte alles bei, wodurch man versucht werden kann, nämlich das dreifache Begehren der Welt: «die Begierde des Fleisches, die Begierde der Augen und den Hochmut des Lebens» (1 Joh 2,16). Diese drei lassen erkennen, woher jede Versuchung ihren Ausgang nimmt: sei es von der Welt, vom Fleisch oder vom Teufel.

3. Kapitel: Die Übertretung des Gebotes durch die Stammeltern

Was die Schuld der Stammeltern betrifft, ist festzuhalten: die Frau stimmte der Versuchung des Teufels bei, und so begehrte sie Wissen, eine erhabene Stellung wie die Gottes, und sie begehrte die süße Frucht des verbotenen Baumes zu essen. So beging sie schließlich die Übertretung des Gebotes. Doch damit nicht zufrieden, bot sie die Frucht auch dem Mann und verleitete ihn so zur Übertretung. Denn er wollte das freudvolle Wohlbefinden nicht trüben, und statt die Frau zurechtzuweisen, gab er ihrem üblen Ratschlag noch seine Zustimmung. Indem er die verbotene Frucht kostete, sündigte er wider das Gebot Gottes.

Begründung zum tieferen Verständnis:

Wie schon gesagt, waren dem Menschen vom ERSTEN URSPRUNG ein doppeltes Wahrnehmungs- und Strebevermögen gegeben, die sich auf das zweifache Buch und das zweifache Gut bezogen; aufgrund seines freien Willens konnte der Mensch sich beidem zuwenden. Statt daß die Frau sich bei der von außen herantretenden Einflüsterung der Schlange dem «inneren Buch» zugewandt hätte, das von der rechten Vernunft gelesen werden kann, ließ sie ihr Wahrnehmungsvermögen am «äußeren Buch» haften und begann sich mit dem äußeren Gut zu beschäftigen. Und weil sich ihr Wahrnehmungsvermögen nicht der unwandelbaren Wahrheit zuwandte, begann sich ihr Streben dem wandelbaren Gut zuzuwenden. Sie wünschte also, was der Teufel versprach, und stimmte deswegen zu, auch zu tun, was er vorschlug. Im Begehren nach herausragendem Wissen erhob sie sich zum Hochmut, und im Hochmut fing die Genußsucht sie ein. Und so fiel sie schließlich durch Ungehorsam. Das erste vollzog sich im Geist, das zweite im Bereich der Sinne, das dritte in der Ausführung. So fängt die Versuchung unten an und schreitet bis zum höchsten Punkt; denn sie geht vom Ohr über das Begehren bis zur Zustimmung. Die Verkehrung der Ordnung aber vollzieht sich umgekehrt: sie beginnt am höchsten Punkt [i.e. am freien Willen] und gelangt bis zum untersten [der Ausführung im Leib]. Und so wurde diese eine Sünde vollbracht, die für das Menschengeschlecht der Anfang jeder Sünde und die Wurzel aller Übel ist.

Denn nachdem die Frau der Verlockung nachgegeben hatte, verlockte sie auch den Mann. Auch er wandte sich dem «äußeren Buch» und dem wandelbaren Gut zu; indem er die harmonische Gemeinschaft mit der Frau allzu sehr schätzte und sich den Trost ihrer Gesellschaft nicht verderben wollte. Und weil er sie hätte scharf zurechtweisen müssen und es nicht tat, darum wird ihm die Sünde der Frau angerechnet. Indem er die Frau nicht zurückstieß, weil er sein Wohlbefinden nicht trüben wollte, begann in ihm die Selbstliebe Überhand zu nehmen. Dadurch entfernte er sich von der Freundschaft mit Gott und verfiel der Genußsucht und dem Ungehorsam.

Beide begingen also die Übertretung des Gebotes, jedoch aus unterschiedlichem Grund. Nicht der Mann, sondern «die Frau wurde verführt» (1 Tim 2,14)[112]. In beiden jedoch trat die Verkehrung der Ordnung ein, die vom höchsten bis zum niedrigsten Punkt reicht: zuerst im geistigen Bereich, dann im Bereich der Sinnesempfindung, dann schließlich in der Ausführung. Daher wurden beide durch den Ungehorsam zu Fall gebracht, beide durch die Genußsucht verlockt, weil auch beide sich im Hochmut überhoben hatten – die Frau, indem sie begierig wünschte, was sie noch nicht besaß, der Mann, indem er allzu sehr liebte und schätzte, was er besaß. Daher glaubte die Frau, sie würde erhöht, indem sie äße; Adam aber glaubte, er sei etwas Besonderes und Gott teuer und werde deswegen weniger bestraft. Denn er hatte die ernste Strenge Gottes noch nicht erfahren.

So taten beide, während sie sich wider die Ordnung über sich selbst erhoben, einen jammervollen Sturz: sie fielen tiefer als sie gewesen waren, aus dem Stand der Unschuld und Gnade in den Stand der Schuld und des Elends.

4. Kapitel: Die Bestrafung der Stammeltern

Was nun die den Stammeltern auferlegte Strafe angeht, so ist festzuhalten, daß Mann und Frau sogleich, nachdem sie in Schuld gefallen waren, eine Strafe fühlten: den

[112] D.h., nach Augustinus, Civ. Dei XIV, cap. 11, 2:, Adam hat eigentlich seiner Frau nicht geglaubt, wie diese der Schlange geglaubt hat, sondern er hat aus Sympathie nachgegeben, obwohl er klarer als die Frau wußte, daß es Sünde sei. S. auch Anm. 118.

Aufruhr des Fleisches und die Scham. Daher machten sie sich Schürzen um die Hüften (Gen 3,7). Danach traf durch das Urteil Gottes den Mann die Strafe der Mühsal bei der Arbeit, des Hungers und der Bedürftigkeit, des Todes und des Zerfalls in Staub. So spricht die Schrift: «Verflucht ist der Ackerboden bei deinem Werk» (Gen 3,17). Der Frau aber wurde die doppelte Strafe auferlegt: sie muß die zahlreichen Beschwerden der Schwangerschaft und die Schmerzen der Geburt tragen, und auch die Strafe der Unterordnung unter den Mann beim Zusammenleben. Damit ist, wie es scheint, jene Sünde hinreichend schwer bestraft – und war doch das Essen vom verbotenen Baum so leicht.

Begründung zum tieferen Verständnis:

Der ERSTE URSPRUNG leitet alles voll Weisheit und ordnet alles in Gerechtigkeit; nichts wird in Unordnung belassen. Weil zur Schuld die Strafe gehört, antwortet dem Schandfleck der Sünde sogleich die Schönheit des Urteilsspruches. Denn wenn etwas aus der Ordnung der Natur fällt, und dadurch ungeordnet wird, fällt es sogleich unter die Ordnung der Gerechtigkeit[113]. Diese beiden Ordnungen der Natur und der Gerechtigkeit umfassen alles, so daß der Sturz in einem Bereich Konsequenzen im anderen hat.

Weil nun beide Stammeltern durch ihren Hochmut im Geiste und die Genußsucht im Leibe ungehorsam geworden waren gegenüber dem, was jeweils übergeordnet war, so verfügte das gerechte Urteil, daß das ihnen Untergeordnete nun ungehorsam sei. Das bezieht sich vor allem auf die Körperglieder, welche der Zeugungskraft und der Vereinigung von Mann und Frau dienen. Weil dieser

[113] I Sent. dist. 46 a. 1 q. 5.

Ungehorsam nicht in der Natur sondern in der Schuld wurzelt, schämten sie sich und bedeckten sich. Weil der Mann die höchste Freude verschmähte und sich im sinnenhaften Bereich Ergötzung suchte, verfügte ihm das gerechte Urteil Gottes die Mühsal der Arbeit, Hunger und Durst. Weil er außerdem um des leiblichen Gutes willen lieber vom Gut der Seele getrennt sein wollte, darum ist es gerecht, daß die Seele auch gegen ihren Willen vom Leibe getrennt wird: durch den Tod und den Zerfall zu Staub. Gott hatte dem Menschen eine Natur bestimmt *(ordinem naturae)*, in welcher der Leib der Seele untergeordnet sein sollte: einen Leib, der die Fortpflanzung ohne Begierde vollzieht, dessen Lebenskraft ohne Versagen wirkt, der keine Veränderung durch den eintretenden Tod erleidet. Da der Mensch sündigte, wurde ihm gemäß der Ordnung der Gerechtigkeit *(ordo iustitiae)* all das entzogen und das Gegenteil auferlegt. So sollte die Schuld nicht unbestraft bleiben – denn damit bliebe die Ordnung verkehrt, was Gottes weise Vorsehung nie zulassen kann.

Weil von der Frau die Sünde ihren Anfang nahm, darum wird ihre Strafe verdoppelt. Weil sie im Geiste hochmütig war, kam über sie die Unterwerfung. Weil sie die köstliche Frucht ansah und begehrte, kamen Schmerzen über sie. Weil sie das Joch des Gehorsams gegenüber Gott zerbrach, kam die Fessel und Last vieler Leiden und Beschwernisse über sie.

Nun dürfte klar geworden sein, wie die mannigfachen Strafen für den Mann, und noch verdoppelt für die Frau, der Ordnung Gottes für seine Schöpfung entsprechen; denn «der Schandfleck der Sünde soll nicht ohne die Zier der Gerechtigkeit sein».

5. Kapitel: Die Verderbnis, welche die Erste Sünde mit sich brachte

Nun müssen wir noch auf die Weitergabe dieser Ersten Schuld zu sprechen kommen. Hier sind drei Punkte zu überdenken: die Art dieser Verderbnis, die Art ihrer Weitergabe, und die Art ihrer Heilung.

Zuerst zur Art, wie die Verderbnis des Menschengeschlechtes geschieht.

Jeder, der durch das Zusammensein von Mann und Frau gezeugt wird, ist «von Natur aus ein Kind des Zornes» (Eph 2,3), weil er die Rechtheit der ursprünglichen Gerechtigkeit *(rectitudo originalis iustitiae)* nicht besitzt. Dieser Abwesenheit der Gerechtigkeit folgt eine vierfache Strafe *(poena)* für die Seele auf dem Fuß: Schwäche, Unwissenheit, Bosheit und Begierde. Diese vier geistigen Strafen sind wegen der Ersten Sünde verfügt, und sie werden von einer Vielzahl körperlicher Pein, Schwächen, Mühsal, Krankheiten und Schmerzen begleitet. Auf all diese Strafen folgt schließlich die Strafe des Todes, des Zerfalls zu Staub, des Verlustes der Gotteschau und der himmlischen Herrlichkeit. Und dies trifft nicht nur die Erwachsenen, sondern auch die kleinen Kinder, die nicht getauft sind. Diese trifft jedoch nur «die allermildeste Strafe»[114], denn sie erleiden nur die Strafe des Verlustes der Gottesschau, keine mit den Sinnen fühlbare Strafe.

Begründung zum tieferen Verständnis:

Der ERSTE URSPRUNG handelt in allem so, daß sein Tun von ihm ausgeht, ihm gemäß und auf ihn hin geschieht. Da er von seinem Wesen her ganz gut *(optimum)* und

[114] Augustinus, Enchiridion cap. 23, n. 93.

vollkommen aufrecht *(rectissimum)* ist – und daher voll Erbarmen und voll Gerechtigkeit –, sind «alle seine Wege Barmherzigkeit und Wahrheit» (Ps 25,10) oder gerechtes Urteil. Wenn Gott *von Anbeginn* den Menschen in einer solch jammervollen Lage erschaffen hätte, dann wäre das weder Erbarmen noch Gerechtigkeit, sein Geschöpf unter solches Elend zu beugen, ohne daß eine Schuld vorhergegangen wäre. Und ebenso wäre die göttliche Lenkung und Fürsorge *an uns* weder gerecht noch barmherzig, wenn er uns ohne Schuld so viel Jammer auferlegte oder zuließe, daß solches über uns käme. Aus der Gewißheit, daß der ERSTE URSPRUNG in seinem schaffenden und in seinem lenkenden Handeln ganz aufrecht und ganz gütig ist, folgt notwendig, daß er das Menschengeschlecht so erschaffen hat, daß von Anbeginn weder Schuld noch Elend auf ihm lag. Und es folgt ebenfalls mit Notwendigkeit, daß er so für uns sorgte, daß er uns von keinerlei Elend bedrücken ließe, wenn nicht eine Schuld vorausginge. Weil es aber auch ganz gewiß ist, daß wir mit dem Beginn unseres Lebens uns mannigfaches Elend zuziehen, ist es auch sicher, daß wir alle als «Kinder des Zornes» geboren werden, also der ursprünglichen Gerechtigkeit beraubt sind. Und diese Beraubung nennen wir «Ursprungsschuld» *(culpa originalis)* bzw. «Erbsünde».

Mit «Schuld» wird stets das Abstandnehmen vom unwandelbaren Gut und zugleich damit die Hinneigung zum wandelbaren Gut bezeichnet. Dieses Zurückweichen oder Abständigwerden vom unwandelbaren Gut bedeutet, sich von der höchsten Kraft, der höchsten Wahrheit und der höchsten Gutheit zu entfernen. Die Hinneigung zum wandelbaren Gut bedeutet, sich mehr als angebracht ist, in Liebe an dieses zu hängen. Wer die ursprüngliche Gerechtigkeit verloren hat, verfällt daher in Schwäche, Unwissenheit, Bosheit und Begierde.

Weil derjenige, der das unwandelbare Gut um des wandelbaren willen verlassen hat, der beiden Güter unwürdig wird, darum verlor die Seele mit dem Verlust der ursprünglichen Gerechtigkeit auch das ruhige Wohlbefinden, solange sie im Leibe lebt: durch vielfache Beeinträchtigungen und den Tod. Und schließlich wird sie getrennt von der Schau des ewigen Lichtes; und die selige Herrlichkeit geht für Seele und Leib verloren.

Weil die eben geborenen Kinder der ursprünglichen Gerechtigkeit nicht aufgrund eines eigenen Willensaktes entbehren und auch nicht aufgrund eines Wohlgefallens am Verbotenen, darum darf auf die Erbsünde nicht die Strafe der Hölle, also die Bestrafung des Sinnesempfindens, stehen. Denn Gottes Gerechtigkeit straft nicht über das verdiente Maß, sondern bleibt darunter; denn sie wird stets von überfließender Barmherzigkeit begleitet.

Man muß annehmen, daß der hl. Augustinus das gemeint hat, wenn auch der reine Wortlaut seiner Äußerungen anders zu klingen scheint – sprach er doch aus Abscheu vor der Irrlehre der Pelagianer, welche jenen Kindern eine Art Glückseligkeit zugestehen wollten. Um sie zur rechten Mitte zurückzuführen, verfiel er allzu sehr ins andere Extrem.

6. Kapitel: Die Übertragung der Erbsünde

Zwar wird die Seele nicht von den Eltern weitergegeben, die Schuld jedoch geht von der Seele Adams auf die Seelen aller seiner Nachkommen über. Dies geschieht mittels des Körpers *(caro),* der nicht ohne Begierde gezeugt wird: Von der Sünde der Seele Adams wurde auch sein Fleisch infiziert und bekam die Neigung zur Begierde; und ebenso überträgt umgekehrt das in Begierde gesäte Fleisch die Infektion des Lasters auf die Seele. Diese Infektion ist aber für die Seele nicht nur Strafe, sondern auch Schuld. So bringt die Person der Natur das Verderben, und die verdorbene Natur verdirbt die Person[115]. Bei all dem bleibt Gottes Gerechtigkeit unangetastet; denn er gießt zwar als Schöpfer die Seele ein und vereinigt sie dabei mit dem geschädigten Fleisch, doch ist ihm in keiner Weise die Infizierung der Seele anzulasten.

Begründung zum tieferen Verständnis:

Der ERSTE URSPRUNG erschuf den Menschen zu seinem Abbild; er sollte ihn selbst zum Ausdruck bringen. Daher erschuf er den Menschen hinsichtlich seiner leiblichen Natur so, daß alle Menschen vom ersten Menschen abstammen sollten, gleichsam aus einem wurzelhaften Ursprung. Hinsichtlich der Seele aber sollte – um die Abbildhaftigkeit im Sein und in der Dauer, im Erkennen und Lieben, in Klarheit auszudrücken – jede einzelne Geistseele unmittelbar von Gott als erstem und unmittelbarem Ursprung stammen. Weil nun der Geist, als der hervorragendere Teil, eine größere Nähe zum ERSTEN URSPRUNG hat, erschuf Gott den Menschen so, daß der Geist dem Leib übergeordnet, der Leib aber dem geschaffenen Geist untergeordnet sei – solange dieser dem ungeschaffenen Geist gehorsam wäre. Und umgekehrt: Sollte der geschaffene Geist Gott nicht gehorchen wollen, so wäre das der Beginn des Aufruhrs des Körpers gegen ihn. Und genau das trat ein, als Adam sündigte.

Wenn Adam nicht gefallen, sondern stehengeblieben wäre, hätte sein Körper dem Geist Gehorsam geleistet, er

[115] Anselm von Canterbury, De conceptu virginis et orig. peccato cap. 23; Bonaventura II Sent. dist. 31 passim; dist. 30 a. 1 q. 2; dist. 32 a. 3.

hätte einen solchen Leib seinen Nachkommen weitergegeben, Gott hätte ihm die Seele eingegossen, diese hätte – vereint mit einem unsterblichen und ihr gehorsamen Leib – in der Ordnung der Gerechtigkeit gestanden und wäre frei gewesen von jeder Strafe oder Pein. Weil Adam aber sündigte und sein Fleisch sich zum Widerstreit gegen den Geist erhob, so gab er entsprechend dieses Fleisch an seine Nachkommen weiter. Gott aber goß die Seele ein, wie es dem ursprünglichen Schöpfungsplan entsprach. Bei der Vereinigung mit dem aufrührerischen Fleisch jedoch zieht sich die Seele einen Schaden zu, einen Mangel an jener gerechten Ordnung, wie sie der Natur entspräche, und nach der die Seele allem befehlen können müßte, was tiefer steht als sie. Weil nun die Seele mit dem Körper vereint ist, kann es nicht anders sein, als daß entweder sie den Körper beeinflußt, oder von diesem beeinflußt wird. Da dieser aber rebellisch ist, wird unausweichlich sie von ihm gezogen und fällt in die Krankheit der Begierde. In einem zieht sie sich den Mangel an der geschuldeten Gerechtigkeit und die Krankheit der Begierde zu. Diese beiden Elemente entsprechen gleichsam der Abwendung vom höheren Gut und der Zuwendung zum geringeren und machen, so kann man mit Augustinus und Anselm sagen, miteinander die Erbsünde aus.

Weil es einer überaus weisen Ordnung entspricht, daß die menschliche Natur in dieser Weise erschaffen wurde, sich auf diese Weise fortpflanzen sollte, nach der Sünde auf diese Weise bestraft wurde – wie oben dargelegt wurde –, so daß in der Erschaffung die Ordnung der Weisheit, in der Fortpflanzung die Ordnung der Natur, in der Bestrafung die Ordnung der Gerechtigkeit eingehalten wurde: so ist klar, daß die Weitergabe der Schuld an die Nachkommen der göttlichen Gerechtigkeit nicht widerspricht.

Weil die Erbsünde nicht auf die Seele übergehen könnte, wenn nicht die Strafe eines aufrührerischen Fleisches vorausginge, und weil es keine Strafe gäbe, wenn nicht Schuld vorausginge, die Schuld aber nicht von einem Willen ausgeht, der in der Ordnung steht, sondern von einem, der ungeordnet ist – das heißt: nicht vom göttlichen, sondern vom menschlichen Willen –, so ist ebenfalls klar, daß die Übertragung der Ersten Schuld von der Sünde des ersten Menschen ausgeht – nicht von Gott und nicht von der Natur, wie sie erschaffen war, sondern von einem zugezogenen Laster. Und so stimmt der Ausspruch Augustins[116], daß «die Erbsünde nicht durch die Fortpflanzung auf die Nachkommen übergeht, sondern durch die Begierde».

7. *Kapitel: Die Heilung der Erbsünde*

Nun bleibt noch, vom Vorgang der Heilung zu sprechen. Die Schuld wird auf eine Weise geheilt, daß die zeitliche Strafe bestehen bleibt – wie man an den getauften Kleinkindern sieht. Die Schuld wird geheilt, insofern sie die ewige Strafe nach sich zieht, nicht aber, insofern sie die Regung und die Ausübung der Begierde beinhaltet. Sie wird so geheilt, daß Eltern, die durch die Taufe von der Schuld gereinigt sind, sie trotzdem an ihre Nachkommen weitergeben. Der Makel der Erbsünde wird so getilgt, daß dennoch eine Folge bleibt, mit der man ein Leben lang kämpfen soll: denn in keinem Menschen tilgt der gewöhnliche Gnadenstand alle Begierde vollkommen. Ich sage das wegen der seligen Jungfrau Maria, in der aufgrund einer einzigartigen Gnade bei der Empfängnis des Gottessohnes alle Begierde ausgelöscht wurde.

[116] eigentlich Fulgentius von Ruspe, De fide ad Petrum, cap. 2 n. 16.

Begründung zum tieferen Verständnis:

Wie die Infektion der Erbsünde von einem geschaffenen Ursprung aus, näherhin der untergeordneten körperlichen Natur, mittels der Fortpflanzung auf alle Menschen übergeht, so geschieht die Heilung vom ungeschaffenen URSPRUNG her, von dem die Geist-Seele *(mens),* der höhere Teil des Menschen, eingegossen wird. Von der Geistseele her kommt ja die Unterschiedenheit der Menschen; denn hinsichtlich der Geistseele stammt nicht einer vom anderen ab, sondern sie geht unmittelbar von Gott aus. Daher bezieht sich die Gnade der Heilung, die unserem Geist von Gott eingegossen wird, auf den jeweiligen Menschen als einzelne, einmalige Person – nicht auf den Menschen als ein Wesen, das sich kraft seiner Natur fortpflanzen kann. Weil also die Krankheit der Ersten Schuld sowohl Person wie Natur befiel – die Person im Willen, die Natur im Fleisch –, darum wird ihr Makel im Geist auf eine Weise getilgt, daß die Folgeerscheinung im Fleisch doch bestehen bleibt.

Wenn der Mensch Nachkommen zeugt, dann nicht unter der Hinsicht, daß er dem Geist nach geheilt ist, sondern als einer, dessen Fleisch noch dem Verderben unterliegt, er zeugt nicht als «geistlich» sondern als «fleischlich». Daher gibt er auch als Getaufter und in seiner eigenen Person von der Ersten Schuld Gereinigter diese Schuld noch an die Nachkommen weiter.

Unter dem Gesichtspunkt, daß die Erbsünde die ewige Strafe nach sich zieht *(reatus poenae aeternae),* bezieht sie sich auf die Verunstaltung der Geistseele beziehungsweise der Person; unter dem Gesichtspunkt, daß sie eine Regung ist *(motus),* bezieht sie sich auf eine Neigung des Fleisches beziehungsweise der Natur. Daher wird sie durch die Taufe unter dem Gesichtspunkt der Schuld getilgt, sie bleibt aber der Regung oder dem Akt der Begierde nach.

Daß der Mensch in der Zeit Anfechtung erleidet, hat mit seiner Bedingtheit als Wesen aus Fleisch zu tun. Denn das Fleisch bleibt stets einer gewissen Infektion durch die Erste Schuld unterworfen, und daher auch stets einer gewissen Pein bzw. einem Leiden, das auch Strafe ist *(poenalitas)*. Daß der Körper leidet und dem Verderben unterliegt, wird durch die Gnade nicht einfach aufgehoben; und ebenso kann die Folge der Erbsünde, die Begierde und die Schwäche der Glieder, mit der heilenden Gnade zusammen bestehen. Obwohl sie allmählich abnimmt, wird sie doch vom Menschen im Pilgerstand nie ganz weggenommen, weil ihre Wurzel nicht ganz beseitigt wird. Eine Ausnahme jedoch ist aufgrund ihrer besonderen Begnadung die seligste Jungfrau. Da sie denjenigen empfing, der die Sühne für alle Schuld sein sollte, wurde ihr die einzigartige Gnade der völligen Austilgung der Begierde zuteil, so daß sie Gottes Sohn ohne jeden Makel oder Verderbnis der Sünde empfing. «Es war nämlich angemessen, daß die Jungfrau Maria in einer Reinheit erglänzte, wie sie nach Gott nicht strahlender gedacht werden kann: Hat doch Gott der Vater seinen einzigen, ihm wesensgleichen Sohn, den er aus seinem Herzen zeugt und liebt wie sich selbst, ihr geben wollen, so daß dieser als ein und derselbe wirklich *(naturaliter)* Sohn Gottes und Sohn der Jungfrau sei. Der Sohn selbst wollte, daß sie wirklich *(substantialiter)* seine Mutter sei, und der Heilige Geist hat gewollt und bewirkt, daß sie den empfing und gebar, von dem er selbst ausgeht.»[117]

[117] Anselm, De conceptu virginis et originali peccato, 18.

Nachdem wir die Weitergabe der Erbsünde behandelt haben, müssen wir nun zur Entstehung der aktualen [oder persönlichen] Sünden etwas sagen.

Kurz zusammengefaßt ist folgendes festzuhalten: Diese Sünden nehmen ihren Ursprung im freien Willen eines jeden Menschen, durch eine erste Vorstellung *(suggestio),* Vergnügen daran, Zustimmung und Ausführung – wie es im 1. Kapitel des Jakobusbriefes (v. 14f.) heißt: «Ein jeder wird versucht, weil ihn seine Begierde zieht und verlockt. Wenn dann die Begierde schwanger geworden ist, gebiert sie die Sünde; und wenn die Sünde vollendet ist, gebiert sie den Tod.» Solange die Vorstellung und das Vergnügen unterhalb der Zustimmung des Willens bleiben, handelt es sich um eine läßliche Sünde. Wenn aber in einer Sache, die von Gott verboten ist, Zustimmung und Ausführung folgen, dann handelt sich um eine vollendete Todsünde. Für den dazwischen liegenden Bereich, wenn die Zustimmung vorhanden ist, aber die Tat nicht ausgeführt wird, gilt: Wenn jemand die Tat ausführen will, aber nicht kann, so wird der Wille für die Tat angerechnet, und die Schuld ist genau so groß, wie wenn er auf frischer Tat ertappt worden wäre. Wenn aber jemand die Tat nicht ausführen, sich aber innerlich an dem bösen Gedanken ergötzen will, dann «ißt die Frau, aber nicht der Mann»[118].

[118] Ein auf Augustinus zurückgehender Gedanke: Wie Mann und Frau den Menschen des Paradieses verkörpern, welcher der Prüfung unterzogen wurde, aber nicht bestand, so gibt es in jedem Einzelmenschen eine stufenweise Prüfung: Solange nur die Anziehungskraft des Verbotenen und das sinnenhafte Vergnügen gegeben sind, «ißt die Frau», erst wenn die Zustimmung des bewußten Willens dazutritt, «ißt der Mann», und erst dadurch wird der Sündenfall vollendet. Es handelt sich hier also nicht um eine Abwertung der Frau als «sin-

Selbst wenn die Sünde nicht zu Ende geführt wurde, so ist sie doch zu den tödlichen Sünden zu rechnen; denn auch wenn nur die Frau ißt, verdient der ganze Mensch verurteilt zu werden. Das soll man hauptsächlich im Hinblick auf die Sünden des Fleisches verstehen.

Begründung zum tieferen Verständnis:

Sünde bedeutet ein Weichen des Willens vom ERSTEN URSPRUNG – ist doch der Wille dazu erschaffen, von ihm, ihm gemäß und um seinetwillen bewegt zu sein. Jede Sünde ist also eine Unordnung der Geistseele, beziehungsweise des Willens, der Wurzel von Tugend wie von Laster. Eine aktuale Sünde ist die aktuale Unordnung des Willens. Diese Unordnung kann entweder ein solches Ausmaß annehmen, daß sie die Ordnung der Gerechtigkeit vertreibt, und dann handelt es sich um eine Todsünde. Denn sie führt zum Verlust des Lebens, indem sie von Gott trennt, der das Leben der gerechten Seele ist. Oder die Unordnung ist von geringerem Ausmaß, so daß sie die Ordnung nicht zerstört, sondern nur in einer bestimmten Hinsicht stört, und dann handelt es sich um eine läßliche Sünde *(peccatum veniale)*. Von solchen Sünden ist es möglich, schnell Verzeihung *(venia)* zu erlangen, denn durch sie wird die Gnade nicht vertrieben, und man wird durch sie nicht zum Feind Gottes.

Die Ordnung der Gerechtigkeit aber besteht darin, daß das unwandelbare Gut dem wandelbaren vorgezogen wird, das sittliche Gut dem nützlichen, der Wille Gottes dem eigenen Willen, und daß das Urteil der rechten Vernunft *(recta ratio)* Vorrang habe vor den Regungen der Sinne. Da nun Gottes Gesetz diese Ordnung gebietet und

nenhaft» gegenüber dem Mann als «rational», sondern um eine tropologische Auslegung von Gen 3 als Urbild jedes Sündenfalles.

das Gegenteil verbietet, begeht man eine tödliche Sünde, wenn man das wandelbare Gut dem ewigen, das nützliche Gut dem sittlichen, den eigenen Willen dem Willen Gottes und das Verlangen der Sinne der rechten Vernunft vorzieht. Todsünde, so sagt Ambrosius, sei eine «Übertretung des göttlichen Gebotes und Ungehorsam gegenüber den Weisungen vom Himmel»[119]. Eine solche Sünde wird begangen, wenn man unterläßt, was Gottes Gebot vorschreibt, oder wenn man tut, was es verbietet. Daher gibt es zwei Arten von Sünde: Unterlassung *(delictum)* und Missetat *(commissum).*

Wenn jedoch ein wandelbares Gut mehr geliebt wird als es ihm entspricht, ohne daß es aber dem unwandelbaren Gut vorgezogen wird, noch das nützliche Gut dem sittlichen Gut; und wenn wir unseren eigenen Willen mehr lieben, als es sich gehört, ihn aber doch dem Willen Gottes nicht vorziehen; und wenn das Fleisch Begierde hat, aber doch dieses Begehren dem Urteil der aufrechten Vernunft nicht vorgezogen wird: dann handelt es sich nicht um eine tödliche, sondern um eine läßliche Sünde. Denn all dies entspricht zwar nicht dem Gesetz, ist aber nicht direkt gegen das Gesetz gerichtet. Das Verlangen der Sinne wird nur dann dem Urteil der rechten Vernunft «vorgezogen», wenn die Vernunft diesem Verlangen zustimmt. Daher wird unterhalb dieser bewußten, willensmäßigen Zustimmung keine Todsünde begangen.

Wenn sich die Sinnlichkeit in einer Weise regt, die der Ordnung nicht entspricht, dann handelt es sich um eine Art Sünde *(aliquod peccatum),* denn diese ungeordnete Regung bringt eine Neigung zum Bösen mit sich, auch wenn die Vernunft nicht zustimmt; und insofern wird die

[119] Liber de paradiso, cap. 8 n. 39

Ordnung der Gerechtigkeit dadurch irgendwie verletzt. Weil es im Zustand der Unschuld, also im Paradies, keine Regung der Sinne ohne die Regung der Vernunft gab, darum hätte es dort – wäre der Mensch nicht gefallen – keine läßliche Sünde geben können. Weil nun aber die Sinne mit der Vernunft im Widerstreit liegen, ob wir wollen oder nicht, darum begehen wir unausweichlich eine Art läßlicher Sünde durch die ersten Regungen des Fleisches. Diese können zwar einzeln und jede für sich abgewehrt werden, alle aber kann man unmöglich vermeiden. Es handelt sich um eine Art Sünde, die zugleich Sündenstrafen sind, und darum heißen sie ganz zu Recht «läßliche», also: der Vergebung fähige Sünden; denn sie sind gerade wegen ihres Strafcharakters der Vergebung würdig.

Die Vernunft muß jedoch diesen Regungen keineswegs zustimmen. Um eine volle Zustimmung handelt es sich nur, wenn sie nach der Empfindung der Lust daran der Ausführung zustimmt. Das ist eine vollendete Sünde; denn damit gelangt sie bis zum «Mann», das heißt: zum höchsten Bereich der Vernunft, dem die volle Zustimmung zukommt.

Es gibt jedoch nicht nur eine Zustimmung zur Ausführung, sondern auch zur Lust, nämlich wenn sich der niedere Vernunftbereich von der Sinnlichkeit mitziehen läßt. Daher gehorcht «die Frau» der Schlange, wenn in der empfundenen Lust die Vernunft den Sinnen unterliegt. Das ist eine Art Verkehrung der rechten Ordnung und damit eine Verkehrung der Gerechtigkeit. Es wird also eine tödliche Sünde begangen, freilich eine weniger schwere; denn dies wird nicht nur der «Frau» sondern auch dem «Mann» angelastet, der sie hätte in Schranken weisen müssen, damit sie der Schlange nicht Folge leistet.

Es ist also ganz offenkundig: Jede begangene Sünde ahmt in gewisser Weise die erste Sünde nach. Der ausgezeichnete Lehrer, Augustinus, hat dies im 12. Buch «De Trinitate» erklärt.

9. Kapitel: Die Entstehung der Wurzelsünden und wie sie sich voneinander unterscheiden

Als nächstes müssen wir uns der Entstehung der Sünden im besonderen zuwenden. Unter ihnen gibt es Wurzelsünden oder Hauptlaster *(peccata capitalia),* Sünden, die zugleich Strafen sind *(poenalia),* und endgültige *(finalia)* bzw. unvergebbare Sünden: Das sind gewissermaßen Sünden am Anfang, Sünden in der Mitte und am Ende.

Was die Wurzelsünden angeht, so ist ganz kurz gesagt festzuhalten: Sie haben einen einzigen Ursprung, eine zweifache Wurzel, dreifachen Zunder oder Nahrung *(fomentum),* und sieben Köpfe. Einen Ursprung: den Hochmut, von dem geschrieben steht: «Der Ursprung jeder Sünde ist der Hochmut» (Sir 10,15 Vg). Eine zweifache Wurzel: jene Furcht, die auf falsche Weise den Menschen erniedrigt, und jene Liebe, die ihn in übler Weise in Brand setzt. Einen dreifachen Brennstoff; denn drei Dinge sind in der Welt: die Begierde des Fleisches, die Begierde der Augen und der Hochmut des Lebens. Und sieben Köpfe: Hochmut, Neid, Zorn, geistliche Trägheit *(accidia)*[120], Habgier, Genußsucht und Unzucht.

[120] Bonaventura beschreibt das komplexe Phänomen der Akedia/*accidia* als «Widerwillen gegen das Gute, aus dem üble Verdächtigungen, gotteslästerliche Gedanken und gemeine Schmähungen entstehen»: De triplici via I, 6.

Die ersten fünf sind Sünden des Geistes, die beiden letzten solche des Fleisches.

Begründung zum tieferen Verständnis:

Eine Todsünde besteht im Akt der Abkehr vom ERSTEN URSPRUNG; diese Abkehr vollzieht sich durch die Verachtung des Ursprungs selbst oder des von ihm Gebotenen. Eine solche Verachtung des Ersten Ursprungs aber ist Hochmut. Sò folgt notwendig, daß jede Todsünde oder Beleidigung ihren Anfang im Hochmut hat.

Die Verachtung des HÖCHSTEN URSPRUNGS oder des von ihm Gebotenen geschieht, indem man etwas anderes als dieses gewinnen will, oder fürchtet, etwas anderes zu verlieren. Daher erwächst jede Sünde aus einer zweifachen Wurzel, nämlich einer bestimmten Furcht oder Liebe. Beide sind Wurzeln für das Böse, aber nicht auf der gleichen Ebene. Denn jede Furcht hängt von einer Liebe ab. Niemand fürchtet den Verlust einer Sache, wenn er ihren Besitz nicht liebt. Die Furcht wird daher von den gleichen Dingen genährt wie die Liebe. Die ungeordnete Liebe bezieht sich auf das wandelbare Gut und zwar in drei Gestalten: das innere Gut ist die geachtete Stellung, das äußere Gut Vermögen und Geld, das niedrigere Gut das weichliche Wohlbefinden des Leibes. Diese drei bilden die Grundnahrung für alle Sünden, wie schon gesagt. Alle Sünden entstehen dadurch, daß die Seele sich wider die Ordnung von ihnen mitreißen läßt.

Und dies kann auf siebenfache Weise geschehen; daher gibt es sieben Wurzel- oder Haupt-Sünden: die Gesamtheit aller Laster. Unser Wille fällt aus der Ordnung, wenn er begehrt, was nicht begehrt werden darf, oder zurückschreckt vor dem, wovor man nicht zurückschrecken darf. Im ersten Fall begehrt der Wille also ein Gut für hier und jetzt, ein kontingentes oder auch nur anscheinendes Gut. Dabei kann es sich um etwas Inneres handeln: den eigenen Rang *(excellentia)*. Das liebt der Hochmut. Oder es handelt sich um etwas Äußeres: genug zu haben. Das liebt die Habgier. Oder es handelt sich um etwas Untergeordnetes; entweder um etwas Lustvolles für den Geschmackssinn, nämlich die Nahrung, die zur Erhaltung des Individuums dient, und diese begehrt die Genußsucht; oder um die Lust, welche sich auf die Erhaltung der Gattung bezieht, also den Beischlaf, der sich auf den Tastsinn bezieht und von der Unzucht begehrt wird. Wenn aber der Wille durch Flucht vor dem, was nicht zu fliehen ist, aus der Ordnung fällt, dann kann das auf drei Weisen geschehen; denn man kann auf drei Weisen fliehen. Entweder unterliegt der erkennende Bereich der Seele *(rationalis pars)* einem verkehrten Antrieb: das ist der Neid; oder der mutige Wille *(irascibilis)* ist verkehrt: im Zorn; oder der begehrende Wille: in der geistlichen Trägheit *(accidia)*. Es gibt also nur sieben Wurzelsünden, weil es hauptsächlich vier Gegenstände sind, die man begehren kann, und weil es drei Seelenkräfte sind, die einen zur Flucht vor etwas treiben können.

Die Erfahrung der begehrten Dinge ist mit Lust verknüpft, die Erfahrung der Dinge, die man flieht, mit Schmerz. Daher haben vier der Wurzelsünden Vergnügen bei sich, die anderen drei aber Traurigkeit und Pein. Sie alle werden Wurzelsünden genannt, weil sie eine grundlegende Unordnung darstellen und weitere vielfache Unordnung stiften. Auch wenn einige von ihnen in erster Linie eine Flucht bezeichnen, so haben sie doch auch eine Art Freude bei sich: Denn der Neid will das eigene Gut allein besitzen, ohne einen Gefährten, also ganz und gar. Der Zorn kann nichts ertragen, was entgegenstünde, er will also sein Gut ohne Störung. Die geistliche Trägheit will das Gut ohne irgendeine Mühe, also ohne Ermüdung oder Schwächung. All das ist nicht so leicht zu erreichen, und so ziehen diese Laster ein ganzes Heer weiterer mit sich, um zu erreichen, was sie begehren, und zu verhindern, was sie verabscheuen. Daher heißen sie Haupt-Sünden: sie sind wie Köpfe, aus denen unglaublich viele andere Sünden sprießen.

10. Kapitel: Die Herkunft und Art derjenigen Sünden, die zugleich Strafcharakter haben

Was die Sünden betrifft, die zugleich Strafcharakter haben, so ist festzuhalten, daß zwar Schuld und Strafe wesentlich unterschiedene Arten von Übeln sind, daß es aber dennoch Sünden gibt, die ihrerseits auch die Strafe für Sünden sind. Im engeren Sinn sind das solche Sünden, die Schmerz und Traurigkeit mit sich führen, wie der Neid, die geistliche Unlust und ähnliches. In einem weniger spezifischen Sinn fallen darunter die Sünden, welche einfach die Natur herabwürdigen oder Schande mit sich bringen, wie diejenigen, von denen es heißt: sie überliefern den Sünder «einem verkehrten Denken» (Röm 1,28). Ganz allgemein können aber die Sünden, welche «zwischen dem ersten Abfall und der letzten Strafe der Hölle liegen, sowohl Sünden wie Strafen für die Sünde genannt werden»[121]. Und darauf bezogen sagt Gregor d. Gr., Vergehen rächten sich mit Vergehen[122]. Selbst wenn jedoch ein und dasselbe Sünde und Strafe für die Sünde genannt werden kann, so ist doch festzuhalten, daß jede Strafe als Strafe

[121] Augustinus, Enarr. in Ps. 57, n. 18: Die Verfinsterung des Herzens, die mit jeder Sünde einhergeht, ist bereits Strafe.

[122] Als Gregor-Zitat bei Petrus Lombardus, II. Sent. dist. 36, cap. 1 und 3. Der Satz bezieht sich auf Röm 1,26: «Gott überließ sie ihren schändlichen Leidenschaften».

gerecht ist und von Gott kommt; Schuld dagegen ist nie gerecht und nie von Gott, sondern stammt allein aus dem freien Willen. Eine Strafe, die nur Strafe ist, ist von Gott auferlegt *(inflicta)*; eine Strafe, die auch Schuld beinhaltet oder die Neigung zur Sünde mit sich bringt, ist «zugezogen» *(contracta)*[123] oder selbst «erwirkt» *(acta)*.

Begründung zum tieferen Verständnis:

Das Böse oder Übel[124] bedeutet stets Abkehr vom ERSTEN URSPRUNG dadurch, daß es ein Schaden am Guten ist. Ein Schaden kann dem Guten nur zugefügt werden, indem ihm etwas weggenommen wird. Nun besteht das Gute aber in der Seinsart *(modus)*, der Gestalt *(species)* und der Ausrichtung *(ordo)*, und folglich bedeutet das Böse stets eine Verderbnis in einer dieser Hinsichten. Es gibt aber eine zweifache Ordnung: der Natur und der Gerechtigkeit. Die erste bezieht sich auf das natürliche Gut, die zweite auf das sittliche Gut. Das natürliche Gut findet sich in jeder Natur, das sittliche Gut aber nur in einem Wesen mit Willen. Und daher besteht die Ordnung der Natur in der ganzen Natur, die Ordnung der Gerechtigkeit aber nur im wählenden Willen. Weil im Unterschied zur Natur der Wille «ein Werkzeug ist, das sich selbst bewegt»[125], darum ist die Ordnung der Gerechtigkeit nicht nur – wie die Ordnung der Natur – eine gegebene *(factus ordo)*, sondern auch eine, die sich verwirklicht *(factivus ordo)*. Weil nun das Übel sowohl in einer Beraubung der Ordnung der Gerechtigkeit wie der Ordnung der Natur bestehen kann, so gibt es ein zweifaches Übel: Schuld und Strafe.

[123] Gemeint sind die Strafen, die mit der Erbsünde «ererbt» sind.
[124] *malum* umfaßt alles: das physische wie das moralische Übel.
[125] Anselm, De concordia gratiae et liberi arbitrii, III cap. 11.

Weil, zweitens, die Ordnung der Gerechtigkeit mit dem Willen zusammenhängt, ist «das Übel der Schuld eine freiwillige Neigung *(affectio)*, das Übel der Strafe aber ein unfreiwilliges Erleiden *(affectio)*»[126].

Drittens: Weil die Ordnung der Gerechtigkeit, die im Willen besteht, eine Ordnung ist, die sich verwirklicht, darum ist «das Übel der Schuld als Raub an dieser Ordnung, ein Übel, das wir tun; das Übel der Strafe aber ist ein Übel, das wir erleiden»[127]. Jedem Erleiden geht aber naturgemäß ein Tätigsein voraus, und jedem Tätigsein folgt eine Art Erleiden. So kommt es, daß es keine Strafe gibt, ohne daß eine vorausgehende Schuld sie verdient hätte, und keine Schuld, die nicht von einer Strafe begleitet würde.

Das, was wir tun, hat in uns selbst seinen Ursprung, was wir erleiden, kann jedoch von uns oder von anderen kommen – sei es von höheren oder niedrigeren Ursachen als wir es sind. Daher kommt zwar jede Schuld von uns selbst, aber nicht jede Strafe; manche ist von uns bewirkt, manche auferlegt, und manche zugezogen.

Wenn jemand tut, was er nicht soll, dann ist es gerecht, daß er erleidet, was er soll. Daher ist jede Strafe als Strafe gerecht und kommt von der Vorsehung Gottes; denn sie ist auf die Schuld bezogen und stellt die Ordnung her.

Ein Erleiden aber kann im Verlust eines natürlichen Gutes bestehen oder eines sittlichen Gutes im Verbund mit einem natürlichen. Daher kommt es, daß manche Strafen nur Strafen sind, andere Strafe und Schuld zusammen; denn das sittliche Gut der Gerechtigkeit wird einzig durch die Ungerechtigkeit geraubt, und die ist Schuld. Die erste Art von Strafe kommt von Gott, insofern sie Strafe und

[126] Augustinus, De Libero arbitrio III, cap. 9 n. 26.
[127] Lib. arb. I, cap. 1 n. 1.

insofern sie *diese Gestalt* von Strafe ist. Von Gott, damit will ich sagen: insofern er richtend vergilt, nicht weil er sie um ihrer selbst willen eingesetzt hätte. Die zweite Art von Strafe, die mit Schuld verbundene, ist in ihrer Gestalt nicht von Gott, sondern einzig, insofern sie auf die Ordnung ausgerichtet ist. Diese Strafe bewirken wir für uns selbst als Folge der aktualen Sünden, oder wir haben sie uns zugezogen als Folge der Erbsünde.

Wenn man aber «Übel» in seinem eigentlichen Sinn versteht, nämlich: eines natürlichen Gutes beraubt zu sein, als unfreiwilliges Affiziertwerden, als Übel, das wir erleiden, dann fällt es nicht mit der «Schuld» in eins zusammen, wenngleich es gewissermaßen ihr Anhängsel ist. Wenn man unter dem «Übel» in einem weitgefaßten Sinn das versteht, was wir von uns oder von anderen, in der Natur oder im Willen erleiden, dann können «Übel» und «Schuld» das gleiche bezeichnen, allerdings nicht unter der gleichen Hinsicht oder Zielsetzung: Denn was die «Schuld» in sich ist, kann auch «Strafe» für eine vorausgehende Schuld genannt werden; und «Schuld» unter der Hinsicht der Tat kann Strafe unter der Hinsicht des Erleidens genannt werden.

Damit dürfte klar sein, in welchem Sinn, in welcher Reichweite und warum etwas als «Sünde» und als «Strafe der Sünde» bezeichnet werden kann.

11. Kapitel: Die Entstehung der Sünden, die auf dem Menschen bleiben, das sind die Sünden wider den Hl. Geist

Hinsichtlich jener Sünden, die auf dem Menschen bleiben bzw. unvergebbar sind, also der Sünden wider den Hl. Geist, ist festzuhalten: Jede Sünde richtet sich grundsätzlich wider den Dreieinigen Gott, man kann aber dennoch in der Weise der Appropriation davon sprechen, es gebe Sünden besonders wider den Vater, wider den Sohn und wider den Hl. Geist. Daß die Sünde wider den Hl. Geist unvergebbar genannt wird, «in dieser und in der kommenden Welt» (Mt 12,32), bedeutet nicht, daß sie in dieser Welt nicht vergeben werden könnte, sondern daß de facto diese Schuld nur selten oder kaum nachgelassen wird, und daß die Strafe dafür in der kommenden Welt nur wenig oder schier gar nicht Nachlaß findet. Die Sünde wider den Hl. Geist tritt in sechs verschiedenen Formen auf: Neid gegen die Begnadung des Mitmenschen, Bekämpfung der erkannten Wahrheit, Verzweiflung, Vermessenheit, Herzensverhärtung und Unbußfertigkeit in der Todesstunde *(finalis impoenitentia).*

Begründung zum tieferen Verständnis:

Jede Sünde besagt eine Abkehr vom ERSTEN URSPRUNG, dem Einen und Dreifaltigen; das heißt, sie verunstaltet das Abbild des dreifaltigen Gottes, und sie entstellt die Seele und ihre drei Kräfte: die Kraft des mutigen und des begehrenden Willens und die Erkenntniskraft. Denn die Sünde geht ja vom Freien Willen aus, der in sich das Abbild der Trinität trägt; Abbild des Vaters ist er hinsichtlich des Vermögens selbst *(facultas),* Abbild des Sohnes hinsichtlich der Erkenntnis bzw. Vernunft *(ratio),* Abbild des Hl. Geistes hinsichtlich des Willens *(voluntas)*[128].

Auch wenn diese drei Kräfte bei einer Sünde zusammenwirken, so kann doch jede einzelne durch ihr Ver-

[128] Der «freie Wille» ist bei Bonaventura definiert als die Verbindung von Erkenntnis und Wille zu einer machtvollen Kraft: *Liberum arbitrium est facultas rationis et voluntatis.*

sagen[129] die Ursache für die Unordnung sein. Versagen des Freien Willens als kraftvolles Vermögen ist Schwäche *(impotentia)*, Versagen hinsichtlich der Erkenntnis ist Nicht-Wissen *(ignorantia)*, Versagen hinsichtlich des Willens ist böser Wille *(malitia)*. Daher gibt es gewisse Sünden, die in Schwäche, Nicht-Wissen oder bösem Willen wurzeln; und insofern die Macht dem Vater, die Weisheit dem Sohn und der heilige Wille dem Hl. Geist zugesprochen sind, kann man sagen: die einen Sünden richten sich gegen den Vater, die anderen gegen den Sohn, die dritten gegen den Hl. Geist. Und weil nichts so innig im Willen ist wie der Wille selbst[130], und der Wille selbst der Ursprung der Sünde, darum ist keine Sünde so freiwillig gewollt und tief wie jene, die aus der Verderbnis im Willen selbst hervorgeht. «Nicht gewollt» nämlich kann etwas unter zweierlei Hinsicht sein: durch den Einfluß von Gewalt oder aufgrund von Nicht-Wissen, also durch ein Versagen der Mächtigkeit oder des Wissens. Wenn nun der Wille einzig aus seiner Verdorbenheit heraus etwas wählt, obwohl er Widerstand leisten könnte und weiß, daß es sich um etwas Böses handelt, dann heißt das: er sündigt aus bewußter Bosheit. Eine solche Sünde geht allein aus der Schlechtigkeit des Wollens im Freien Willen hervor und widerstreitet direkt der Gnade des Hl. Geistes. Weil sie allein aus dem Freien Willen hervorgeht, gibt es keine Möglichkeit, sie zu entschuldigen oder zu bemänteln; und daher kann an der Strafe für sie auch nur wenig oder fast nichts erlassen werden. Weil sie direkt der Gnade des Hl. Geistes widerstreitet, durch die ja die

[129] *defectus:* gemeint ist nicht einfach ein passives Versagen trotz Anstrengung, sondern ein «Zurückbleiben» oder «Abfallen».

[130] Augustinus, Lib. arb. I, cap. 12, n. 26.

Nachlassung der Sünden geschieht, heißt sie «unvergebbar» – nicht in dem Sinn, daß sie überhaupt nicht vergeben werden könnte, sondern weil sie sich von innen her dem Heilmittel widersetzt, durch das die Vergebung der Sünden gewirkt wird.

Die Sündenvergebung schenkt Gott, er schenkt sie durch die Gnade der Umkehr und Buße, und er schenkt sie innerhalb der Einheit der Kirche. Die verschiedenen Gestalten der Sünde wider den Hl. Geist bekämpfen diese drei Elemente. Entweder sie richten sich gegen die Gnade der Umkehr und Buße selbst, oder gegen Gott, der sie schenkt, oder gegen die Kirche, in der diese Gnade empfangen wird. Zweifach kann die Gnade der Umkehr abgelehnt werden im Hinblick auf die Einheit der Kirche, denn die Kircheneinheit besteht im Glauben und in der Liebe, bzw. in Gnade und Wahrheit (Joh 1,17): Abgelehnt wird dies im Neid gegen die Begnadung des Mitmenschen oder im Kampf gegen die erkannte Wahrheit. Zweifach kann die Umkehrgnade ausgeschlagen werden im Hinblick auf Gott selbst, denn «alle seine Wege» zur Rechtfertigung des Sünders sind gerade «Barmherzigkeit und Wahrheit» (Ps 25,10): wenn man seine Barmherzigkeit angreift, also in Verzweiflung fällt, oder wenn man seine Gerechtigkeit angreift, also vermessen damit rechnet, straflos auszugehen. Zweifach kann man schließlich der Umkehrgnade selbst Widerstand leisten, denn diese Gnade bewirkt die Abkehr von den begangenen Sünden und Wachsamkeit, keine mehr zu begehen: Gegen das erste richtet sich die Verhärtung des Herzens, gegen das zweite der Vorsatz, nicht Buße zu tun – was man «Unbußfertigkeit bis zum Ende» nennt. Auf diese Weise ist sie eine der Sünden wider den Hl. Geist. Insofern sie aber die Fortsetzung einer Sünde bis zum Lebensende bezeichnet, ist sie Folge aller Todsünden, für die man in diesem Leben nicht die Vergebung empfängt, und ganz besonders die Folge aller Sünden wider den Hl. Geist.

So nimmt also jede Sünde ihren Anfang vom Hochmut und hat ihren letzten Abschluß in der Unbußfertigkeit am Ende. Wer dahin gelangt, stürzt in die Hölle. Niemand, der tödlich sündigt, kann ihr entgehen, außer es tritt die Gnade des Mittlers Christus dazwischen. Daher ersehnten alle, die gerettet werden sollten, seine Menschwerdung. Ihm, unserem Mittler und Herrn, sei alle Ehre und Herrlichkeit von Ewigkeit zu Ewigkeit. Amen.

IV. TEIL: DIE INKARNATION DES WORTES

1. Kapitel: Über die Notwendigkeit und den tiefen Sinn[131] *der Menschwerdung des* WORTES

Nachdem wir einiges über die Dreifaltigkeit Gottes, die Erschaffung der Welt und die Verderbnis der Sünde dargelegt haben, bleibt nun die Aufgabe, kurz etwas über die Fleischwerdung des Wortes auszuführen. Durch das fleischgewordene WORT wurde ja das Heil und die Wiederherstellung des Menschengeschlechtes gewirkt; nicht weil Gott das Menschengeschlecht nicht auf andere Weise hätte retten oder befreien können, sondern weil keine andere Weise so passend und angemessen war, und zwar sowohl im Hinblick auf den Erlöser, den zu Erlösenden und die Erlösung selbst[132].

Die innere Begründung zum Verständnis des soeben Gesagten: Weil das erste Prinzip, welches die Dinge hervorbrachte, niemand anders als Gott sein konnte und sein durfte *(decuerit),* und weil die Wiederherstellung der geschaffenen Dinge nichts Geringeres ist als die Erschaffung – wie es nicht geringer ist, gut zu sein, als überhaupt zu sein –, war es ganz und gar passend, daß das Prinzip, welches wiederherstellt, Gott der Allerhöchste sei: Wie Gott

[131] Im Deutschen ist dies nur schwer wiederzugeben: *debuit:* es «mußte so sein», es war in hohem Grade angemessen, *et decuit:* es war «geziemend», «schön» (*decus:* Zierde).

[132] *reparatori, reparabili et reparationi.* Bonaventura bevorzugt den Ausdruck «Wiederherstellung» für «Erlösung». Wo es nicht allzu umständlich ist, werde ich die wörtliche Übersetzung weitgehend beibehalten, weil der Ausdruck offen ist für die einzelnen Aspekte des Erlösungsgeschehens: Heilung, Genugtuung, Versöhnung, und besonders Neuschöpfung. Zuweilen finden sich in der Werk-Ausgabe von 1484 Wortbildungen von *recreare* statt *reparare.*

alles durch das UNGESCHAFFENE WORT erschaffen hat, so sollte er auch alles durch das FLEISCHGEWORDENE WORT neu schaffen. Weil Gott alles aus seiner Macht, Weisheit und vollkommenen Gutheit, das heißt aus Wohlwollen, erschaffen hat, war es auch passend, daß er die Wiederherstellung so bewirkte, daß seine Macht, Weisheit und Güte sichtbar wurden. Was ist machtvoller, als zwei Enden, welche größten Abstand von einander haben, in einer Person zu vereinen? Was ist weiser und angemessener, als daß zur Vollendung des Universums das Erste und das Letzte sich verbinden, das WORT Gottes, das der URSPRUNG von allem ist, und die menschliche Natur, das zuletzt Geschaffene? Was bezeugt mehr Wohlwollen, als wenn der Herr um des Heils des Knechtes willen «Knechtsgestalt annimmt» (Phil 2,7)? Wahrlich, das ist ein Erweis solcher Zuneigung *(benignitas)*, daß man sich keine größere Zartheit *(nihil clementius)*, Freundschaft oder Zuneigung denken kann[133]. Es war also diese Weise der Wiederherstellung Gott ganz und gar angemessen, denn so werden seine Macht, Weisheit und Güte klar erwiesen.

Zweitens: Der Mensch, der in Schuld fiel, hatte sich von jenem mächtigsten, weisesten und gütigsten Ursprung abgewandt und war von ihm gewichen. Daher stürzte er in Schwäche, Unwissenheit und Bosheit; er wurde von einem geistlichen Wesen zu einem fleischlichen, dem biologischen Leben und den Sinnen verhafteten. So

[133] Die Formulierung erinnert an die des Anselmischen Gottesbeweises: *id quo maius cogitari nequit.* Wie das Sein Gottes – bereits im Bereich der philosophischen Erkenntnis – als notwendig-Sein gedacht werden muß, so muß seine Wesenheit im Bereich der Offenbarungstheologie als «gut-sein» gedacht werden. Vgl. Itinerarium V: die Offenbarung des Gottesnamens «sum qui sum» im AT erschließt den Gipfel der metaphysischen Einsicht, und Itin. VI: die Offenbarung als «allein gut» im NT beschreibt die Dreifaltigkeit (und die Menschwerdung des WORTES) als wesenhafte Liebe.

wurde er unfähig, die göttliche Kraft nachzuahmen, das göttliche Licht zu erkennen und die göttliche Güte zu lieben. Damit der Mensch aus diesem Zustand heraus wieder erneuert würde, war es sehr angemessen, daß sich der ERSTE URSPRUNG zu ihm herabbeugte, indem er sich für den Menschen erkennbar, liebenswert und nachahmbar machte. Weil aber der fleischliche, animalische, den Sinnen verhaftete Mensch nichts kannte, nichts liebte, nichts nachfolgte außer dem, was ihm verwandt war und in irgendeinem Verhältnis zu ihm stand *(proportionale)*, darum wurde, um den Menschen diesem Zustand zu entreißen, «das WORT Fleisch» (Joh 1,14), damit es vom Menschen, der Fleisch war, erkannt, geliebt und nachgeahmt werden konnte. Und dadurch sollte der Mensch Gott erkennen, lieben und nachahmen, und so von der Krankheit der Sünde geheilt werden.

Schließlich: Für eine vollkommene Wiederherstellung des Menschen war es notwendig, daß er die Unschuld des Geistes *(mentis)*, die Freundschaft mit Gott und seine Würdestellung wieder erlangte, durch die er allein Gott untertan ist. Das konnte nicht anders geschehen als durch Gott in der Gestalt des Sklaven. Auch darum war es angemessen, daß das WORT Fleisch wurde. Die Würdestellung konnte nur wieder gewonnen werden, wenn der Erlöser Gott selbst ist; denn wäre es ein bloßes Geschöpf, dann wäre der Mensch einem bloßen Geschöpf unterworfen, und würde seine frühere Würdestellung nicht zurückgewinnen. Auch die Freundschaft mit Gott konnte nur durch einen passenden Mittler wiedergewonnen werden, der nach beiden Seiten die Hand ausstrecken konnte, beiden Seiten verwandt und Freund war. Er mußte also Gott gleich sein durch die Gottheit, wie dem Menschen durch die Menschheit. Die Unschuld aber konnte der Mensch nur wiedergewinnen durch die Nachlassung der Schuld. Der Gerechtigkeit Gottes aber hätte die Nachlassung ohne eine würdige Genugtuung *(satisfactio condigna)* nicht geziemt. Nun *konnte* aber Genugtuung für das ganze Menschengeschlecht kein anderer als Gott leisten, und doch *mußte* sie kein anderer als der Mensch leisten, der gesündigt hatte. So war es höchst angemessen, daß der Gottmensch das Menschengeschlecht erlöste, als ein aus dem Geschlecht Adams Geborener.

Weil also die Würdestellung des Menschen nur wiedergewonnen werden konnte, wenn der Erlöser die höchste Stellung besaß; weil die Freundschaft mit Gott nur wiederhergestellt werden konnte durch einen Mittler, der zur Freundschaft ganz und gar geeignet war; weil die Unschuld nur wiedererlangt werden konnte, wenn derjenige, der Genugtuung leisten sollte, es auch vollkommen vermochte; und weil der Erlöser mit der höchsten Stellung nur Gott sein kann, der Freund und Mittler ein Mensch sein muß, vollkommene Genugtuung aber nur durch jemand möglich ist, der Gott und Mensch zugleich ist, deswegen war es zu unserer Erlösung überaus angemessen, daß das WORT Fleisch wurde. Wie das Menschengeschlecht durch das UNGESCHAFFENE WORT ins Sein trat, wie es in Schuld fiel, indem es das EINGEHAUCHTE WORT verließ, so sollte es von der Schuld wieder aufstehen durch das FLEISCHGEWORDENE WORT.

2. Kapitel: Die Menschwerdung[134] im Hinblick auf die Vereinigung der beiden Naturen

Wenn wir nun das fleischgewordene WORT selbst betrachten wollen, so müssen wir drei Dinge bedenken: die

[134] Im Lateinischen stets «incarnatio». Wenn daher im Folgenden von «caro» die Rede ist, die mit der «Gottheit» vereinigt wird, so ist

Vereinigung der beiden Naturen, die Fülle der Gnaden in ihm, und schließlich das Erleiden der Passion um der Erlösung des Menschengeschlechtes willen. Was das erste betrifft, so müssen wir, um das Geheimnis der Menschwerdung zu verstehen *(intelligere)*, wiederum auf drei Aspekte unseren Blick richten: auf das Werk der Menschwerdung selbst, auf die Art und Weise, wie sie geschah, und auf die Zeit, in der sie geschah.

Der christliche Glaube hält fest, daß die «Fleischwerdung» das Werk der heiligen Dreifaltigkeit selbst ist. Durch dieses Wirken wird das «Fleisch» von der Gottheit angenommen und mit ihr vereinigt. Die Annahme *(assumptio)* des Fleisches meint aber nicht nur einen sichtbaren, mit Sinnen ausgestatteten Leib, sondern auch eine vernunftbegabte Seele mit der Fähigkeit, zu beleben, zu fühlen und zu erkennen. Die Vereinigung aber geschieht nicht in der Einheit der Natur, sondern der Person, und zwar nicht einer menschlichen, sondern einer göttlichen, nicht in der Person des Angenommenen, sondern des Annehmenden. Und diese Person ist nicht irgendeine, sondern allein die des WORTES. Dabei wird eine solche Einigung bewirkt, daß alles, was vom Sohne Gottes ausgesagt wird, auch vom Menschensohn ausgesagt wird, und umgekehrt – mit Ausnahme der Aussagen, welche die Vereinigung selbst zum Inhalt haben oder eine Negation beinhalten[135].

Begründung zum tieferen Verständnis:

Die Menschwerdung ist das Werk des ERSTEN URSPRUNGS nicht nur unter der Hinsicht, daß er wirk-

die «Menschennatur» gemeint, die mit der göttlichen Natur vereint wird.

[135] vgl. III Sent. dist. 11, a. 2 q. 3 ad 3.

ursächlich etwas HERVORBRINGT, sondern daß er etwas WIEDERHERSTELLT, indem er *heilt, wieder gut macht, versöhnt.* Insofern die Menschwerdung etwas von Gott Gewirktes *(effectum)* bezeichnet, geht sie vom Ersten Ursprung aus, der alles aufgrund seiner höchsten Kraft wirkt. Wesen, Kraft und Wirkung aber sind ganz und gar geeint und ungeteilt in den drei Personen. Daher muß das Werk der Menschwerdung von der ganzen Dreifaltigkeit ausgehen.

Die Menschwerdung ist aber auch Werk des Ersten Ursprungs, insofern er die Wiederherstellung als *Heilung* wirkt. Da nun das ganze Menschengeschlecht gefallen und der Verderbnis verfallen war – nicht nur hinsichtlich der Seele, sondern auch des Leibes – mußte die menschliche Natur ganz angenommen werden, auf daß sie auch ganz geheilt würde. Weil uns die leibliche Dimension des Menschen besser bekannt ist, und weil diese einen noch weiteren Abstand zu Gott hat als die geistige, darum heißt dieses Werk Gottes nicht «Seelenwerdung» *(inanimatio)*, sondern «Fleischwerdung». Diese Bezeichnung ist deutlicher, bringt die übergroße Demut Gottes besser zum Ausdruck und läßt die Tiefe dieser gnadenhaften Herabneigung klarer erkennen.

Die Menschwerdung ist auch das Werk Gottes, insofern er die Wiederherstellung als *Wiedergutmachung oder Genugtuung* wirkt. Genugtuung aber schließt ein, daß sie von jemandem erbracht wird, der sie schuldig ist und der sie auch leisten kann. Schuldig ist sie nur der Mensch, ihrer fähig aber ist nur Gott. So mußten *(oportuit)* bei der Genugtuung die beiden Naturen, die göttliche und die menschliche, zusammenwirken. Weil es nun unmöglich ist, daß die göttliche Natur mit einer anderen *wie ein Teil* zusammen wirkt, so daß sich ein Drittes ergäbe, und es aufgrund ihrer vollkommenen Einfachheit und Unwandelbarkeit ebenso unmöglich ist, daß sie in eine andere Natur übergehe, oder eine andere in sie, daher werden Gottheit und Menschheit nicht geeint in einer Einheit der Natur, noch handelt es sich um eine akzidentelle Einheit, sondern sie sind geeint in der Person oder dem Träger *(hypostasis)*. Da die göttliche Natur einzig und allein in einer göttlichen Person subsistieren kann, kann die Einheit nicht in einer menschlichen Person ruhen, sondern nur in einer göttlichen. Das heißt, in dieser Vereinigung machte der Erste Ursprung sich in einer seiner Personen zum Träger der menschlichen Natur. Daher gibt es hier nur *eine Person* und eine *in der Person gründende Einheit (personalis unitas)*.

Schließlich ist die Menschwerdung das Werk des Ersten Ursprungs, insofern er die Wiederherstellung durch *Versöhnung* wirkt. Jemand, der versöhnt, ist Mittler; die Vermittlung oder Mittlerschaft aber kommt in besonderer Weise dem Sohne Gottes zu – und damit auch die Menschwerdung. Die Aufgabe des Mittlers ist es nämlich, die Mitte *(medium)* zu sein zwischen Gott und Mensch, und den Menschen zur Erkenntnis Gottes, zur Ähnlichkeit mit ihm und zur Gotteskindschaft zurückzuführen. Die Mitte zu sein aber paßt zu keiner Person besser als zu der, die hervorgebracht wird und hervorbringt, also der mittleren von den drei göttlichen Personen. Und zu keiner paßt es besser, den Menschen zur Gotteserkenntnis zu führen als zum WORT, in dem der Vater sich ausspricht, dem WORT, das sich mit dem Fleisch verbinden kann, wie das geistige Wort dem mit der Stimme ausgesprochenen Wort. Zu keiner Person paßt es besser, den Menschen zur Ähnlichkeit mit Gott zurückzuführen, als zu dem, der das BILD des Vaters ist. Zu keiner Person paßt es besser, den Menschen zum Adoptivkind Gottes zu erheben als zu dem, der SOHN Gottes von Wesen her ist.

Daher war es für keine Person passender als für die des Sohnes Gottes, Menschensohn zu werden.

Weil also aufgrund der Menschwerdung der Menschensohn ein und derselbe ist wie der Gottessohn, und «was gleich ist in Bezug auf ein und denselben, auch untereinander gleich ist»[136], folgt notwendigerweise Idiomenkommunikation[137]. Ausgenommen sind Ausdrucksweisen, die einen Widerspruch einschließen, zum Beispiel wenn die Beziehung bzw. Vereinigung der beiden Naturen ausgedrückt wird durch Worte wie «vereinigen», «Fleisch werden», «annehmen» und «angenommen werden». Ausgenommen sind auch Verneinungen, wenn ihr Gegenteil nur einer Seite zukommt: zum Beispiel «zu sein beginnen» oder «geschaffen werden», und ähnliches, woraus sich wie gesagt ein Widerspruch gegen die oben genannte Regel ergibt.

[136] Aristoteles, Analytica priora I, 3,10.

[137] «Wenn der eine Christus Gott und Mensch ist, dann muß man auch zugeben, daß Gott Mensch, und daß [dieser] Mensch Gott sei. Was in einer Person vereint ist, muß auch voneinander ausgesagt werden können, wie das Axiom des Aristoteles sagt, und zwar im Hinblick auf den konkreten Träger [d.h. nicht abstrakt, andernfalls würde sich ergeben: die menschliche Natur sei die gleiche wie die göttliche]» (III Sent. dist. 7 a.1 q.1). «Was Christus der menschlichen Natur nach zukommt, das kann man ihm einfachhin *(simpliciter)* und in Wahrheit auch der göttlichen Natur nach zuschreiben. Man kann wahrhaftig sagen: Christus ist der Schöpfer von allem. Christus ist von der Jungfrau Maria geboren. Auch: Christus ist sterblich; Christus ist unsterblich. Obwohl Christus einiges der menschlichen Natur nach zukommt, was ihm der göttlichen nach nicht zukommt, so darf dies dennoch nicht einfachhin *(simpliciter)* verneint werden, weil die Negation mehr wegnimmt, als die Affirmation setzt. Die affirmativen Aussagen kann man also als wahr anerkennen, die verneinenden Aussagen sind als falsch zu verneinen, wenn sie nicht eine nähere Spezifizierung erhalten. Wahr ist: Christus ist nicht gestorben in seiner Gottheit. Falsch ist der Satz ohne Zusatz: Christus ist nicht gestorben.» (III Sent. dist. 21 dub. 3).

Als der Engel der seligsten Jungfrau Maria die Botschaft brachte, daß das Geheimnis der Menschwerdung in ihr geschehen solle, glaubte die Jungfrau, sie wünschte es und gab ihre Zustimmung. Und der Heilige Geist kam auf sie herab, um sie zu heiligen und die Leibesfrucht in ihr hervorzubringen; durch die Kraft des Hl. Geistes «empfing die Jungfrau Gottes Sohn, den sie als Jungfrau gebar, und nach dessen Geburt sie Jungfrau blieb»[138]. Sie empfing nicht nur das Fleisch, sondern das beseelte und mit dem WORT vereinte Fleisch, das frei von jeder Sünde war, ganz heilig und makellos. Darum wird sie «Mutter Gottes» genannt und ist «die ganz liebenswerte Jungfrau Maria» *(dulcissima Virgo Maria).*

Begründung zum tieferen Verständnis:

Die Menschwerdung ist das Werk des ERSTEN URSPRUNGS, insofern er die Wiederherstellung des Menschengeschlechtes auf angemessenste, umfassendste und vollständigste Weise wirkte. Denn wie sollte seine Weisheit anders wirken als ganz angemessen bzw. entsprechend *(congrue),* wie seine Güte anders als umfassend *(communiter),* wie seine Mächtigkeit anders als vollkommen *(perfecte, completissime)*!

Die Wiederherstellung sollte also auf die angemessenste Weise gewirkt werden. Angemessen, das heißt: entsprechend ist, wenn eine Medizin aus ihrer Gegensätzlichkeit heraus auf die Krankheit antwortet, und ebenso die Wiederherstellung als Gegensatz zum Sturz, die Abhilfe als Gegensatz zum jeweiligen Schaden wirkt. Nun

[138] Aus Augustinus, Sermo 196, c.1 n.1 (oder Sermo 59 de div.); vgl. De Catechizandis rudibus II c. 22 n. 20.

fiel das Menschengeschlecht durch die Einflüsterung des Teufels, durch die Zustimmung der Frau, die sich der Täuschung hingab, und durch die Fortpflanzung in ungeordneter Begierde, wodurch die Erbsünde auf die Nachkommenschaft überging. Umgekehrt sollte hier ein guter Engel zum Guten raten, die Jungfrau voll Glauben dem guten Rat ihre Zustimmung geben, und die Liebe des Hl. Geistes heiligen und eine sündelose Empfängnis wirken. Auf diese Weise sollte «der Gegensatz Heilung bringen»[139]. Wie einst die Frau, durch den Teufel getäuscht, durch den Mann in sündhafter Begierde erkannt ihre Unschuld verlor, die Schuld, die Krankheit und den Tod an alle Nachkommen weitergab, so sollte die Frau, vom Engel belehrt, vom Hl. Geist geheiligt und durch sein Wirken schwanger, ohne Zerstörung der Unschuld an Seele oder Leib einen Nachkommen gebären, der allen, die zu ihm kämen, Gnade, Gesundheit und Leben schenken sollte.

Zweitens: Die Menschwerdung ist das Werk des ERSTEN URSPRUNGS, der die Wiederherstellung auf umfassendste Weise wirkt; denn durch das fleischgewordene WORT wird der Fall der Menschen und der Engel wieder gut gemacht, also der Erden- und der Himmelsbewohner, und außerdem wird der Mensch als Mann und Frau erlöst. Damit also das Heilmittel für alle wirksam sei, war es ganz und gar passend, daß bei der Menschwerdung Engel, Frau und Mann mitwirkten: der Engel als Bote, die Jungfrau als Empfangende, der Mann als empfangene Leibesfrucht. So sollte der Engel Gabriel der Bote des ewigen Vaters sein, die unbefleckte Jungfrau der Tempel des Hl. Geistes, die empfangene Leibesfrucht die Person

[139] Gregor d. Gr., Evangelienhomilien II, 32, n.1.

des WORTES selbst. Es wirkten also bei diesem umfassenden Heilswerk drei aus den drei Ordnungen *(hierarchiae)* mit: aus der Hierarchie der Heiligsten Dreifaltigkeit, aus der Hierarchie der Engel und derjenigen der Menschen. Das ist nicht nur ein Hinweis auf die Dreifaltigkeit, sondern auch darauf, wie umfassend das Heilswerk und wie reich die Gnade des erlösenden Gottes ist. Weil der Gnadenreichtum *(liberalitas)* in besonderer Weise der Person des Hl. Geistes zugeschrieben wird, ebenso das Werk der *Heiligung* der Jungfrau, welche das WORT empfangen sollte, darum spricht man in der Weise der Appropriation davon, daß «die Jungfrau vom Hl. Geist empfangen habe», wiewohl es sich um ein Wirken der gesamten Dreifaltigkeit handelt.

Schließlich: Die Menschwerdung ist Werk des ERSTEN URSPRUNGS, insofern er die Wiederherstellung auf vollkommenste, vollständigste Weise wirkt. In bestimmter Weise «vollständig» mußte also sowohl die Leibesfrucht, wie der Vorgang der Empfängnis, wie die empfangende Kraft sein. Zu dieser Vollständigkeit der Leibesfrucht gehört, daß sich im Augenblick der Empfängnis nicht nur die Abtrennung des weiblichen Samens vollzog, sondern daß er zugleich Festigkeit, Gestalt und Leben durch die Seele bekam und mit der Gottheit geeint war. Das heißt, daß die Jungfrau wahrhaftig Gottes Sohn empfing, weil dieses Fleisch mit der göttlichen Natur geeint war. Die geistige Seele war dabei gewissermaßen Mittlerin; denn mittels ihrer war das Fleisch der Vereinigung mit der Gottheit fähig.

Auch was die Empfängnis selbst betrifft, wurde hier die angebrachte Vollständigkeit erreicht: Denn von den vier Möglichkeiten, wie ein Mensch beginnen kann, waren drei bereits verwirklicht. Weder von einem Mann noch von einer Frau begann Adam, von einem Mann ohne

Frau begann Eva, von einem Mann und einer Frau stammen alle, die durch geschlechtliche Zeugung zu sein beginnen. So sollte die noch fehlende Weise verwirklicht werden, auf daß Vollständigkeit erreicht werde: aus einer Frau ohne Zutun eines Mannes, sondern durch die Kraft des Höchsten[140].

Und schließlich sollte auch die empfangende Kraft *(virtus)*[141] «vollständig» sein. Bei der Empfängnis des Gottessohnes wirken die angeborene, natürliche Kraft, die gnadenhaft eingegossene Kraft und die ungeschaffene, göttliche Kraft zusammen. Die natürliche Kraft stellte die Materie zur Verfügung, die eingegossene Kraft reinigte sie und trennte sie ab, die ungeschaffene Kraft vollendete sie in einem Augenblick – was durch eine geschaffene Kraft nur schrittweise geschehen könnte. Die selige Jungfrau Maria wurde also auf vollständigste Weise Mutter, als sie den Sohn Gottes ohne Zutun eines Mannes, sondern durch das Wirken des Hl. Geistes empfing. Weil sie im Geist von der brennenden Liebe des Hl. Geistes ganz unvergleichlich erfüllt war, darum wirkte die Kraft des Hl. Geistes in ihrem Leib Wunderbares; seine Gnade regte die Natur an, unterstützte die Natur und erhob sie, so wie es jene wunderbare Empfängnis erforderte.

4. Kapitel: Die Menschwerdung in der Fülle der Zeiten

Zwar hätte Gott gleich zu Beginn Mensch werden können, doch wollte er es erst am Ende der Zeiten, nachdem die Zeit des Naturgesetzes und des Vorbild-Gesetzes *(lex*

[140] Der Gedanke ist besonders bei Anselm von Canterbury ausgeführt: Cur Deus homo, II, 8.

[141] Hier zeigt sich unübersehbar, daß «virtus» sowohl Kraft, wie «Macht» und «Tugend» bedeuten kann.

figurae) vorausgegangen seien, nachdem die Patriarchen und Propheten aufgetreten waren, an die und durch die die Verheißung der Menschwerdung ergangen war. Er wurde in seiner Güte Mensch am «Ende der Zeiten» und «in der Fülle der Zeiten», wie der Apostel schreibt: «Als die Fülle der Zeit gekommen war, sandte Gott seinen Sohn, geboren aus einer Frau, dem Gesetz unterstellt, damit er die loskaufe, die unter dem Gesetz standen» (Gal 4,4).

Begründung zum tieferen Verständnis:

Die Menschwerdung ist das Werk des ERSTEN URSPRUNGS. Er schafft die Wiederherstellung, so wie es der *Willensfreiheit* des Menschen, der *Erhabenheit des Heilmittels* und der *Harmonie von Allem (integritas universi)* entspricht.

Erstens: Die Freiheit des Willens erfordert, daß der Mensch nicht gegen seinen Willen zu etwas gezogen wird. Das Menschengeschlecht sollte also auf solche Weise erlöst werden, daß derjenige das Heil finde, der nach dem Erlöser suchen und fragen wollte, wer aber nichts nach einem Erlöser fragte, auch das Heil nicht fände. Niemand aber fragt nach einem Arzt, außer er erkennt, daß er krank ist. Niemand fragt nach einem Lehrer, außer er erkennt sich als unwissend. Niemand fragt nach einem Helfer, außer er erkennt sich als ohnmächtig. Zu Anfang, die erste Zeit nach dem Sündenfall, war der Mensch noch sehr eingebildet auf sein Wissen und seine Kraft. Daher ließ Gott zunächst die Zeit des Naturgesetzes vergehen, damit der Mensch seiner Unwissenheit überführt werde. Als ihm diese bewußt geworden war, blieb immer noch der Stolz auf sein Vermögen. Man sagte: Es fehlt nicht an Leuten, die handeln würden, sondern es fehlt an jemandem, der befiehlt. Da gab Gott das Gesetz, mit den sittlichen Vorschriften zur Erziehung und den Zeremonialgesetzen, die dem Menschen eine Last auferlegten. Er sollte Wissen erlangen und zugleich sein Unvermögen einsehen, und deswegen seine Zuflucht zur Barmherzigkeit Gottes nehmen und um die Gnade rufen. Diese Gnade wurde durch das Kommen Christi uns geschenkt. Daher mußte die Menschwerdung nach der Zeit des Naturgesetzes und des geschriebenen Gesetzes kommen.

Zweitens: Die Erhabenheit des Heilmittels erfordert, daß man diesem so tief verborgenen, so heilvollen Geheimnis mit festem Glauben und mit glühender Liebe anhangt. So war es überaus angemessen, daß dem Kommen Christi zahlreiche Zeugnisse der Propheten vorausgingen, ausdrückliche Zeugnisse in Worten, verhüllte Zeugnisse in zeichenhaften Geschehnissen. Durch die zahlreichen und zuverlässigen Zeugnisse sollte das noch Verborgene für den Glauben sicher und unzweifelhaft werden. Auch sollten dem Kommen Christi eine Vielzahl von Verheißungen und Äußerungen brennender Sehnsucht vorausgehen. Die verheißene Heilstat sollte erwartet werden, das Erwartete aufgeschoben und dann um so heftiger ersehnt werden, und das so lange Ersehnte sollte um so glühender geliebt, um so dankbarer empfangen und um so sorgsamer gehütet werden.

Schließlich: Die Harmonie und Vollendung von Allem erfordert, daß alles nach Ort und Zeit seine Ordnung habe. Das Werk der Menschwerdung ist das vollkommenste aller Werke Gottes. Der Ablauf aber muß vom weniger Vollkommenen zum Vollkommenen gehen, nicht umgekehrt. Darum mußte dieses Werk «am Ende der Zeiten» geschehen. Wie *der erste Mensch,* die Zierde der ganzen sichtbaren Welt, am sechsten und letzten Tag geschaffen wurde, um der Welt ihre Vollständigkeit zu geben, so sollte der *zweite Mensch,* die Vollendung der neugeschaffenen Welt, in dem sich das Erste und das Letzte, «Gott mit dem Staub der Erde»[142] verbindet, am Ende der Zeiten auftreten. Dies ist das sechste Weltzeitalter, die Zeit des Alters, in der man sich der Weisheit widmen, von der Begierde lassen, aus dem Wirbel zur Ruhe hinübergehen soll. All das gehört zum sechsten Weltzeitalter aufgrund der Menschwerdung des Gottessohnes.

Das Kommen Christi geschah in der *Zeit der Gnade,* in ihm *erschien die verheißene Barmherzigkeit,* und es begann das *sechste Zeitalter.* All das bedeutet Fülle. Denn das Gesetz der Gnade erfüllt das geschriebene Gesetz, die Einlösung des Versprochenen erfüllt die Veheißung, und das «sechste Zeitalter» läßt wegen der Vollkommenheit der Zahl Sechs an Fülle denken. Daher heißt es, der Sohn Gottes sei in der Fülle der Zeiten gekommen, nicht in dem Sinn, daß die Zeit bei seinem Kommen zu Ende sei, sondern weil alle Geheimnisse der Zeit *(temporalia mysteria)* in Ihm erfüllt sind.

Ebensowenig wie es angebracht gewesen wäre, daß Christus gleich zu Beginn der Zeit gekommen wäre – das wäre übereilt gewesen –, so sollte sein Kommen auch nicht bis ganz zum Schluß aufgeschoben werden – das wäre zu spät gewesen. Vielmehr war es doch sehr passend, daß der *Retter* zwischen der Zeit der Krankheit und der Zeit des Gerichtes die Zeit der Heilung heraufführte. Auch war es sehr passend, daß dem *Mittler* einige seiner Glieder vorausgingen, andere aber folgten[143]. Es war auch sehr passend, daß der vollkommene *Anführer* sich zu der Zeit zeigte, da sich die Gelegenheit bietet, um den Sieges-

[142] Bernhard, Sermo 3 In Vigilia nativitatis, n. 8.

[143] Die Gerechten des Alten Bundes, die zur Kirche gehören, gingen Christus voraus, die Gläubigen des Neuen Bundes folgen ihm.

preis zu laufen: Das ist am Ende der Zeiten, vor dem Ende, aber das Endgericht rückt näher. Die Furcht vor dem Gericht soll unsere Trägheit verjagen, die Hoffnung auf den himmlischen Lohn soll uns ziehen, die Vollkommenheit unseres Vorbildes mache uns beherzt: so wollen wir mit all unserer Kraft unserem Heerführer folgen, «dahinschreiten mit wachsender Kraft» (Ps 84,8)[144], bis wir zum «Siegespreis der ewigen Glückseligkeit» (Phil 3,14) gelangen.

5. Kapitel: Die Fülle der Gnade in Christi Gesinnung und Willen (in affectu)[145]

Nachdem wir tiefere Einsicht in die Vereinigung der beiden Naturen im fleischgewordenen WORT gewonnen haben, müssen wir uns nun der Fülle der Gnadengaben in Christus zuwenden. Er besitzt ja die Fülle der Gnade im Willen, die Fülle der Weisheit in der Erkenntnis, die Fülle des Verdienstes im Handeln und Wirken.

Zum ersten – der Gnadenfülle hinsichtlich des Willens – ist folgendes festzuhalten: In Christus war vom Augenblick seiner Empfängnis an jede Gnade in vollkommener Fülle, sowohl die Gnade, insofern sie einer *Einzelperson* zukommt, wie die Gnade, die ihm als *Haupt* zukommt, wie die Gnade der *hypostatischen Union*. Aufgrund der Gnade der Einzelperson war er ohne jede Schuld, was das tatsächliche und das mögliche Verhalten angeht; er sündigte nicht und konnte auch keine Sünde haben. Auf-

[144] Oder, nach Vg.: «von Tugend zu Tugend».
[145] *affectus:* Kraft des Strebens, Wollens, der Liebe und des seelischen Empfindens.

grund der Gnade der hypostatischen Union ist er nicht nur der endgültigen Glückseligkeit würdig, sondern auch der Anbetung, wie sie allein Gott gebührt. Durch die Gnade des Hauptes aber strömt er Regung und Empfindung *(motus et sensus)*[146] in alle Menschen, die zu ihm durch den rechten Glauben bzw. durch die Sakramente des Glaubens hinzutreten. Das gilt sowohl für diejenigen, die zeitlich vor ihm lebten, wie für diejenigen, die ihm folgten – heißt es doch (Mk 11,9; Mt 21,9): «Die vorausgingen und die nachfolgten, riefen: Hosianna dem Sohne Davids».

Begründung zum tieferen Verständnis:

Der ERSTE URSPRUNG wirkt die Erlösung so, daß sie von ihm, von seiner überströmenden Güte, ausgeht und das Geschöpf zu ihm zurückführt, indem sie Ähnlichkeit mit dem Schöpfer bewirkt. Das heißt, die Wiederherstellung oder Erlösung geschieht aufgrund von Gnade *(gratia)* und Gottähnlichkeit *(deiformitas)*. Gnade nämlich ist das, was aus Gottes Freigebigkeit fließt und den Menschen gott-ähnlich macht. Weil also der URSPRUNG DER ERLÖSUNG durch die Gnade erlöst, und weil jede Sache in ihrem Ursprung und ihrer Quelle mehr Fülle und Vollkommenheit besitzt als anderswo, darum mußte da, wo unsere Erlösung ihren URSPRUNG hat, nämlich in Christus dem Herrn, alle Gnadenfülle gegeben sein.

«URSPRUNG unserer Erlösung» bedeutet jedoch mehr als nur «Anfang» *(principium)*, es bedeutet auch «Mittleres» *(medium)* und «Äußerstes» *(extremum)*. Der Erlöser ist

[146] *sensus et motus:* Die beiden Begriffe vertreten das Gespann *Wahrnehmung und Streben* oder *Erkenntnis und Liebe*. Romano Guardini hat in seiner Habilitationsschrift: Systembildende Elemente in der Theologie des hl. Bonaventura, hrsg. von W. Dettloff, Leiden 1964, dieses Thema eingehend untersucht.

Letztes, «Äußerstes», insofern er die Genugtuung leistet[147], «Mittleres», indem er Versöhnung bewirkt, und «Anfang» oder «Ursprung», indem er die Gnade eingießt. Also muß in Christus die Fülle der Gnade sein: die Gnade des Äußersten, der genugtut, des Mittleren, der versöhnt, und des Ursprungs, der die Gnade eingießt.

Erstens: Weil er als «der Äußerste» das Wohlgefallen Gottes besitzen mußte, damit er wirklich die Genugtuung leisten könne, mußte er von aller Sünde frei sein. Das aber ist für einen Menschen nicht möglich, wenn er nicht die Gnade Gottes besitzt; und deswegen müssen wir in Christus die heiligende und im Guten festigende Gnade[148] annehmen, die man «die Gnade der Einzelperson» nennt.

Zweitens: Als «Mittler» war er zur versöhnenden Vermittlung geeignet, wenn er in sich die beiden Naturen vereinte, die höhere und die niedrigere, die eine, der die Anbetung gebührt, und die andere, die anbetet. Das ist nur möglich aufgrund einer Gnade von höchstem Grad und höchster Würde, nämlich einer gnadenhaften Einigung. Daher müssen wir in Christus eine Gnade über alle Gnaden hinaus annehmen, die überaus verehrungswürdige Gnade, die wir «die Gnade der hypostatischen Vereinigung» nennen. Durch sie ist der Mensch Christus «der über alles gepriesene Gott» (Röm 9,5), und daher ist ihm die Anbetung geschuldet.

Schließlich: Er wäre nicht der «Ursprung», der seine Wirkung einströmen lassen könnte, wenn er nicht in sich

[147] D.h., er ist als Mensch gewissermaßen «Gott gegenüber» die andere Seite im Erlösungsgeschehen.

[148] Heiligende Gnade ist die heiligmachende Gnade als Habitus, s.u. V, 1; die festigende Gnade ist die Gnade der Glorie, welche die im Guten unveränderlich gewordenen Engel und Heiligen besitzen.

die quellende Fülle besäße, also nicht nur ein Voll-Sein, das eben hinreicht, sondern eines des überfließenden Maßes. Daher mußte das fleischgewordene WORT «voll der Gnade und Wahrheit» sein (Joh 1,14), so daß «aus seiner Fülle alle» Gerechten «empfangen» können, ebenso wie allen Körpergliedern vom Haupt her die Empfindungs- und Bewegungsfähigkeit zufließt. Deswegen heißt diese Gnade «Hauptesgnade»; denn das Haupt besitzt alle Sinne in sich, es ist von gleicher Natur wie die übrigen Glieder *(conforme),* es hat eine herausragende Stellung und tut allen Gliedern, die mit ihm verbunden sind, durch sein Einfließen Gutes. Ebenso besitzt Christus in sich die überströmende Gnadenfülle, er ist uns gleich in der Menschennatur, er ist über alle anderen hinaus gerecht und heilig, und er tut denen Gutes, die zu ihm hinzutreten; denn er verleiht ihnen die Gnade und den Hl. Geist, das heißt, das geistliche Empfindungs- und Bewegungsvermögen.

Man tritt zu ihm hinzu durch den Glauben, beziehungsweise durch das Sakrament des Glaubens. Der Glaube an Christus aber ist derselbe in der Vergangenheit, Gegenwart und Zukunft. Daß Christus seine Gnade einströmt, gilt also für alle, die in der Vergangenheit, Gegenwart oder Zukunft an Christus glauben und in ihm wiedergeboren sind. Sie sind durch den Glauben mit Christus vereint und werden durch die einfließende Gnade «Glieder Christi und Tempel des Hl. Geistes» (1 Kor 6,15.19), und dadurch Söhne und Töchter Gottes des Vaters; und untereinander sind sie durch das unlösbare Band der Liebe verbunden. Wie sie der räumliche Abstand nicht trennen kann, so auch nicht der zeitliche. Alle Gerechten, wo immer sie sind, und wann immer sie gelebt haben, bilden den einen geheimnisvollen Leib Christi; sie empfangen Empfinden und Bewegung von dem einen Haupt, der Quelle, der Wurzel, dem Ursprung der Gnade: Christus, in dem die ganze Fülle der Gnade wohnt (vgl. Kol 1,18f.).

6. Kapitel: Die Fülle der Weisheit im Wissen Christi (in intellectu)

Im fleischgewordenen WORT, Christus, unserem Herrn, war auch die Fülle der Weisheit: Fülle nicht nur hinsichtlich dessen, was er wußte, sondern auch hinsichtlich der verschiedenen Arten des Erkennens. Von seiten seiner Gottheit hatte er die *ewige Erkenntnis (sempiternalis)*, von seiten der körperlichen, mit Sinnen begabten Natur hatte er die *Erkenntnis aufgrund der Sinne (sensualis)*, von seiten der geistigen, seelischen Natur hatte er die *Erkenntnis als Wissen (scientialis)*. Diese letzte ist nochmals dreigeteilt: es gibt ja ein Wissen aufgrund der geistigen *Natur,* aufgrund von *Gnade* und aufgrund der *Glorie*. Christus besaß also Weisheit als Gott und er besaß sie als Mensch; er hatte die umfassende Erkenntnis der seligen Schau, und er hatte die Erkenntnis eines Menschen im Pilgerstand; er besaß Wissen aufgrund des Lichts der Gnade, und aufgrund des rechten Gebrauchs der natürlichen Kräfte.

Insgesamt also hatte Christus Erkenntnis auf fünffache Weise: Die erste Erkenntnis ist die aufgrund der göttlichen Natur; auf diese Weise erkannte er alles Wirkliche und Mögliche, das Endliche und Unendliche, und zwar so, daß er es aktual und gänzlich wußte. Die zweite Erkenntnis beruht auf dem Glorienlicht; auf diese Weise erkannte er alles Wirkliche und Endliche auf aktuale und umfassende Weise, das Unendliche aber dürfte er lediglich in einer habituellen Weise oder in der Art des mystischen Überschreitens *(cognitio excessiva)* gewußt haben.

Die dritte Weise der Erkenntnis ist die gnadenhafte; in ihr erkannte er alles, was sich auf die Erlösung des Menschengeschlechtes bezog. Die vierte Erkenntnis ist die natürliche Erkenntnis, so wie sie der noch nicht gefallenen Natur Adams eigen war; auf diese Weise erkannte Christus alles, was die Ordnung des Kosmos betrifft. Die fünfte Weise beruht auf der Erfahrung durch die Sinne; auf diese Weise erkannte er das, was den Sinnesorganen begegnet – und daher heißt es: «Er lernte aus dem, was er litt, Gehorsam» (Hebr 5,8).

Begründung zum tieferen Verständnis:

Der URSPRUNG DER ERLÖSUNG wirkte unsere Wiederherstellung einerseits durch seine überreiche Gnade und andererseits durch seine allumfassende Vorsehung und Weisheit. Denn das in der Ordnung der Weisheit Erschaffene konnte nicht ohne das Licht und die Ordnung der Weisheit wiederhergestellt werden. Ebenso wie Christus von jeder Schuld frei sein mußte, so mußte er auch über aller Unwissenheit stehen; das heißt, er mußte von Glanz und Licht der himmlischen Weisheit erfüllt sein. Daher hatte er vollkommene Erkenntnis, entsprechend den beiden Naturen, entsprechend den verschiedenen Erkenntniskräften, und entsprechend der Seinsweise aller Dinge.

Weil die Dinge ein dreifaches Sein haben: nämlich im ewigen Plan des Schöpfers *(in Arte aeterna)*, im menschlichen Erkennen *(in mente)* und in ihrer jeweiligen Gattung *(in proprio genere)*[149], mußte Christus die dreifache

[149] *in genere* oder *in materia:* gemeint ist ihr tatsächliches materielles Verwirklichtsein, während ihr Urbild im Schöpfer, ihr Abbild sich im menschlichen Intellekt findet.

Erkenntnis der Dinge besitzen. Die Erkenntnis «im Plan des Schöpfers» kann aber zweifach geschehen: entweder durch Gott, den Künstler, selbst, oder durch jemand anderen, der die Geschöpfe in Gott betrachtet *(contemplans)*. Auch die Erkenntnis des menschlichen Geistes kann zweifach sein – die erworbene Erkenntnis können wir hier übergehen, weil sie aufgrund ihrer Unvollkommenheit Christus nicht zukam –, nämlich aufgrund eines angeborenen oder eines eingegossenen Habitus. Damit ergeben sich fünf Weisen der Erkenntnis, die der vollkommenen Weisheit Christi in seiner Gottheit und Menschheit zukommen müssen: «Im göttlichen Plan» erkannte er die Dinge aufgrund seiner göttlichen Natur und weil er als Mensch bereits die umfassende Erkenntnis der Glorie besaß *(comprehensor)*. «Im menschlichen Geist» erkannte er die Dinge aufgrund eines von Natur mitgegebenen Wissens, so wie es Adam vor dem Fall hatte und wie es auch die Engel haben, und aufgrund eines durch die Gnade eingegossenen Wissens, wie es die vom Heiligen Geist erleuchteten Heiligen besitzen. «In ihrer eigenen Seinsweise» aber erkannte Christus die Dinge durch Sinneswahrnehmung, Gedächtnis und daraus resultierenden Erfahrungsschatz[150]; uns wird auf diese Weise eine unbekannte Sache bekannt, Christus aber wurde eine Sache, die er auf *eine* Weise schon kannte, auf eine andere Weise bekannt.

Weil nun das Wesen Gottes, seine Kraft und sein Wirken unendlich sind, erkennt Christus aufgrund der göttlichen Natur – der ersten Erkenntnisart – das Unendliche auf aktuale und umfassende Weise. Man kann es kaum ausdrücken, aber für Den, der in höchster Weise unendlich ist, ist alle Unendlichkeit gewissermaßen endlich.

[150] Aristoteles, Metaphysik I, 1.

Das Wesen, die Kraft und das Wirken eines Geschöpfes aber, und sei es auch noch so hoch erhoben, sind endlich; und doch findet der menschliche Geist seine Ruhe allein im unendlichen Gut, das er aber nicht im eigentlichen Sinn des Wortes «begreift» oder «umschließt» *(comprehendit),* weil das Unendliche vom Endlichen nicht umschlossen werden kann. Daher erfaßt *(capit)* die Seele Christi in der umfassenden Erkenntnis der Glorie *(per gloriam comprehensionis)* – das ist die zweite Art –, so viel nur eine endliche Natur erfassen kann, beseligt durch das unendliche Gut, dem sie innigst vereint ist. Somit erfaßt die Seele Christi das Endliche aktual und in der Weise des Begreifens, das Unendliche höchstens habituell oder in der Weise des Überschreitens *(excedendo)*[151]. Denn die Seele Christi kann dem WORT weder an Wissen noch in irgendeiner anderen Hinsicht gleichkommen[152].

[151] *modus excessivus:* Erkenntnisweise, die dem Geschöpf vornehmlich im Glorienstand zuteil wird. Der Erkennende nimmt dabei nicht so sehr den Erkenntnisgegenstand auf, als vielmehr umgekehrt: Der Erkennende wird von seinem «Gegenstand» angezogen und «aufgenommen». Darum – so Bonaventura und Anselm von Canterbury – heißt es: «Geh ein in die Freude deines Herrn» (vgl. Bonaventura, De scientia Christi q. 6). *Comprehendere* bedeutet somit zweierlei: im eigentlichen Sinn des Wortes, als «umfassendes, vollständiges Erkennen des Gegenstandes» setzt es Gleichrangigkeit des Erkenntnissubjekts zum Objekt voraus; daher hat diese Erkenntnis von Gott nur Gott selbst. In der zweiten Bedeutung bezeichnet *comprehendere* ein Erkennen, bei dem im Erkennenden nichts ungestillt bleibt; in diesem Sinn sind Engel, Heilige im Himmel und die Seele Christi *comprehensores.*

[152] Dies ist von besonderer Bedeutung für das Verständnis christlicher Mystik: Wenn nicht einmal das vollkommenste Geschaffene in der vollkommensten Vereinigung, nämlich der hypostatischen Union, von der göttlichen Natur absorbiert wird, dann kann auch die «Vergöttlichung» der anderen Menschen niemals eine Verschmelzung mit Gott, noch ein «Gleichkommen» bedeuten.

Weil die Gnade hauptsächlich mit dem Werk der Erlösung zu tun hat, so erkannte Christus – in der dritten Weise der Erkenntnis – durch die vollkommenste Gnade alles, was sich auf die Wiederherstellung bezieht, und zwar weitaus besser und in viel höherem Maß als irgendeiner der Propheten oder selbst ein Engel.

Ihrer Bestimmung nach sollte die *Natur des Menschen* – so wie sie am Anfang als gut geschaffen war – den Vorrang vor allen Geschöpfen einnehmen und diese erkennen, nämlich als dem Menschen dienstbar. Das zeigt der Bericht von der Erschaffung des Menschen ganz klar. Daher erkannte Christus – auf die vierte Weise – alles, was sich auf den Aufbau der Welt bezieht, und zwar weit besser als Adam.

Und was schließlich die fünfte Form angeht: Weil die Sinne nur gegenwärtige Gegenstände aufnehmen können, erkannte Christus mittels der Sinne nicht alles gleichzeitig, sondern einmal dies, dann jenes – so wie es zur Erlösung des Menschengeschlechtes angebracht war.

7. Kapitel: Die Vollkommenheit des Verdienstes Christi in seinem Wirken

In Christus war die Vollendung und Fülle jedes Verdienstes. Dabei sind sieben Aspekte in Betracht zu ziehen: Erstens, daß er, *der* das Verdienst erwarb, nicht ein bloßer Mensch, sondern auch Gott ist. Zweitens, daß die *Zeit,* in der er Verdienste erwarb, sich vom Augenblick der Empfängnis bis zur Todesstunde erstreckte. Drittens, *wodurch* er Verdienste erwarb: durch die vollkommenste Liebe und die vollkommenste Ausübung der Tugenden im Gebet, im Handeln und im Leiden. Viertens, *für wen* er die Verdienste erwarb: nicht nur für sich selbst, sondern für uns, ja für alle Gerechtfertigten. Fünftens, *was* er *für uns* verdiente: nicht nur die Herrlichkeit der Glorie für den Geist, sondern auch die Auszeichnung für den Leib aus Fleisch und die Öffnung des Himmelstores. Sechstens, *was er für sich selbst* verdiente: denn brauchte er auch nicht die Verherrlichung des Geistes zu verdienen, die er ja bereits besaß, so doch die Verherrlichung des Leibes, die rasche Auferstehung, die Erhöhung seines Namens und die Würde der richterlichen Vollmacht. Siebtens, *die Art und Weise,* wie er Verdienste erwarb. Man kann ja in einem dreifachen Sinn bei jemandem von «Verdienst» sprechen: wenn durch sein Tun etwas, was ihm nicht geschuldet *(debitum)* ist, zu etwas Geschuldetem wird, oder wenn etwas, das ihm geschuldet ist, in höherem Maß geschuldet ist, oder wenn etwas, das unter einer Hinsicht geschuldet ist, es nun auch unter einer anderen Hinsicht ist. Auf jede dieser drei Weisen erwarb der Herr für uns Verdienste, für sich selbst aber nur auf die dritte Weise. Dies bewirkte die Fülle der Gnade des Hl. Geistes, aufgrund derer Christus im Stand der Seligkeit und zugleich im Stand des Verdienen-Könnens war, so daß alle unsere Verdienste in seinem Verdienst gründen.

Begründung zum tieferen Verständnis:

Weil im Ursprung der Erlösung, Christus unserm Herrn, notwendigerweise die Fülle der Gnade und der Weisheit war – für uns die Wurzel eines gerechten und heiligen Lebens –, so war es ebenso notwendig, daß in ihm jegliche Fülle und jegliche Vollkommenheit allen Verdienstes war. Denn in Christus war die vollkommene Gnade der Einigung, durch die er vom Augenblick der Empfängnis an Gott war, die vollkommene Erkenntnis der Glorie hatte und die Willensfreiheit ausübte. Daher muß ihm die Vollkommenheit des Verdienstes zukommen, sowohl unter der Hinsicht des Subjekts, welches das Verdienst erwirbt, wie der sofortigen zeitlichen Möglichkeit.

In Christus war aber auch die vollkommene persönliche Gnade; dadurch besaß er die stärkste Liebe und alle Tugenden – er besaß sie vollkommen als innere Eigenschaften und ebenso vollkommen übte er sie. Also hatte er auch das vollendete Verdienst unter dem Gesichtspunkt, *wodurch* man ein Verdienst erwirbt: denn dieses wurzelt im Habitus der Liebe und mannigfaltigen edlen Handlungen[153].

In Christus war auch die Fülle der Hauptesgnade, wodurch er die Gnade in reichster Fülle in seine Glieder strömen läßt. Und darum hatte er die Fülle des Verdienstes nicht nur für sich, sondern auch für uns. Denn wie er uns seiner göttlichen Natur nach alle geistlichen Güter zuströmen läßt, so hat er für uns in der angenommenen Menschennatur alle Güter verdient, die des gegenwärtigen Zustands ebenso wie die der ewigen Glückseligkeit.

War eine solche Fülle von Gnaden in Christus, so schließt das ein, daß er sich im Zustand der Seligkeit befand, was den höheren Bereich der Seele betrifft[154], auch wenn er aufgrund des Heilsplanes sich unseretwegen im Zustand der Pilgerschaft befand. Er besaß die Vollkommenheit des Verdienstes in Bezug auf sich selbst, insofern er sich nicht die Glorie beziehungsweise die Seligkeit der Seele erwarb, welche diese mit ihrer Erschaffung bereits besaß und die in Christus jedem Verdienst vorausging, sondern nur die Verherrlichung seines überaus ehrwürdigen Leibes. Diese nämlich konnte nicht mit dem Pilgerstand zusammen bestehen.

[153] s.u. V, 2. 4.

[154] s.o. II, 9.

Und deswegen erwarb Christus auch auf vollkommene Weise Verdienste: Da in ihm vom Zeitpunkt der Empfängnis an die vollkommene Fülle war, hat er sogleich alles verdient, was er in Bezug auf sich selbst verdienen konnte. Er machte aus etwas, das ihm auf eine bestimmte Weise geschuldet war, etwas, das ihm auf andere Weise geschuldet war. Zu bewirken, daß etwas, was ihm nicht geschuldet gewesen wäre, ihm nun geschuldet, oder etwas, das ihm zwar in etwa geschuldet gewesen, nun in höherem Maße geschuldet wäre, das war für seine Person unmöglich. Er konnte ja nicht an Heiligkeit zunehmen, da er von Anbeginn der Heiligste war. Doch hat er dies für uns bewirkt, die wir aufgrund seines Verdienstes durch die Gnade gerecht gemacht werden (Röm 3,24), in der Gerechtigkeit voranschreiten und durch die ewige Herrlichkeit den Kranz erlangen.

So sind also in Christus alle unsere Verdienste verwurzelt, sowohl diejenigen der Buße und Genugtuung, wie diejenigen, die das ewige Leben verdienen. Denn wir sind nicht würdig, Verzeihung zu erlangen für die Beleidigung des Höchsten Gutes, noch sind wir würdig, den unermeßlichen ewigen Lohn zu gewinnen, der Gott selbst ist – das sind wir nur durch das Verdienst des Gott-Menschen, zu dem wir sprechen können und sollen: «All unsere Werke hast du in uns gewirkt, o Herr» (Jes 26,12). Er selbst, sage ich, ist der Herr, zu dem der Prophet sprach: «Ich sprach zum Herrn: Mein Gott bist du, denn meiner Güter bedarfst du nicht» (Ps 16,2).

8. Kapitel: Die Passion Christi – Er, der litt

Nachdem wir die Vereinigung der Naturen und die Fülle der Gnaden im fleischgewordenen Wort betrachtet haben, müssen wir uns nun seinem Leiden zuwenden. Dreierlei wollen wir dabei überdenken: Wer litt *(status patientis)*, wie er litt *(modus patiendi)* und wie das Leiden ausging *(exitus passionis)*.

Wenn wir die Person dessen betrachten, der das Leiden auf sich nahm, so müssen wir festhalten, daß Christus nicht nur die menschliche Natur angenommen hat, sondern auch die Schwächen dieser Natur. Er hat Schwächen des Körpers angenommen, wie Hunger, Durst und Müdigkeit, aber auch solche des Geistes, wie Trauer, Seufzen und Angst. Er hat jedoch nicht alle körperlichen Schwächen angenommen, zum Beispiel nicht die vielfachen Krankheiten, und nicht alle Schwächen des Geistes, wie Unwissenheit oder den Widerstreit zwischen Leib und Geist. Und er hat diese Schwächen auf eine ganz bestimmte Art angenommen: denn er nahm das Leiden so auf sich, daß er nichts gegen seinen Willen litt, weder gegen seinen göttlichen Willen noch gegen seinen menschlichen Vernunftwillen – auch wenn das Leiden dem Wollen der Sinne und des Leibes widerstand, wie es das Gebet des Erlösers zum Ausdruck bringt: «Nicht wie ich will, sondern wie du willst» (Mt 26,39).

Begründung zum tieferen Verständnis:

Weil der URSPRUNG DER ERLÖSUNG bei der Versöhnung die Aufgabe des Mittlers übernehmen muß, muß er auch mit beiden Seiten etwas gemeinsam haben *(convenientia)*: er muß eine Verwandtschaft nicht nur in der Natur haben, sondern auch in dem, was zur Natur gehört. Gott ist gerecht und selig, unfähig des Leidens und des Sterbens. Der gefallene Mensch ist Sünder, im Elend, dem Leiden und Sterben unterworfen. Damit der Mittler zwischen Gott und den Menschen (1 Tim 2,5) den Menschen zu Gott zurückführen könne, mußte er mit Gott die Gerechtigkeit und die Seligkeit gemeinsam haben, mit dem Menschen aber die Leidensfähigkeit und das Sterben-Können. «Für eine vorübergehende Zeit sterblich, fortwährend aber selig»[155], sollte er den Menschen aus seinem gegenwärtigen Elend zum seligen Leben führen – wie umgekehrt der böse Engel, der die Unsterblichkeit besitzt, aber in Elend und Ungerechtigkeit, durch seine Einflüsterung den Menschen in Schuld und Elend stürzen ließ. Weil im Mittler Christus völlige Schuldlosigkeit und Glückseligkeit zusammen mit Leiden- und Sterben-Können gegeben sein mußten, darum mußte er zugleich dem Stand der irdischen Pilgerschaft und dem Stand der Seligkeit angehören *(simul viator et comprehensor)*. – Er hatte also von jedem Stand etwas in sich; weswegen man sagen kann, er habe aus dem Stand der Unschuld des Paradieses die Unberührtheit von Sünde angenommen, aus dem Stand der gefallenen Natur die Sterblichkeit, aus dem Stand der Glorie die vollkommene Seligkeit in der Freude an Gott.

Weil nun diejenigen Strafen, welche gewissermaßen die Neigung zu einem Laster bei sich haben – das sind jene vier, die als Folge der Erbsünde auf dem Menschen lasten: Unwissenheit, Schwachheit, Bosheit und Begierde – unmöglich mit der vollkommenen Unschuld zusammen bestehen können, war es keineswegs angebracht, daß Christus diese hätte annehmen sollen, und er hat sie auch nicht angenommen. Angebracht aber war es, daß der Erlöser diejenigen Strafen annehme, welche die vollkommene Tugend herausfordern und Zeugnis ablegen von seiner wahren, nicht vorgetäuschten Menschheit. Das sind vor allem jene Leiden, welche alle Menschen treffen:

[155] Augustinus, Civ. Dei IX, 15.

Hunger und Durst, wenn die Nahrung fehlt, Trauer und Angst, wenn uns etwas Schaden zufügt. Diese hat er angenommen.

Kein Unschuldiger darf gegen seinen Willen unter irgendeine Strafe gebeugt werden; das wäre gegen die Gerechtigkeit Gottes. Kein Sterblicher aber *will* leiden und sterben, wenn es nach dem Streben seiner Natur geht; denn diese flieht natürlicherweise vor dem Tod. Daher war es zwar angemessen, daß Christus diese Pein auf sich nahm, jedoch so, daß er nichts gegen seinen vernünftigen Willen erlitt. Der Grund liegt nicht nur in der Seligkeit, derer er sich erfreute, und in Vereinigung der menschlichen mit der allmächtigen göttlichen Natur, wodurch er alles hätte abwehren können, der Grund liegt auch in seiner vollkommenen Schuldlosigkeit. Denn es wäre gegen die natürliche Ordnung der Gerechtigkeit, wenn jemand Unschuldiger gegen seinen Willen etwas erleiden müßte. Das Leiden stand allerdings gegen die Neigung und das Verlangen der menschlichen Natur, das seinen Sitz in den Sinnen und im Leibe hat. Als Christus betete, betete er mit der Vernunft, aber er brachte das Verlangen des Leibes zum Ausdruck, der vor der Passion zurückbebte; und so sprach er: «Es möge dieser Kelch an mir vorübergehen». Doch den Willen seines Geistes glich er dem Willen des Vaters an und zog ihn dem Streben der Natur vor; und so sprach er: «Nicht mein Wille geschehe, sondern der deine» (Mt 26,39).

So stand der eine Wille nicht gegen den andern: «Mit göttlichem Willen wollte er, was der Gerechtigkeit entspricht, mit dem geistigen Willen stimmte er der Gerechtigkeit zu, mit dem natürlichen Wollen des Leibes wehrte er sich gegen die Strafe, beschuldigte jedoch nicht die Gerechtigkeit. Jeder Wille wirkte das, was ihm entsprach, und verfolgte das ihm eigene Gut: der göttliche Wille die Gerechtigkeit, der geistige Wille des Menschen den Gehorsam, der sinnenhafte Wille die Natur»[156]. Und so war in Christus nicht bitterer Widerstreit und Kampf, sondern friedvolle Ordnung und Ruhe.

9. Kapitel: Die Art und Weise des Leidens Christi

Das Leiden Christi war allseitig, überaus bitter und schmachvoll, es führte zum Tod und brachte doch das Leben. Allseitig war dieses Leiden, insofern es die ganze menschliche Natur traf, nicht nur die Glieder des Leibes, sondern auch die seelischen Kräfte; der göttlichen Natur nach freilich konnte er nichts erleiden. Überaus bitter war es, weil er nicht nur Schmerzen erlitt durch die Wunden, die man ihm zufügte, sondern auch durch das Mitleiden, mit dem er unsere Sünden trug. Überaus schmachvoll war es, weil er am Schandpfahl des Kreuzes sterben mußte, was die Strafe für Schwerverbrecher war, und weil er zusammen mit solchen, nämlich Räubern, gekreuzigt wurde; denn «er wurde unter die Verbrecher gerechnet» (Jes 53,12). Das Leiden führte zum Tod, in dem Seele und Leib getrennt wurden; doch blieben beide mit der Gottheit vereint. Wer behauptet, daß der Gottessohn die einmal angenommene Natur irgendwann verlassen habe, ist von der Kirche ausgeschlossen *(anathema est)*.

Begründung zum tieferen Verständnis:

Der URSPRUNG, DER DIE WIEDERHERSTELLUNG WIRKT, mußte bei der Erlösung des Menschengeschlechtes die

[156] Bonaventura bezieht sich auf Hugo von St. Victor, Libellus de Quattuor voluntatibus in Christo.

Ordnung berücksichtigen, die er in der Schöpfung gesetzt hatte. Das heißt, die Erlösung mußte so gewirkt werden, daß die Freiheit des Willens, die Ehre Gottes und die Ordnung der gesamten Schöpfung gewahrt blieben.

Weil also bei der Wiederherstellung die Willensfreiheit gewahrt bleiben mußte, fand sie so statt, daß dem Menschen ein überaus wirkkräftiges Beispiel gegeben wurde. Ein Beispiel ist dann wirkkräftig, wenn es den Menschen einlädt und belehrt, den Gipfel der Tugend zu erstreben. Nichts beeindruckt den Menschen hier so sehr wie das Vorbild von jemandem, der wegen der Gerechtigkeit und des Gehorsams gegen Gott den Tod erleidet, und zwar nicht einfach den Tod, sondern einen furchtbar grausamen. Und nichts richtet den Menschen so sehr auf, wie die Liebe und Güte des Gottessohnes, in der er das Leben für uns hingab (1 Joh 3,16) – ohne daß wir es verdient hätten, ja im Gegenteil: angesichts unserer zahlreichen Vergehen. Diese liebevolle Güte erweist sich um so größer, je schwerer und schimpflicher die Last war, die er für uns auf sich nahm und erleiden wollte. Gott nämlich «hat seinen eigenen Sohn nicht geschont, sondern ihn für uns alle hingegeben; wie sollte er uns mit ihm nicht alles geschenkt haben?» (Röm 8,32). Das lädt uns ein, ihn zu lieben und den Geliebten auch nachzuahmen.

Weil auch die Ehre Gottes gewahrt bleiben mußte, geschah die Erlösung durch die Darbringung des Gehorsams, der Genugtuung leistete: «Genugtuung ist, Gott die geschuldete Ehre zu erweisen»[157]. Wenn nun aufgrund von Hochmut und Ungehorsam Gott in einer Sache, zu der der Mensch verpflichtet ist, die Ehre nicht gegeben wurde, dann besteht die beste Weise des Ersatzes in Ver-

[157] Anselm, Cur Deus homo, I, 11 und 20.

demütigung und Gehorsam, und zwar in einer Sache, die nicht geschuldet ist. Nun war Christus Jesus als Gott dem Vater gleich (vgl. Phil 2,6-8); und als vollkommen schuldloser Mensch war er in keiner Weise des Todes schuldig. Als «er sich selbst entäußerte und gehorsam wurde bis zum Tod», erstattete er Gott, was er nicht geraubt hatte (Ps 69,5); er leistete die vollkommene Genugtuung durch seinen Gehorsam und brachte ein Opfer voll Wohlgeruch dar zur vollkommenen Sühne bei Gott.

Weil auch die Gesetzmäßigkeiten der Welt gewahrt bleiben sollten, geschah die Wiederherstellung durch ein dem Schaden angepaßtes Heilmittel. Ganz passend ist es, wenn «etwas durch seinen Gegensatz geheilt wird»[158]. Der Mensch sündigte, weil er sein wollte wie Gott und weil er die Frucht des verbotenen Baumes *(lignum)* genießen wollte. So beugte er sich einerseits der Begierde und bäumte sich andererseits im Hochmut auf. Durch diese Tat wurde das ganze Menschengeschlecht angesteckt; es ging der Unsterblichkeit verlustig und verfiel dem verdienten Tod. Damit die Weise der Heilung umgekehrt dem entspräche, wollte der menschgewordene Gott demütig werden und am Holz *(lignum)* leiden. Weil die Krankheit umfassend war, wollte er ein umfassendes Leiden erdulden; der sinnenhaften Begierde des Menschen war der übergroße Schmerz, dem Hochmut die Schmach seines Leidens entgegengesetzt. Und gegen den verdienten, doch ungewollten Tod wollte er freiwillig einen Tod erleiden, den er in keiner Weise verdient hatte.

Weil also in uns die Verderbnis so weite Kreise zog, daß nicht nur Leib und Seele, sondern jeder Teil des Körpers und jede Kraft der Seele betroffen ist, so wollte

[158] Gregor, Evangelienhomilien II, 32, n.1.

Christus am ganzen Leib leiden, mit jeder Kraft seiner Seele, auch mit dem höheren Bereich der vernünftigen Seele. Unter der Hinsicht, daß sie Vernunft *(ratio)* ist, und aufgrund ihrer Vereinigung mit dem, was sie überragt [d.i. die Person des Sohnes], erfreute sie sich innigst in Gott; doch insofern sie Natur *(natura)* ist, und aufgrund ihrer Vereinigung mit dem, was niedriger ist als sie [nämlich Sinnesvermögen und Leib], litt sie das bitterste Leiden; denn Christus befand sich im Stand der Pilgerschaft ebenso wie im Stand der Seligkeit.

Auch hat die Begierde bei uns Seele und Körper befallen, und sie bewirkt Sünden des Geistes und solche des Fleisches. Daher hat Christus im Leibe die schwerste Pein gelitten und in der Seele das bitterste Mitleiden ertragen. Und in jeder Hinsicht war der Schmerz überaus heftig, hatte der Erlöser doch einen Leib von vollkommen ausgewogener Zusammensetzung und feinfühligen Sinnen, ebenso wie eine Seele, in der die höchste Liebe zu Gott und das tiefste Erbarmen mit dem Mitmenschen wohnten.

Weil nun die Geschwulst des Hochmuts sich zuweilen von innen – aus Anmaßung –, zuweilen von außen – aus Prahlerei und Lobesreden anderer – aufbläht, darum litt Christus als Heilmittel gegen alle Arten unseres Hochmuts eine zweifache Schmach: seines Leidens an sich, und die Schmach, auf seinem Leidensweg von solchen Leuten begleitet zu sein[159].

Schließlich: All das betraf nicht die göttliche Natur, die nicht leidensfähig ist, sondern allein die menschliche. Darum geschah beim Tode Christi die Trennung von

[159] Womöglich bezieht sich dies nicht nur auf die beiden Verbrecher, sondern auch auf die Schmähungen, welche die übrigen Zuschauer ausstießen (im Gegensatz zu: «Lobreden anderer Leute»).

Seele und Leib auf solche Weise, daß die Einheit der Person nicht angetastet wurde und die Vereinigung des Leibes wie der Seele mit der göttlichen Natur bestehen blieb. Da die Vereinigung der Seele mit dem Leib den Menschen ausmacht, und zwar den lebendigen Menschen, war Christus in jenen drei Tagen nicht «Mensch», auch wenn Leib und Seele mit der Gottheit vereint blieben. Und weil der Tod in der menschlichen Natur seine tödliche Kraft nicht auf die immer lebendige Person ausdehnen konnte, darum erstarb der Tod im Leben. Durch den Tod Christi «wurde der Tod verschlungen im Sieg» (1 Kor 15,54), der Fürst des Todes endgültig besiegt, der Mensch vom Tod und der Ursache des Todes befreit: durch das Verdienst des Todes Christi als des kraftvollsten Mittels der Heilung.

10. Kapitel: Die Frucht des Leidens Christi

Was nun den Ausgang und die Frucht des Leidens Christi angeht, so ist ohne Zweifel festzuhalten: Die Seele Christi stieg nach der Passion in die Unterwelt, oder den Limbus, ab, um diejenigen zu befreien, die – aufgrund des Glaubens oder der Sakramente des Glaubens – als Glieder Christi gestorben waren. Am dritten Tage erstand er von den Toten, indem er den Körper wieder zu sich nahm, denselben, den er vorher mit Leben erfüllt hatte, aber nicht von gleicher Beschaffenheit. War dieser vorher leidensfähig und sterblich, so war er nach der Auferstehung weder leidensfähig noch sterblich, sondern für immer lebendig. Nach vierzig Tagen stieg er zum Himmel auf; über alle Geschöpfe erhöht, sitzt er dort zur Rechten des Vaters. Dieses Wort von der «Rechten» ist nicht als Ortsangabe zu verstehen, denn das kommt Gott dem Vater nicht zu, sondern als die besten Güter; denn Christus besitzt die besten Güter des Vaters. Nachdem noch einmal zehn Tage vergangen waren, sandte er auf die Apostel den verheißenen Heiligen Geist herab. Durch ihn wurde die Kirche versammelt aus den Völkern und erhielt ihre Ordnung nach den verschiedenen Diensten und Gnadengaben, wie sie der Geist zuteilt.

Begründung zum tieferen Verständnis:

Ebenso wie Christus als das UNGESCHAFFENE WORT alles in vollendeter Weise geschaffen hat, so sollte er als das FLEISCHGEWORDENE WORT alles in vollendeter Weise neu schaffen. Denn es wäre nicht angebracht, daß der vollkommene URSPRUNG ein Werk entließe, ohne daß es vollkommen ist. Und ebenso mußte der URSPRUNG DER ERLÖSUNG ein Heilmittel anwenden, das sein Ziel vollkommen erreicht. Dazu muß es erstens in jeder Hinsicht ausreichend sein *(sufficientissimum)* und zweitens von größter Wirksamkeit *(efficacissimum)*.

Weil es in jeder Hinsicht ausreicht, erstreckt sich dieses Heilmittel auf Himmel, Erde und Unterwelt. Denn durch Christus wurde der Bereich der Unterwelt wiedergewonnen, der Bereich der Erde erlöst, der Bereich des Himmels erneuert. Das erste bewirkte er durch Verzeihung, das zweite durch Gnade, das dritte durch Verherrlichung. Darum stieg die Seele Christi nach der Passion in die Unterwelt ab, um die dort Festgehaltenen zu befreien. Dann erstand er von den Toten, um die in der Sünde Toten lebendig zu machen. Er stieg zum Himmel empor, um das himmlische Jerusalem zu erneuern[160]. Er

[160] *redintegrare.* Auch der Himmel hat durch die Sünde (der bösen Engel) Schaden gelitten. Die Erlösung der Menschen in Christus bewirkt eine neue Einheit zwischen Himmel und Erde, sie ermöglicht

sandte den Hl. Geist zur Erde, um das irdische Jerusalem aufzubauen. Damit die Wiederherstellung des Menschengeschlechtes vollständig sei, sind alle diese Auswirkungen notwendig.

Zweitens. Das Heilmittel war auch von stärkster Wirkkraft. Es wirkt sowohl auf diejenigen, welche Christi Ankunft vorausgingen, wie auf diejenigen, die ihr folgen, sofern sie zu Christus hinzutraten oder hinzutreten, seine Glieder waren oder sind: Das sind die Menschen, die ihm in Glaube, Hoffnung und Liebe anhangen. Daher wirkte das Heilmittel zuerst auf diejenigen, die an Christus geglaubt hatten, im Glauben auf ihn gehofft und in der Hoffnung ihn geliebt hatten. Und darum mußte er sofort in die Unterwelt absteigen, um sie zu befreien. Denn das Tor des Himmels war geöffnet durch das Leiden Christi: Er, der Genugtuung geleistet hat, nahm das flammende Schwert hinweg; er wandelte den göttlichen Urteilsspruch und entriß alle seine Glieder der Unterwelt.

Seine vornehmliche Wirkung entfaltete das Heilmittel auf diejenigen, die der Ankunft Christi folgten: Sie sollten dadurch zu Glaube, Hoffnung und Liebe gezogen werden und schließlich die himmlische Herrlichkeit erlangen.

Wir glauben, daß Christus wahrer Gott und Mensch ist, daß er uns durch seinen Tod erlösen wollte und daß er uns durch seine Auferstehung zum Leben führen kann. Zur Auferbauung dieses Glaubens wollte der Herr zu unsterblichem Leben erstehen, allerdings erst nach einem Zeitraum von drei Tagen, das heißt, sechsunddreißig Stunden. Daran wird offenbar, daß er wirklich gestorben war. Man sollte nicht glauben, er sei gar nicht wirklich gestorben, sondern habe nur so getan; deswegen wäre es

die Ergänzung der im himmlischen Jerusalem verwaisten Plätze; vgl. die Ausführung dieses Gedankens bei Anselm, Cur Deus homo II, 16-18.

nicht angebracht gewesen, die Zeit bis zur Auferstehung zu verkürzen. Es wäre aber auch nicht angebracht gewesen, sie hinauszuschieben; denn wenn er für lange Zeit im Tode läge, könnte man glauben, er sei ohnmächtig und könne niemanden zum Leben rufen. Daher erstand er am dritten Tag.

Um die Hoffnung aufzurichten, stieg er zur Herrlichkeit des Himmels empor, die auch wir erhoffen. Die Hoffnung allerdings entsteht nur aus dem Glauben an die künftige Unsterblichkeit. Daher fuhr er nicht sofort zum Himmel auf, sondern erst nach vierzig Tagen, während derer er durch mannigfache Zeichen und durch Unterweisung die Auferstehung erwies; denn durch sie gewinnt das Herz Festigkeit im Glauben und erhebt sich zur Hoffnung auf die himmlische Herrlichkeit (vgl. 1 Kor 15,5 ff.; 1 Thess 4,12 ff.).

Um schließlich die Liebe zu entzünden, sandte er am Pfingsttag das Feuer des Hl. Geistes. Und weil niemand von diesem Feuer erfüllt wird, der nicht bittet, sucht und anklopft, im beharrlichen, verwegenen Verlangen der Hoffnung: darum sandte er den Hl. Geist nicht sogleich nach der Himmelfahrt, sondern nach zehn Tagen, an denen sich die Jünger mit Fasten, Gebet und Seufzen darauf vorbereiteten, den Hl. Geist zu empfangen.

Wie der Herr im Leiden die rechte Zeit und Stunde wählte[161], so auch in der Auferstehung, in der Himmelfahrt und in der Sendung des Hl. Geistes: es geschah so, um diese drei Tugenden einzupflanzen; auch liegen in diesen Zeiten noch viele andere Geheimnisse.

[161] Nach Beda, In Mc. 15,33, entmachtete Jesus durch sein Sterben den Tod zur gleichen Stunde wie Adam durch seine Sünde den Tod in die Welt gebracht hatte. Den gleichen Gedanken nimmt das Rezitativ zum Scheiden Christi in Bachs Matthäus-Passion auf: «Am Abend als es kühle war, war Adams Fallen offenbar…».

Der Heilige Geist aber, der die Liebe ist und den man durch die Liebe besitzt, ist die Quelle aller Gnadengaben *(charismata)*. Mit dem Herabkommen des Hl. Geistes wurde die Fülle der Gnadengaben ausgegossen, auf daß der mystische Leib Christi vollendet werde. Und weil es in einem vollkommenen Leib verschiedene Glieder geben muß, die jeweils verschiedene Dienste und Aufgaben erfüllen, und den verschiedenen Diensten verschiedene Gnadengaben entsprechen, «wird dem einen durch den Geist die Weisheitsrede, dem anderen die Rede der Wissenschaft, wieder einem anderen Glaubenskraft gegeben, dem einen die Gnade der Heilung, dem anderen die Gabe, Machttaten zu wirken, einem die Gabe der Prophetie, dem anderen die Unterscheidung der Geister, einem die Sprachengabe, einem anderen die Auslegung der Rede. Und all das wirkt ein und derselbe Geist, der den einzelnen zuteilt, wie er will» (1 Kor 12,8-11). In seiner überfließend reichen Freigebigkeit waltet seine Fürsorge, und seine weiseste Vorsehung in seiner Güte.

V. TEIL: DIE GNADE DES HEILIGEN GEISTES

1. Kapitel: Die Gnade als ein von Gott gegebenes Geschenk

Nach der Inkarnation des WORTES, welches Ursprung und Quelle jedes Gnadengeschenks ist, müssen wir nun einiges über die Gnade des Heiligen Geistes sagen, und zwar unter vier Gesichtspunkten: Erstens, die Gnade als von Gott gegebenes Geschenk, zweitens, die Gnade im Verhältnis zum freien Willen, drittens im Verhältnis zu den einzelnen Tugenden, viertens im Verhältnis zum verdienstvollen Handeln.

Betrachten wir die Gnade unter der ersten Hinsicht: von Gott gegebene Gabe, so ist folgendes festzuhalten: sie ist ein Geschenk, das von Gott unmittelbar geschenkt und eingegossen wird. Mit ihr und in ihr wird nämlich der Heilige Geist gegeben, der die ungeschaffene Gabe ist, «die beste und vollkommene, die vom Vater der Lichter herabsteigt» (Jak 1,17), und zwar durch das fleischgewordene WORT. Dem entspricht, daß Johannes in der Apokalypse (22,1f.) einen glänzenden Strom wie Kristall vom Thron Gottes und des Lammes ausgehen sah. Die Gnade ist zugleich auch eine Gabe, durch welche die Seele zur Braut Christi, zur Tochter des ewigen Vaters und zum Tempel des Heiligen Geistes wird. Dies kann nur geschehen durch eine Herabneigung der ewigen Majestät, welche Würde verleiht, und durch eine Verleihung von Würde, indem Gott sich herabbeugt durch das Geschenk seiner Gnade *(dignativa condescensio, condescensiva dignatio)*. Die Gnade ist schließlich ein Geschenk, das die Seele reinigt, erleuchtet und vervollkommnet, das sie belebt, neuschafft und ihr Festigkeit verleiht, das sie erhöht, Gott ähnlich macht und Ihm verbindet, und dadurch bei Ihm angenommen *(acceptabilem)*[162] sein läßt. Daher wird ein solches Geschenk ganz richtig «Gnade, die angenehm macht» *(gratia gratum faciens)* genannt, und der Name mußte so gewählt werden[163].

Begründung zum tieferen Verständnis:

Der ERSTE URSPRUNG erschuf in seiner höchsten Güte das vernunftbegabte Geschöpf als der ewigen Seligkeit fähig, und er stellte jene durch die Sünde geschwächte Fähigkeit wieder her zum Heile. Da die ewige Seligkeit im Besitz des höchsten Gutes besteht, und dieses Gut Gott selbst ist, ein Gut, das in seiner Erhabenheit in keinem Verhältnis steht zu dem, was der Gehorsam des Menschen wert ist, deswegen ist überhaupt niemand würdig, zu diesem Gut zu gelangen – denn es steht über allen Grenzen der Natur –, außer er wird durch Gott, der sich zu ihm herabneigt, über sich selbst hinaus erhoben. Gott aber steigt nicht nach seiner unveränderlichen Wesenheit herab, sondern durch einen Einfluß, der aus ihm strömt. Auch wird der Geist nicht nach Art einer Ortsveränderung über sich hinaus gehoben, sondern durch die Eigenschaft *(habitus)* der Gottähnlichkeit *(deiformitas)*. Damit also ein vernünftiges geistiges Wesen der ewigen Seligkeit würdig werde, muß es an dem Einfluß, der gottähnlich macht *(influentia deiformis)*, teilhaben. Weil dieser Einfluß von Gott, Gott entsprechend und auf Gott hin ist, deswegen gestaltet er das Bild unseres Geistes der heiligsten Dreifaltigkeit ähnlich, und zwar nicht nur der Ordnung des

[162] *acceptatio:* Gottes Annahme des Begnadeten mit Wohlgefallen.

[163] *gratia* hängt mit *gratus* zusammen: Sie ist ein Geschenk aus Freigebigkeit *(gratis)*, macht den Menschen in Gottes Augen «angenehm» und den Menschen Gott gegenüber «dankbar» *(gratitudo)*, wie Bonaventura im Sentenzenkommentar ausführt: II dist. 26 a. 1 q. 2.

Ursprungs nach [weil die Gnade von Gott ausgeht und mit ihm verbindet], sondern auch gemäß der rechten Wahl [indem der Wille gott-entsprechend will] und hinsichtlich des seligen Ruhens in der Freude an Gott. Wer diesen Einfluß besitzt, wird unmittelbar zu Gott zurückgeführt, wie er ihm auch unmittelbar ähnlich wird[164]. Daher wird dieses Geschenk unmittelbar von Gott gegeben; er ist der Ursprung, der es ausströmen läßt. Wie also unmittelbar von Gott Gottes Ebenbild *(imago)* fließt, so fließt auch unmittelbar von ihm das gnadenhafte Ähnlichkeitsbild *(similitudo),* das die Vervollkommnung der Gottförmigkeit im Ebenbild Gottes ist und daher «Bild der Neuschöpfung» *(imago recreationis)* heißt.

Weil nun jemand, der in Gott selig ist *(fruitur),* Gott «hat», wird mit der Gnade, die ja durch die verliehene Gottähnlichkeit zur Beseligung in Gott fähig macht, auch die *Ungeschaffene Gabe*, der Heilige Geist, gegeben. Wer diese Gabe hat, hat Gott. Und weil niemand Gott «hat», ohne daß er zugleich in besonderer Weise von Gott «gehabt wird», niemand aber Gott hat und von ihm gehabt wird, ohne daß er ihn an erster Stelle und unvergleichlich höher als alles andere liebt und von ihm geliebt wird wie die Braut vom Bräutigam, niemand aber so geliebt wird, ohne daß er als Sohn angenommen wird, um das ewige Erbe zu erhalten, darum ist es Wirkung der *gratia gratum faciens,* daß die Seele zum Tempel Gottes, zur Braut Christi und zur Tochter des ewigen Vaters wird. Dies aber kann nur durch die tiefste gnadenhafte Herabneigung Gottes *(ex dignatione et condescensione)* geschehen, also nicht durch irgendeinen Habitus, der natürlich im

[164] D.h., die Ähnlichkeit besteht nicht in einem übergeordneten Dritten – einer abstrakten Eigenschaft – sondern in der Teilhabe an Gottes Heiligkeit.

Menschen eingesenkt wäre, sondern allein durch eine Gabe, die von Gott her gnadenhaft *(gratis)* eingegossen ist. Das zeigt sich ganz klar, wenn einer recht bedenkt, was es denn bedeutet, Gottes Tempel, Gottes Sohn zu sein, ja Gott unauflöslich und gleichsam wie in einem Ehebund durch das Band der Liebe und der Gnade verbunden zu sein.

Schließlich: Hinsichtlich des rechten Wollens wird unser Geist *(mens)* der heiligsten Dreifaltigkeit nur gleichförmig durch die Kraft der Tugend, den Glanz der Wahrheit und die Glut der Liebe. Die Kraft der Tugend reinigt die Seele, gibt ihr Festigkeit und erhebt sie; der Glanz der Wahrheit erleuchtet sie, schafft sie neu und gleicht sie Gott an; die Glut der Liebe vollendet sie, belebt sie und verbindet sie mit Gott. Und aufgrund all dessen ist der Mensch Gott wohlgefällig und bei ihm angenommen. Daher sagt man, daß «der Einfluß, der Gott ähnlich macht», alle diese zehn Wirkungen hat, jedoch so, daß er seinen Namen von der letzten [der *acceptatio, complacentia, gratum esse*] nimmt, weil diese gewissermaßen alle anderen Aspekte umfaßt. Man spricht also von der «Gnade, die angenehm macht», weil sie denjenigen, der sie besitzt, vor Gott angenehm macht; denn sie wird nicht nur umsonst von Gott geschenkt *(gratis a Deo)*, sie entspricht auch Gott in ihrer Wirkweise *(secundum Deum)* und ordnet auf ihn hin *(propter Deum)*. Diese Gabe hat nämlich zum Ziel, daß das Werk, das aus Gottes Hand kam, zu Gott zurückkehre; wie in einem geistigen Kreis haben ja alle vernünftig-geistigen Wesen ihre Vollendung in Ihm.

2. Kapitel: Die Gnade unter der Hinsicht, daß sie ein Verdienst erwerben hilft

Als zweites müssen wir die Gnade im Verhältnis zum freien Willen erwägen: zum einen, insofern mit ihrer Hilfe Verdienste erworben werden, zum andern, insofern sie ein Heilmittel gegen die Sünde ist.

Was den ersten Gesichtspunkt angeht, so ist folgendes festzuhalten: Man kann von Gottes Gnade in einem *allgemeinen,* in einem *besonderen* und in einem *eigentlichen* Sinn sprechen. In allgemeinem Sinn meint sie eine göttliche Hilfe, die dem Geschöpf frei und unverdient gegeben wird, ohne daß berücksichtigt wird, zu welchem Akt. Ohne diese Gnadenhilfe können wir überhaupt nichts bewirken, ja nicht einmal im Sein bestehen. Im besonderen Sinn meint Gnade die von Gott gegebene Hilfe, damit sich jemand bereite zum Empfang der Gabe des Heiligen Geistes; und erst durch sie gelangt der Mensch überhaupt in den Zustand, der Verdienste ermöglicht. Diese Gnadenhilfe heißt «umsonst gegebene Gnade» *(gratia gratis data).* Ohne sie kann niemand tun, was an ihm liegt *(quod in se est),* um sich für das Heil zu bereiten. Im eigentlichen Sinn aber meint Gnade eine Gabe Gottes, damit der Mensch Verdienste erwerben könne. Dieses Geschenk heißt «Gott wohlgefällig machende Gnade» *(gratia gratum faciens).* Ohne sie kann niemand verdienstlich handeln, im Guten Fortschritte machen oder zum ewigen Heil gelangen. Sie liegt gleichsam als Wurzel des Verdienen-Könnens allen Verdiensten voraus. Darum heißt es: «Sie kommt dem Willen zuvor, damit er will, und sie begleitet ihn, auf daß er nicht fruchtlos will.»[165]

[165] Augustinus, Enchiridion IX, 32.

Diese Gnade kann niemand verdienen, als wäre er ihrer wert *(merito condigni),* sondern sie verdient, «von Gott im Lauf des Lebens gemehrt zu werden, damit sie durch dieses Wachstum auch vollendet zu werden verdiene»[166]: nämlich in der Herrlichkeit der ewigen Heimat. Dies geschieht durch Gott; denn an ihm ist es, die Gnade einzugießen, zu mehren und zu vollenden, entsprechend der Mitwirkung unseres Willens und dem Ratschluß seiner ewigen Bestimmung.

Begründung zum tieferen Verständnis:

Der ERSTE URSPRUNG hat in seiner allmächtigen Kraft und überreichen Güte jedes Geschöpf aus dem Nichts ins Sein gesetzt. Von sich selbst her hat das Geschaffene nur das Nicht-Sein, sein Sein aber hat es ganz und gar von woanders her. Das Geschöpf ist also so beschaffen, daß es wegen seiner Seinsschwäche *(defectibilitas)* immer auf seinen Ursprung angewiesen ist, und dessen Einfluß versiegt wegen seiner Güte nie. Auch der menschliche Geist ist also mit Seinsschwäche behaftet *(defectivus),* insofern er aus Nichts ist. Seiner Natur nach begrenzt und bedürftig, ist er in sich verkrümmt und liebt sein Eigen-Gut *(bonum proprium).* Weil er ganz und gar von Gott sein Sein hat, ist er in allem Gottes Schuldner. Weil er mit Schwäche behaftet ist, neigt er sich von sich aus zum Nicht-Sein. Weil er zudem in sich selbst verkrümmt ist, erhebt er sich von selbst nicht zur Geradheit vollkommener Gerechtigkeit.

Weil er ganz und gar Gottes Schuldner ist und Gott seiner Güter nicht bedarf (Ps 15,2 Vg), kann er aus eigenen Kräften, also von sich aus, nichts tun, wodurch Gott ihm etwas schuldig würde – schon gar nicht den ewigen Lohn,

166 Augustinus, ep. 186, III, n. 10.

der ja Gott selbst ist. Dies setzt vielmehr eine Herabneigung Gottes voraus *(condescensio)*. Damit er also, schwach wie er ist, im Sein überhaupt erhalten wird, bedarf er immer der Hilfe Gottes: seiner Gegenwart, seiner Stütze, seines Einfließens; denn durch sie wird er im Sein gehalten. Dieser Einfluß erstreckt sich ganz allgemein auf alles Geschaffene; er wird aber dennoch «Gnade» genannt, weil er aus der freigebigen Güte Gottes hervorgeht, ohne irgendwie geschuldet zu sein.

Da der Mensch in sich selbst verkrümmt ist, bedarf er, um sich bereit zu machen zum Empfang der himmlischen Gnadengabe[167], einer anderen Gnade: der «umsonst gegebenen Gnade» *(gratia gratis data)*. Vor allem ist diese seit dem Fall der menschlichen Natur notwendig. Durch diese Gnade wird der Mensch zu sittlich guten Taten befähigt, also Taten, die aufgrund der Begleitumstände gut sind. Sie könnten aber nicht «gut» heißen, gingen sie nicht aus der rechten Absicht hervor; und «rechte Absicht» heißt, daß sie nicht um unserer selbst willen getan werden, sondern um des höchsten Gutes willen. Dazu erhebt sich aber unser gekrümmter Geist nur, wenn ihm Gott mit einer «umsonst gegebenen Gnade» zuvorkommt.

Und schließlich: Da der Mensch ganz in Gottes Schuld steht und sich selbst ihm verdankt, bedarf er dazu, daß er Werke vollbringt, die des ewigen Lohnes würdig sind, der «Gnade, die Gott wohlgefällig macht» *(gratia gratum faciens)*. In dieser Gnade neigt sich Gott zum Menschen, indem er zuerst dieses sein Abbild und dessen Willen in Gnaden annimmt *(acceptat)*, dann erst das daraus fließende Tun. Da nämlich «die Ursache edler ist als die Wirkung»[168], kann niemand aus sich selbst etwas Besseres machen, noch

[167] Das heißt: des Heiligen Geistes bzw. der heiligmachenden Gnade.

[168] Avicenna, Metaph. tr. 3 c. 6.

ein Werk vollbringen, das Gott gefiele, wenn er nicht zuerst selbst Gottes Wohlgefallen hat. So schaut Gott zuerst auf die Person, und dann erst auf deren Gaben (Gen 4,4). Alles Verdienst wurzelt somit in der heiligmachenden Gnade, die den Menschen Gottes würdig macht. Daher kann diese Gnade niemand verdienen, so daß er ihrer im voraus würdig wäre *(meritum de condigno),* sondern nur so, daß Gott sie ihm angemessenerweise schenke *(meritum de congruo)*[169].

Steht man in der heiligmachenden Gnade, so verdient diese dadurch, daß man mit ihr in der rechten Weise wirkt, im Pilgerstand ihre Mehrung *(merito digni).* Da nämlich Gott allein Quell der Gnade ist, bewirkt er allein die Mehrung der Gnade unter der Hinsicht, daß er sie eingießt; die Gnade wirkt zu ihrer Mehrung aufgrund des von ihr ermöglichten Verdienstes und ihrer Würde, der freie Wille aber aufgrund seiner verdienstvollen Mitwirkung. Denn der freie Wille wirkt mit der Gnade zusammen und macht das, was von der Gnade her stammt, zu seinem Eigenen.

Daher verdient der freie Wille, *merito digni,* durch die Gnade nicht nur die Mehrung der Gnade im Pilgerstand,

[169] «Verdienst» bezeichnet die Angemessenheit, mit der Gott etwas belohnt. Im engeren Sinn «verdienstvoll», d.i. der Anerkennung Gottes «würdig» *(meritum de condigno),* ist eine Tat, die in sich und der Absicht nach gut ist, und vollbracht wird von einem freien Willen, der von der Gnade geformt ist. Ein *meritum de congruo/congrui* ist des Lohnes Gottes zwar nicht «würdig» im strengen Sinn, jedoch besteht eine gewisse Angemessenheit, daß Gott in seiner Freigebigkeit die gute Tat und gute Absicht auch des noch nicht Gerechtfertigten als Disposition für die Gnade annimmt. Eine besondere Form ist das *meritum digni:* Der Gerechte verdient für sich selbst das Wachstum in der Gnade, vgl. II Sent. dist. 27 a. 2. q. 2. Ebenfalls verdient er, erhört zu werden, wenn er um die Gnade für einen Sünder bittet.

sondern auch, *merito condigni,* die Vollendung der Gnade in der himmlischen Heimat. Dafür stehen viele Gründe: Die Erhabenheit der Gabe des Heiligen Geistes, der beim verdienstvollen Wirken mit uns wirkt; die Wahrhaftigkeit Gottes und seiner Verheißungen; auch die Wandelbarkeit des freien Willens, der zustimmt und bis zum Ende ausharrt; und die Schwierigkeit des Bewährungszustandes; die Würde Christi unseres Hauptes, der für uns eintritt und mit seinen Gliedern verherrlicht werden soll; die Freigebigkeit Gottes, dessen es nicht würdig wäre, den treuen Gehorsam seiner Gläubigen gering zu entlohnen; und schließlich der Adel eines Tuns, das aus der Liebe erwächst: und der wiegt im Angesicht des Richters ebenso schwer wie die Liebe, die Gott vor allem Geschaffenen ohne jeden Vergleich den Vorrang gibt[170]. Und deshalb kann sie nur in Gott, mit dem höchsten Gut, genug und angemessen belohnt werden.

Dies sind gewissermaßen sieben Gründe, warum die siebenfältige Gnade die ewige Herrlichkeit nicht nur so verdient, daß sie zu erhalten angemessen wäre *(meritum congrui),* sondern so, daß die Gnade der Herrlichkeit innerlich wert ist *(meritum condigni).*

3. Kapitel: Die Gnade als Heilmittel gegen die Sünde

Was nun die Gnade als Heilmittel gegen die Sünde angeht, so ist folgendes festzuhalten: Der freie Wille ist zwar «das nach Gott Mächtigste»[171], doch kann er durch sich selbst in die Sünde stürzen, sich aber von selbst, ohne die

[170] «ohne Vergleich»: Gott kommt nicht der Vorrang in einer Reihe von Gütern zu, sondern jenseits aller kontingenten Güter.

[171] Ein zentraler Gedanke aus Bernhard von Clairvaux, De gratia et libero arbitrio, 3,7; 4,9; 9,28; 11,36; 12,39.

Hilfe der heiligmachenden Gnade, nicht wieder erheben. Diese Gnade ist zwar ein ausreichendes Heilmittel gegen die Sünde, wird aber dem erwachsenen Menschen nur eingegossen, wenn der freie Wille zustimmt. Daraus ergibt sich, daß zur Rechtfertigung des Sünders vier Dinge zusammenkommen müssen: die Eingießung der Gnade, die Austreibung der Schuld, die Reue und die Bewegung des freien Willens. Die Austreibung der Schuld geschieht von der Gnade Gottes her, nicht vom freien Willen, aber auch nicht ohne ihn. Denn an der «umsonst gegebenen Gnade» ist es, den freien Willen vom Bösen zurückzurufen und zum Guten anzutreiben; am freien Willen aber ist es, zuzustimmen oder nicht. Stimmt er zu, so empfängt er die [heiligmachende] Gnade; und wenn er sie empfangen hat, so ist es an ihm, mit ihr zusammenzuwirken, so daß er schließlich das Heil erlangt.

Begründung zum tieferen Verständnis:

Der ERSTE URSPRUNG ist, als Erstes und Mächtigstes, Ursache für alles, was im Kosmos geschieht, mit Ausnahme der Sünde; denn Sünde ist «Übertretung des Gesetzes Gottes, Ungehorsam gegen die Gebote des Himmels»[172]. Im ganzen All gibt es nichts, was Gott widersteht, ihn schmäht oder beleidigt, als nur die Sünde. Sie ist Verachtung gegenüber Gottes Gebot und wendet uns vom unwandelbaren Gut ab, und deswegen beleidigt sie Gott, verunstaltet den freien Willen, führt zum Verlust der Gnade und bringt mit sich die ewige Strafe.

Weil die Verzerrung des Gottesbildes, das der Mensch ist, und der Verlust der Gnade bewirken, daß der Mensch gleichsam dem Nichts zustürzt *(annihilatio),* was sein sittliches Sein und das Leben der Gnade betrifft, weil die

[172] Ambrosius, Liber de Paradiso, c. 8, n. 39.

Beleidigung Gottes so schwer wiegt, wie er selbst groß ist, und weil die Strafe, derer man schuldig wird, nicht aufhört, wie der Name «ewige Strafe» sagt, darum ist es nicht möglich, daß der Mensch von der Schuld aufsteht, wenn er nicht im Leben der Gnade neu geschaffen, ihm die Schuld vergeben und die ewige Strafe erlassen wird. Er allein, der URSPRUNG DER SCHÖPFUNG, ist auch der URSPRUNG DER NEU-SCHÖPFUNG: das WORT des Ewigen Vaters, «Christus Jesus, der Mittler zwischen Gott und den Menschen» (1 Tim 2,5). Da er alles aus dem Nichts erschafft, ist er Schöpfer durch sich selbst, ohne ein vermittelndes Wesen.

In der Neu-Schöpfung gibt er dem durch die Schuld Verunstalteten eine neue Gestalt durch den Habitus der Gnade und der Gerechtigkeit; er befreit den der Strafe Schuldigen durch eine überreiche Genugtuung. Er stellt uns also wieder her, indem er in der angenommenen Menschennatur unsere Strafe auf sich nahm und uns die erneuernde Gnade eingießt; diese Gnade verbindet uns mit ihrer Quelle und macht uns dadurch zu Gliedern Christi. Die Gnade macht die Seele, die in Sünden war, die Gottes Feindin, ein Pfuhl des Teufels und Sklavin der Sünde war, zur Braut Christi, zum Tempel des Heiligen Geistes und zur Tochter des Ewigen Vaters. Das alles geschieht durch die Eingießung der Gnade, der frei geschenkten Herabneigung Gottes.

Weil nun Gott in der Neuschöpfung die Gesetze der Schöpfung nicht außer Kraft setzt, teilt er dem freien Willen die Gnade auf eine Weise zu, daß er ihn nicht zwingt, vielmehr die Zustimmung frei bleibt. Damit die Schuld ausgetrieben wird, ist also zum einen das Eintreten der Gnade erforderlich, zum andern aber auch der freie Wille. Das gilt für die Erwachsenen; denn bei den Kleinkindern genügt der Glaube der Kirche und das Verdienst Christi; und auch diejenigen sind entschuldigt, die ihrer nicht mächtig sind. Notwendig ist also, daß der freie Wille sich der Austreibung der Schuld anpasse, indem er alle Sünde verabscheut; und das nennen wir Reue *(contritio)*. Es ist auch notwendig, daß er sich dem Eintreten der Gnade anpasse, indem er mit Freude die Gabe Gottes annimmt; und das nennen wir «Bewegung des freien Willens». Diese vier Dinge müssen also zur Rechtfertigung des Sünders zusammenkommen.

Weil die Vorbereitung auf die vollendende Form dieser entsprechen muß, bedarf der freie Wille der Hilfe der umsonst gegebenen Gnade, um sich für den Empfang der heiligmachenden Gnade zu bereiten. Der Gnade aber ist es eigen, den freien Willen nicht zu zwingen, sondern ihm zuvorzukommen, so daß beide zusammen den Akt setzen. Wenn wir gerechtfertigt werden, kommen daher das Wirken der Gnade und des freien Willens zusammen, geordnet klingen sie zusammen: Die umsonst gegebene Gnade treibt den Willen an, an ihm ist es, der Anregung zuzustimmen oder nicht; im Fall der Zustimmung ist es an ihm, sich auf den Empfang der Gnade vorzubereiten; denn das bedeutet, «zu tun, was an ihm liegt» *(facere quod in se est)*. Einem solchermaßen Bereiteten wird die Gnade eingegossen. Will der freie Wille mit ihr zusammenwirken, so gewinnt er Verdienste; widersetzt er sich aber, indem er sündigt, so macht er sich schuldig[173]. Hält er an dem Zusammenwirken mit der Gnade bis zum Ende fest, so verdient er, zum ewigen Heil zu gelangen.

[173] *demeritum:* oft als «Mißverdienst» übersetzt, eben das Gegenteil von «Verdienst». Wie dieses von Gott belohnt zu werden verdient, so verdient jenes Strafe. Der Akzent liegt auf der Verantwortung des Menschen für sein willentliches Tun.

Wahr ist es also, wenn Augustinus sagt: «Der dich geschaffen hat ohne dich, wird dich nicht ohne dich rechtfertigen»[174]. Wahr ist auch, daß «es nicht am Wollen oder Laufen liegt, sondern an Gott, der Erbarmen hat» (Röm 9,16). Wahr ist auch, daß niemand wegen seiner Verdienste sich etwas einbilden kann, denn was Gott in uns krönt, sind seine Gaben[175]. Gott hat sich die Austeilung der Gnadengeschenke vorbehalten, damit der Mensch lerne, nicht undankbar zu sein *(ingratus esse),* sich vielmehr im Herrn zu rühmen – nicht in sich selbst, als hätte er nicht empfangen (1 Kor 1,31; 4,7).

Wahr ist auch, daß der freie Wille zwar weder von selbst das Gesetz erfüllen noch die Gnade in sich bewirken kann, aber dennoch unentschuldbar ist, wenn er nicht tut, was er kann; denn die umsonst gegebene Gnade steht immer an der Tür, um zu mahnen; und mit ihrer Hilfe kann er tun, was an ihm liegt. Wenn er das getan hat, wird er die heiligmachende Gnade besitzen, und mit ihr wird er das Gesetz und den Willen Gottes erfüllen. Und dadurch wird er schließlich zur ewigen Seligkeit gelangen, wegen der verdienstvollen Werke. Diese stammen ganz von der Gnade, ganz auch vom freien Willen, ursprünglicher aber von der Gnade. Denn, so Augustinus[176], «verglichen mit dem freien Willen gleicht die Gnade dem Reiter auf dem Pferd»; der Reiter lenkt den freien Willen, führt ihn auf dem Weg und läßt ihn zum Hafen der ewigen Glückseligkeit gelangen. Sie tut dies, indem sie uns tüchtig macht in den Werken vollkommener Tugend, gemäß der siebenfachen Gnadengabe.

[174] Sermo 169, c. 11, n. 13.

[175] Ein Zitat aus der Glossa, das auf Augustinus zurückgeht, z.B. Enarrationes in Ps. 70, II, n. 5.

[176] Hypognosticon III, cap. 11; bzw. Sermo 30, 8 n. 10.

4. Kapitel: Die Verzweigung der Gnade in den Tugenden

Nun bleibt noch der dritte Aspekt zu behandeln: das Verhältnis der Gnade zu den Tugenden im weiteren Sinn. Dies erfordert drei Einzelüberlegungen, nämlich: wie sich die eine Gnade in die Habitus der *Tugenden,* der *Gaben des Hl. Geistes* und der *Seligkeiten*[177] verzweigt.

Zuerst also die Verzweigung in die Tugenden. Hier ist festzuhalten, daß die Gnade, welche die Seele Gott wohlgefällig macht, eine einzige ist, und es dennoch sieben gnadenhafte Tugenden gibt, die das Leben des Menschen formen: drei theologische, nämlich Glaube, Hoffnung und Liebe, und vier Kardinaltugenden, nämlich Klugheit, Mäßigkeit, Tapferkeit und Gerechtigkeit. Unter Gerechtigkeit kann man zum einen eine allgemeine und allumfassende, zum andern eine besondere Tugend verstehen. – Obwohl diese sieben Tugenden voneinander unterschieden sind und ihren je eigenen Vorzug haben, so sind sie dennoch in ein und derselben Person miteinander verknüpft und von gleichem Rang *(aequales).* Als von der Gnade geformt, sind sie gnadenhaft *(gratuitae),* sie können aber aufgrund von Sünde diese Form verlieren bzw. «ungeformt» *(informes)* werden – mit Ausnahme der Liebe –, sie können aber auch die «Form» durch Buße wiedergewinnen: wenn nämlich die Gnade dazu kommt, welche Ursprung, Ziel und Form aller Tugendhabitus ist.

Begründung zum tieferen Verständnis:

Der höchst vollkommene URSPRUNG aller Schöpfung gibt, wenn er das Leben der Natur mitteilt, nicht nur das

[177] *beatitudines* – «Seligkeiten» bringt im Deutschen den Habitus-Charakter besser zum Ausdruck als das geläufigere «Seligpreisungen».

Leben als den ersten Akt, sondern auch das *Tätigsein oder Wirken* als den zweiten Akt. Ebenso muß es bei der Mitteilung des Geistes-Lebens sein: der Ursprung der Erlösung gibt das Gnadenleben nicht nur bezüglich des *Seins,* sondern auch des *Wirkens.* Nun eignen einem Lebewesen hinsichtlich seines grundlegenden, *einen* Lebens *viele* verschiedene Lebensvollzüge, die das vollendete Lebendigsein erweisen; denn die einzelnen Akte werden vielfältig aufgrund der Gegenstände, und die Verschiedenheit der Akte erfordert verschiedene Habitus[178]. Daher muß sich auch die lebendigmachende Gnade, wiewohl sie nur eine einzige ist, in verschiedene Habitus verzweigen, weil die verschiedenen Tätigkeiten es erfordern.

Unter den sittlichen Handlungen sind einige grundlegend, z.B. zu glauben, andere stehen in der Mitte, z.B. das Geglaubte einzusehen, und wieder andere stehen an letzter Stelle, z.B. das Eingesehene auch zu schauen. Durch die ersten Akte erhält die Seele die rechte Richtung *(rectificatur),* durch die mittleren bekommt sie den rechten Schwung *(expeditur),* durch die letzten erhält sie ihre Vollendung *(perficitur).* Daher verzweigt sich die Gnade in die Habitus der Tugenden, welche die Seele geraderichten, der Geistesgaben, welche sie fördern und frei machen, und der Seligkeiten, die sie vollenden sollen.

Die rechte Gestalt der Seele erfordert, daß ihr zweifaches Antlitz – das nach oben und das nach unten gerichtete – die rechte Ausrichtung habe; das heißt, ihr Blick muß richtig sein, was das *Ziel* und die *Mittel zum Ziel* betrifft. Hinsichtlich ihres nach oben gerichteten Antlitzes, wo sie das Abbild der ewigen Dreifaltigkeit trägt, muß sie durch die drei theologischen Tugenden

[178] Aristoteles, De anima II, cap. 4.

geradegerichtet werden: Das durch die Schöpfung gegebene Abbild besteht in der Dreiheit der Seelenkräfte in der einen Wesenheit der Seele, und dementsprechend besteht das Abbild der Neuschöpfung in der Dreiheit der Habitus bei gleichzeitiger Einheit der Gnade. Durch diese Habitus wird die Seele geradewegs zur heiligsten Dreifaltigkeit gezogen, und zwar entsprechend der den göttlichen Personen appropriierten Eigenschaften[179]: Der Glaube bewirkt, daß man der höchsten Wahrheit Glauben schenkt und zustimmt, die Hoffnung, daß man sich auf das höchst Ehrfurchtgebietende verläßt und auf es harrt, die Liebe, daß man das höchste Gut ersehnt und liebt.

Aber auch das nach unten gerichtete Antlitz muß die rechte Gestalt bekommen, und das geschieht durch die vier Kardinaltugenden. Die Klugheit gibt dem rationalen Vermögen die rechte Richtung, die Tapferkeit dem mutigen Streben, die Mäßigkeit dem begehrenden Streben, die Gerechtigkeit allen dreien in ihrem Verhältnis zum Anderen. Dieser «Andere» kann der Mitmensch sein, es kann sich aber auch der Mensch zu sich selbst wie zu einem Anderen verhalten, und schließlich kann auch Gott der Andere sein. Daher heißt es, die Gerechtigkeit sei in allen Kräften der Seele anwesend. Sie wird nicht nur Kardinaltugend, sondern allumfassende Tugend genannt; denn sie umschließt in sich die ganze Rechtheit der Seele, als «Rechtheit des Willens»[180]. Sie umfaßt nicht nur die Tugenden, die das Verhältnis zum Nächsten ordnen, nämlich Billigkeit *(aequitas)* und Freigebigkeit; sie umfaßt auch die Tugenden, die das Verhältnis zur eigenen Person ordnen, nämlich Bußgesinnung und Schuldlosig-

[179] S.o. I, 6.

[180] Anselm, De conceptu virg. c. 3; Dial. de Veritate 12: *Iustitia est rectitudo voluntatis propter se servata.*

keit[181], und Haltungen gegenüber Gott, nämlich Anbetung, vertrauensvolle Liebe *(pietas)* und Gehorsam.

Die ganze Rechtheit, die in den Tugenden besteht, fließt nach ihrem *gnadenhaften Sein* aus der *Gnade* als ihrem Ursprung und ihrer Wurzel. Insofern sie *verdienstlich ist,* verhält sich diese Rechtheit zur *Liebe* wie zu ihrem Ursprung, ihrer Form und ihrem Ziel. Daher sind die übrigen gnadenhaften Tugenden als Habitus miteinander verknüpft, und als verdienstvolle Akte sind sie gleichrangig[182]. So können auch alle Tugenden «ungeformt» sein, ausgenommen allein die Liebe, welche die Form der Tugenden ist. Wenn man die Tugenden ohne Gnade und Liebe besitzt, die ja das Leben der Tugenden sind, dann hat man sie als «ungeformte». Wenn die Gnade eingegossen wird, dann erhalten sie Form und Schönheit und werden Gott wohlgefällig – wie Farben ohne Licht unsichtbar sind, wenn aber das Licht hinzukommt, werden sie leuchtend, schön und eine Freude für den Blick. Wie also Licht und Farben eins werden unter der Hinsicht, daß sie unseren Gesichtssinn bewegen können, und das eine Licht genügt, um viele Farben zum Leuchten zu bringen, so werden die Gnade und die ungeformten Habitus, sobald sie geformt werden, eins unter der Hinsicht, daß sie Grundlage des Verdienstes und alles Gnadenhaften sind; und die eine Gnade genügt zur gnadenhaften Überformung von verschiedenen Habitus.

[181] *innocentia:* eigentlich daß man sich nicht schaden will, daß man sich selbst – auch und vor allem im geistlichen Sinn – wohl will.

[182] Gleichrangig sind die Tugenden, insofern sie von der *caritas* geformt sind, nicht weil jede Tugend in jedem Menschen gleich stark wäre, oder ihre Ausübung nicht verschiedenes Verdienst brächte: III Sent. dist. 36 q. 5.

5. Kapitel: Die Verzweigung der Gnade in den Gaben des Heiligen Geistes

Die Gnade verzweigt sich nun auch in die Habitus der Gaben, und hier muß man zunächst folgendes festhalten: Zahlreich sind die von Gott umsonst gegebenen Gaben, und es ist nicht abwegig, in einem allgemeinen Sinn alle von Gott gegebenen Eigenschaften und Haltungen «Gaben» *(dona)* zu nennen. In besonderem Sinn aber werden jene sieben Gaben so benannt und speziell dem Heiligen Geist zugeschrieben, die Jesaja aufzählt, wenn er von der Blüte aus der Wurzel Jesse spricht, das heißt von Christus. Von ihm heißt es: «Über ihm wird ruhen der Geist des Herrn, der Geist der Weisheit und der Einsicht, der Geist des Rates und der Stärke, der Geist der Wissenschaft und der Frömmigkeit, und erfüllen wird ihn der Geist der Furcht des Herrn» (Jes 11,2f.). Diese Aufzählung steigt gewissermaßen von der höchsten Gabe her ab und verknüpft die einzelnen Gaben miteinander, so daß sich dabei sowohl die Unterschiedenheit der Gaben wie auch ihre Verknüpfung, ihr Ursprung und ihre Ordnung zeigen.

Begründung zum tieferen Verständnis:

Der URSPRUNG, der die Wiederherstellung wirkt, gibt uns in seiner höchsten Freigebigkeit nicht nur die Gnade, die uns aus der Verkrümmtheit der Laster wieder aufrichtet[183], nämlich durch die Tugenden, sondern auch die Gnade, die uns frei macht von Hindernissen, die gewissermaßen als Anzeichen der [überwundenen] Krankheit noch bestehen. Die Gnadengaben müssen also vervielfacht werden, so daß sie alle Hindernisse zu beseitigen

[183] *obliquitas – rectificatio.*

vermögen. Weil nun unsere Seele eine siebenfache Befreiung[184] nötig hat, bedarf sie auch der siebenfältigen Geistesgabe. Sie muß befreit werden von bösen Neigungen, sie muß gefördert werden hinsichtlich ihrer natürlichen Kräfte und der darüberhinaus gegebenen Tugenden. Die sieben Gaben helfen der Seele im Leiden, im aktiven wie im kontemplativen Leben, und auch in der Verbindung von Aktion und Kontemplation.

Erstens: Die sieben Gaben des Hl. Geistes bewirken eine rasche und gründliche Befreiung von den bösen Neigungen. Die Gottesfurcht *(timor Domini)* nämlich vertreibt den Hochmut, das Erbarmen *(pietas)*[185] den Neid, das Wissen *(scientia)* erhebt sich gegen den Zorn, der ja eine Art Wahnsinn ist; die Tapferkeit *(fortitudo)* steht gegen die *acedia,* welche bewirkt, daß der Geist im Guten kraftlos wird; der Rat *(consilium)* vertreibt die Habsucht; die Einsicht *(intellectus)* vernichtet die Freßgier, die Weisheit *(sapientia)* treibt die Unzucht aus.

Zweitens: Um die natürlichen Kräfte der Seele zu fördern, bedarf es ebenfalls der sieben Gaben. Das mutige Streben *(vis irascibilis)* muß leicht beweglich sein zu allem Guten, sei es in glücklichen, sei es in widrigen Umständen: Im Glück wird dies erreicht durch Gottesfurcht, im Unglück durch Tapferkeit. Das begehrende Streben *(concupiscibilis)* muß leicht beweglich sein, was die Liebe zum Nächsten betrifft – und dies geschieht durch die *pietas* –, und ebenso, was die Liebe zu Gott betrifft – das geschieht durch den Geschmack der Weisheit. Die Erkenntniskraft

[184] *expeditio*: bedeutet ursprünglich so viel wie Befreiung von Gepäck oder Lasten; der davon Freie ist «schneller»; daher hat *expeditio* auch die Konnotation von «Beschleunigung».

[185] Zur *pietas* s.o. Anm. 25.

(vis rationalis) muß ebenfalls gefördert werden, und zwar hinsichtlich der Erkenntnis der Wahrheit, der richtigen Wahl und der Verwirklichung dieser Wahl in der Tat. Durch die Gabe der Einsicht erreicht man die Schau der Wahrheit, durch die Gabe des Rates die richtige Wahl; durch die Gabe des Wissens gelangt man dazu, das Erwählte auch in die Tat umzusetzen: denn aufgrund der Gabe des Wissens wandeln wir den rechten Weg «inmitten einer verdorbenen und verwirrten Generation» (Phil 2,15).

Drittens: Die sieben Geistesgaben sollen die Akte der sieben Tugenden leicht machen. Die Furcht fördert das *Maß,* denn «die Furcht Gottes durchbohrt das Fleisch» (Ps 119,120). Das Erbarmen fördert die wahre *Gerechtigkeit,* das Wissen die *Klugheit,* die Stärke die *Tapferkeit* oder den *Leidensmut,* die Gabe des Rates die *Hoffnung,* die Einsicht den *Glauben* und die Weisheit die *Liebe.* Was die Liebe für die Tugenden ist, nämlich «Mutter und Vollendung aller Tugenden»[186], das ist die Weisheit für die Geistesgaben, wie es im Buch der Weisheit richtig heißt: «Mit ihr wurden mir alle Güter zuteil, durch ihre Hände unschätzbare Ehren» (7,11).

Viertens: Die sieben Geistesgaben helfen uns auch, im gleichen Geist wie Christus zu leiden. Was Christus bewegte, das Leiden zu tragen, war der Wille des Vaters, die Not der Menschen und seine aufrechte, kraftvolle Tugend. Der Wille Gottes bewegte ihn, insofern er durch die Gabe der Einsicht erkannt, in der Weisheit geliebt und in der Gottesfurcht geehrt wird. Auch unsere Not bewegte ihn: um sie zu erkennen, bedurfte es des Wissens, um sich ihrer zu erbarmen, des Erbarmens. Und

[186] Hieronymus, ep. 82 n. 11.

zugleich bewegte ihn auch seine aufrechte Tugend: weitsichtig in der Wahl gemäß der Gabe des Rates, kraftvoll im Durchstehen gemäß der Gabe der Stärke. Auch deswegen sind es also sieben Gaben.

Fünftens: Die sieben Gaben werden auch gegeben, um unser Handeln freizusetzen. Denn um solchermaßen kraftvoll zu handeln, müssen wir die Freiheit gewinnen, alles Böse mit Füßen zu treten. Das geschieht durch die Gabe der Gottesfurcht. Auch müssen wir frei werden, im Guten kräftig fortzuschreiten, und zwar sowohl im Guten, das geboten, wie in dem, das geraten ist. Zum ersten helfen uns Wissen und Erbarmen; das Wissen gibt die Richtung an, das Erbarmen führt das Erkannte aus. Zum zweiten Gut helfen uns die Gabe des Rates und der Stärke, wiederum die eine lenkend und die andere ins Werk setzend. Und schließlich sollen wir im Gut aller Güter ruhen können, durch die Erkenntnis der Wahrheit und die Liebe der Gutheit. Das erste geschieht in der Gabe der Einsicht, das zweite in der Gabe der Weisheit; und darin liegt die Ruhe.

Sechstens: Die sieben Geistesgaben fördern auch die Beschauung. Denn zu einem kontemplativen Leben, das die heiligende Ordnung Gottes spiegelt, muß die Seele gereinigt, erleuchtet und vollendet werden. Sie muß gereinigt werden von Begierde, Bosheit, Unwissenheit und Schwachheit beziehungsweise Unvermögen. Das erste wirkt die Furcht, das zweite das Erbarmen, das dritte das Wissen, das vierte die Stärke. Die Erleuchtung der Seele muß sich auf die Werke der Erlösung und die der Schöpfung beziehen; die eine Erleuchtung erlangt sie durch die Gabe des Rates, die andere durch die der Einsicht. Und schließlich müssen wir auch vollendet werden, indem wir hinzutreten dürfen zum Höchsten. Da er einer ist, so geschieht dies durch eine Gabe, die Weisheit. Und so vollendet sich die geheimnisvolle Arche der Kontemplation, indem sie von der Breite her zu einem erhöhten Dach zuläuft[187].

Siebtens: Damit wir gefördert werden im aktiven und im kontemplativen Leben, bedarf es wiederum der siebenfachen Gabe: Das kontemplative Leben bedarf dreier Gaben zur Förderung, denn es bezieht sich ja auf die heilige Dreifaltigkeit: Ehrfurcht vor der Majestät Gottes wird erlangt durch die Gottesfurcht, Verstehen der Wahrheit [die Gott ist] durch die Gabe der Einsicht, Geschmack oder Verkosten seiner Gutheit durch die Weisheitsgabe. Das aktive Leben aber, in dem es um Handeln und um Ertragen geht, bedarf vierer Gaben: der *pietas,* um zu handeln, der Tapferkeit, um zu ertragen. Beide bedürfen aber einer vorherigen Ausrichtung: diese geschieht durch die Gabe des Wissens und des Rates. Um eine Kraft in der rechten Weise freizusetzen, ist eine Ausrichtung notwendig, darum werden die einzelnen Gaben jeweils miteinander verbunden; und darum gibt es auch mehr Gaben, die sich auf die Erkenntnis beziehen [als solche, die sich auf das Streben beziehen], weil das Licht der Erkenntnis einen kraftvollen Schwung gibt, «unsere Füße zu lenken auf den rechten Weg»[188].

[187] *arcanum contemplationis consummatur:* Durch das von *arca:* Lade, Kiste, Arche, abgeleitete *arcanum:* geheimnisvoll, verschlossen, macht Bonaventura deutlich, daß er auf Gen 6,15f. anspielt. Der Bericht vom Bau der Arche wurde des öfteren als Modell für die Beschreibung der Kontemplation verwendet, so bei Gregor d. Gr., Ezechielhomilien, II, 4, n.16f., und vor allem bei Hugo von St. Victor, Allegoriae in Vetus Testamentum.

[188] vgl. Lk 1,79: *in viam pacis:* «Um allen zu *leuchten,* die in Finsternis sitzen und im Schatten des Todes / und unsere Schritte zu *lenken* auf den Weg des Friedens.» Es werden zwei Bilder verknüpft: Licht – Weg, bzw. Auge – Füße, die jeweils Erkenntnis und Wollen versinnbilden.

6. Kapitel: Die Verzweigung der Gnade in den «Seligpreisungen»[189]*, und dann in den «Früchten des Geistes» und den «geistlichen Sinnen»*

Was die Verzweigung der Gnade in den «Seligkeiten» betrifft, so ist zunächst festzuhalten: Es gibt sieben «Seligkeiten», die der Erlöser in der Bergpredigt nennt: Armut im Geiste, Sanftmut, Trauer, Hunger nach Gerechtigkeit, Barmherzigkeit, Reinheit des Herzens und Frieden[190]. Diese sieben Seligkeiten bezeichnen Vollkommenheit und Fülle, und daher folgen ihnen die zwölf «Früchte des Geistes» (Gal 5,22f.) und die fünf «geistlichen Sinne». Diese benennen jedoch nicht neue Tugenden *(habitus)*, sondern einen Zustand von Freude *(status delectationum)*, beziehungsweise den Vollzug geistlicher Erkenntnis *(usus spiritualium speculationum)*[191], wodurch die Gerechten erfüllt und getröstet werden.

Begründung zum tieferen Verständnis:

Der URSPRUNG der Wiederherstellung ist selbst vollkommen und wirkte daher die Erlösung und Neugestaltung durch die Gnade auf vollkommenste Weise. So freigebig und überreich fließt von Ihm das Geschenk der Gnade, daß es sich verzweigen mußte bis zu den Habitus, welche Vollkommenheit schenken: diese werden zu Recht «Seligkeiten» genannt, da sie schon ganz nahe zum Ziel führen.

[189] D.h. in den Haltungen oder Eigenschaften, die von Christus seliggepriesen werden.

[190] Bonaventura zählt – wie auch andere Scholastiker – sieben Seligkeiten, nicht acht, da «Verfolgung zu erleiden» kein eigener Grad der Vollkommenheit sei, sondern die erreichte Vollkommenheit zum Ausdruck bringe.

[191] Die geistlichen Sinne haben, heißt «Geistliches wahrnehmen», die Beschauung vollziehen.

Warum es diese sind, warum es sieben sind, und was ihre Reihenfolge bedeutet, kann man aus dem Wesen der Vollkommenheit *(integritas perfectionis),* aus den Arten ihrer Verwirklichung *(modi)* und den Mitteln, die dazu führen *(dispositiones),* erschließen.

Damit die Vollkommenheit in jeder Hinsicht vollständig sei, muß man vollkommen von allem Bösen Abstand nehmen, man muß ebenso vollkommen im Guten fortschreiten und erst zur Ruhe kommen, wenn man festen Stand gewonnen hat im Besten. Nun nimmt das Böse seinen Anfang entweder aus dem sich aufblähenden Hochmut, oder aus streitsüchtiger Bosheit oder aus der schlaffen und kranken Begierde. Um von diesem dreifachen Übel vollkommen Abstand zu halten, bedarf es dreier «Seligkeiten»: die «Armut im Geiste» schafft Abstand von der stolzen Aufgeblasenheit, die «Sanftmut» vom Groll, die «Trauer» von der Krankheit der bösen Begierde.

Der vollkommene Fortschritt im Guten aber wird durch die Nachahmung Gottes angestrebt. Nun sind «alle Wege Gottes Barmherzigkeit und Wahrheit» (Ps 25,10), und diesen beiden «Wegen» entsprechen «Hunger und Durst nach der Gerechtigkeit» und ein «herzliches Erbarmen».

Im Allerbesten aber seine Ruhe zu finden, das geschieht, wenn die Erkenntnis lichte Klarheit, der Wille den Frieden findet. Daher sind die beiden letzten Seligkeiten die «Reinheit des Herzens», um Gott zu schauen, und der «Friede» des Geistes, um sich vollkommen an ihm zu erfreuen.

Wenn man nun die *verschiedenen Arten* näher anschaut, wie man vollkommen sein kann, so müssen es auch aus diesem Grund sieben Seligkeiten sein. Denn es gibt eine Vollkommenheit, die dem *Ordensstand* eigen ist, eine Vollkommenheit der *Amtsträger* und eine Vollkommenheit der *inneren Heiligkeit.* Zur spezifischen Vollkommenheit des Ordenslebens gehört: dem privaten Gut abzusagen, das Gut des Mitbruders anzuerkennen, dem ewigen Gut zuzustreben. Das erste geschieht in der «Armut des Geistes», das zweite in der «Sanftmut», das dritte in der bitteren «Trauer». – Um als Amtsträger vollkommen zu sein, bedarf es notwendig zweier Seligkeiten: des «Eifers für die Gerechtigkeit» und des «herzlichen Erbarmens». «Barmherzigkeit und Wahrheit schützen den König» (Spr 20,28). Diesen beiden Seligkeiten gemäß soll die Leitung der streitenden Kirche ausgeübt werden. – Die innere Heiligkeit schließlich erfordert notwendig «Reinheit des Herzens» und Ruhe der ganzen Seele, nämlich durch den «Frieden Gottes, der alles Begreifen übersteigt» (Phil 4,7).

Auch wenn man nun die vorhergehenden *Dispositionen* in den Blick nimmt, müssen es sieben Seligkeiten sein:

Denn die Gottesfurcht bewirkt, daß wir vor jedem Bösen und vor der Gelegenheit dazu zurückweichen; und weil «die Wurzel alles Bösen die Gier ist» (1 Tim 6,10), bereitet die Gabe der Gottesfurcht der geistlichen Armut den Weg. In der «Armut im Geiste» nämlich verbinden sich Demut und Armut; durch sie wird der Vollkommene weit vom Ursprung alles Bösen entfernt, nämlich dem Hochmut und der Begierde[192]. Das ist der Grund, warum die Armut im Geiste Grundlage der ganzen «evangelischen Vollkommenheit» ist. Daher muß jeder, der zum Gipfel der Vollkommenheit gelangen will, zuerst dieses Fundament legen, wie es auch bei Matthäus heißt (19,21): «Wenn du vollkommen sein willst, geh und verkaufe alles, was du hast» – hier hast du die vollkommene Armut, die nichts mehr für sich behält –, «dann folge mir nach»

[192] Daß das höchste und das niedrigste Laster als Quelle für alle anderen gelten, ist alte monastische Tradition, etwa bei Evagrius Pontikus.

– hier hast du die Demut, die bewirkt, daß der Mensch sich selbst verleugnet, sein Kreuz auf sich nimmt und Christus nachfolgt, der das eigentliche und ursprüngliche Fundament aller Vollkommenheit ist. Die Gottesfurcht bereitet also den Menschen zur Armut im Geiste. – Die *pietas* aber macht bereit zur Sanftmut. Wer nämlich die Einstellung der *pietas* dem anderen gegenüber hat, der fordert ihn nicht heraus und läßt sich auch nicht herausfordern. – Die Gabe des Wissens bereitet den Menschen zur Trauer. Durch diese Gabe nämlich erkennen wir, daß wir noch nicht im Zustand der Seligkeit sind, sondern in diesem Tal der Verbannung *(miseria)* und der Tränen. – Tapferkeit disponiert zum Hunger nach Gerechtigkeit: Wer nämlich tapfer ist, hält sich mit solchem Verlangen an die Gerechtigkeit, daß er lieber von seinem leiblichen Leben als von ihr lassen würde. – Die Gabe des Rates disponiert zur Barmherzigkeit. Nichts nämlich rät Gott in der Hl. Schrift mehr, als Barmherzigkeit zu üben; er schätzt dies höher als alle Opfer[193]. – Die Gabe der Einsicht bahnt der Herzensreinheit den Weg; denn die Betrachtung der Wahrheit reinigt unser Herz von allen Gebilden der Phantasie. – Die Gabe der Weisheit führt zum Frieden; denn die Weisheit verbindet uns mit dem zuhöchst Wahren und Guten, bei dem unser ganzes geistiges Verlangen sein Ziel und seine Ruhe findet.

Ist dieser Friede erreicht, so folgt ihm unweigerlich eine überströmende geistliche Freude, die sich in der Zwölfzahl der *«Früchte des Geistes»* ausgedrückt findet, um das Überströmen der Freude anzudeuten. Die Zwölf ist nämlich die Zahl der strömenden Fülle, mit der das Überquellen der Geistesgaben *(charismata)* angezeigt wird,

[193] Hos 6,6; Mt 9,13; 12,7.

derer sich eine heilige Seele erfreut. Dann ist der Mensch bereitet zur Kontemplation, zum Anblick und zur Umarmung von Bräutigam und Braut. Dies geschieht auf die Weise der *«geistlichen Sinne»*: Die Schönheit des Bräutigams Christus wird geschaut als Glanz [des Vaters], sein höchster Wohlklang wird gehört, insofern er das WORT ist, seine Süße wird verkostet, da er die WEISHEIT ist, welche beides umfaßt, Wort und Glanz[194]. Der feinste Wohlgeruch wird eingesogen, da er ja das ins Herz EINGEHAUCHTE WORT *(Verbum inspiratum)* ist. Umfaßt wird die höchste Süße, denn er ist ja das FLEISCHGEWORDENE WORT *(Verbum incarnatum),* das leibhaft «unter uns wohnt» (Joh 1,14) und sich uns darbietet zur Berührung, zum Kuß und zur Umarmung, durch jene glühende Liebe, die bewirkt, daß unser Geist über sich hinausschreitet und entrückt wird und so «aus dieser Welt zum Vater geht» (Joh 13,1).

Aus dem bisher Gesagten ergibt sich also, daß die *Tugenden* hauptsächlich die Praxis des aktiven Lebens erleichtern, die *Sieben Gaben* des Hl. Geistes aber die Ruhe der Kontemplation; die *Seligkeiten* jedoch fördern beides. Die *Früchte* des Geistes nun – Liebe, Freude, Friede, Geduld, Langmut, Gutheit, Güte, Sanftmut, Glaube, Bescheidenheit, Enthaltsamkeit, Keuschheit – bezeichnen jeweils die Freude, die einem vollkommenen Werk folgt. *Geistliche Sinne* aber heißen die Wahrnehmungen des Geistes bei der Beschauung der Wahrheit. Diese Beschauung geschah bei den Propheten durch Offenbarung *(revelatio),* entsprechend der dreifachen Schau: der körperlichen, der imaginativen und der rein geisti-

[194] *Splendor patris:* Hebr 1,3; *Verbum:* Joh 1,1; *Sapientia:* 1 Kor 1,24.

gen[195]. Bei den übrigen Gerechten findet sich diese geistliche Wahrnehmung in der kontemplativen Betrachtung *(speculatio)*[196]. Diese beginnt bei der Sinneswahrnehmung, schreitet weiter zur Vorstellungskraft, von dort zum Verstand *(ratio),* vom Verstand zum Intellekt, vom Intellekt zur Einsicht *(intelligentia).* Von der Einsicht aber schreitet sie zur Weisheit *(sapientia),* man kann auch sagen: zur übersteigenden Erkenntnis *(notitia excessiva),* die hier im Pilgerstand schon beginnt, in der ewigen Herrlichkeit aber sich vollendet[197].

Aus diesen Stufen besteht die Leiter Jakobs, deren Spitze den Himmel berührt (Gen 28,12); diese Stufen führen zum Thron Salomos (1 Kg 10,19), auf dem der allerweiseste König sitzt, der wahrhaft friedenstiftend *(pacificus)* und liebreich ist, als der Bräutigam, schöner als alle *(speciosissimus),* ganz und gar Ziel der Sehnsucht (Hld 5,16); den zu schauen die Engel sich sehnen, und nach dem die Sehnsucht heiliger Seelen seufzt, so «wie der Hirsch lechzt nach der Quelle der Wasser» (Ps 42,1). Diese glühende Sehnsucht, die einem Feuer gleicht, macht unseren Geist nicht nur beweglich, so daß er auf-

[195] *Triplex visio:* Die Propheten – und auch andere alttestamentliche Personen – erfuhren die Offenbarung auf verschiedene Weisen; traditionell wurden die Schauungen seit Augustinus, Gen. litt. XII, 6, n. 15, in drei Arten unterteilt: die Schau eines körperlichen Gegenstandes (Belschazzar sieht die schreibende Hand), die bildhafte Schau in der Vorstellungskraft, wozu auch das «Traumgesicht» gehört, und die geistige Schau, die dem Propheten eine Einsicht ohne sinnenhafte Bilder vermittelt. Damit man von Offenbarung sprechen kann, muß auch zur körperlichen oder imaginativen Schau die geistige Einsicht hinzutreten; denn sonst würde der Sinn nicht verstanden (wie etwa der Pharao seine Träume nicht verstand – und deswegen kein Prophet war –, wohl aber Joseph, der sie deuten konnte).

[196] Zu *speculatio* s.o. Anm. 8

[197] Die verschiedenen Seelenkräfte bzw. die ihnen zugeordneten Gegenstände bilden die Gliederung der Betrachtungen im Itinerarium.

steigt, sondern sie rafft ihn gleichsam in einer wissenden Unwissenheit über sich hinaus, in die Dunkelheit und den Überstieg *(excessus),* so daß man nicht nur mit der Braut des Hohenliedes spricht: «Wir wollen dem Duft deiner Salben nacheilen» (1,3 Vg), sondern auch mit dem Propheten David singt: «Die Nacht ist mir zum Licht geworden in meiner Wonne» (Ps 139,11). Diese nächtliche und freudvolle Erleuchtung kennt allein derjenige, der sie erfahren hat; niemand aber erfährt sie, wenn es ihm nicht durch Gottes Gnade geschenkt wird; sie wird aber nur dem geschenkt, der sich ihretwegen müht *(exercet)*[198].

Und darum müssen wir uns im folgenden darüber Gedanken machen, wie wir die Gnade gebrauchen müssen zu verdienstvollem Tun *(exercitia meritorum).*

7. Kapitel: Wie man mit der Gnade mitwirken soll hinsichtlich der Dinge, die zu glauben sind

Nun also soll es noch um unser Mitwirken mit der Gnade gehen, damit unser Tun verdienstvoll sei. Hier gibt es vier Punkte zu bedenken[199]. Erstens wirken wir mit der Gnade

[198] *exercere* – «üben», «sich üben», «ausüben» im Sinn von «praktizieren» – entspricht der «praktike» der Mönchsväter: «Kampfesertüchtigung» (Askese) durch die Überwindung der Laster und die beständige Bemühung, im Guten kraftvoll zu werden. Die «praktike» ist Voraussetzung für die «theoria»; der Mönch, der nicht im aktiven Leben «gekämpft» hat, wird nicht «kontemplativ» werden können. Dabei ist mit dem «aktiven Leben» nicht ein «tätiges» Leben im modernen Sinn gemeint, sondern eben die Bemühung um die Tugenden, die Überwindung von Begierde und Jähzorn, ohne welche die Herzensreinheit und Herzensruhe, die Disposition für die Kontemplation, nicht erlangt wird.

[199] Diese vier Punkte bilden übrigens die klassische Struktur eines Katechismus.

mit, indem wir glauben, was wir glauben sollen – und das bezieht sich auf das Glaubensbekenntnis; wir wirken mit, indem wir lieben, was geliebt werden muß – das bezieht sich auf die rechte Ordnung in der Wertschätzung der Güter; drittens wirken wir mit im äußeren Handeln – das bezieht sich auf die Gebote Gottes; und viertens wirken wir mit, indem wir beten, worum wir beten sollen – und das bezieht sich auf die Bitten des Herrengebetes.

Zunächst zu den Artikeln des Glaubensbekenntnisses. Hier ist folgendes festzuhalten:

Der Glaube nimmt uns in die Pflicht, vieles zu glauben, was unseren Verstand übersteigt; in *allgemeiner* Weise alles, was im Kanon der Hl. Schrift enthalten und uns vorgelegt ist. Im *besonderen und eigentlichen* Sinn aber nennt man «Glaubensgegenstände» *(articuli fidei)* das, was im Apostolischen Glaubensbekenntnis enthalten ist. Berücksichtigt man, von wem das Glaubensbekenntnis aufgestellt wurde, so sind es zwölf Artikel[200]; man kann aber auch auf vierzehn kommen, wenn man in Betracht zieht, welche Aussagen die Wurzel für alle anderen Glaubensinhalte bilden.

Begründung zum tieferen Verständnis:

Der ERSTE URSPRUNG ist in sich selbst in höchster Weise wahr und gut, in seinem Wirken aber ist er in höchster Weise gerecht und barmherzig. Er, der in höchster Weise wahr ist, verdient feste Zustimmung; er, der in höchster Weise gut ist, verdient glühende Liebe; er, der in höchstem Maß gerecht ist, verdient gänzliche Unterordnung; er, der in höchstem Maß barmherzig ist, verdient ver-

[200] Nach alter Tradition habe jeder der 12 Apostel zum Symbolum einen der Artikel beigetragen.

trauensvolle Anrufung. Die Gnade nun ordnet unseren Geist darauf hin, daß wir Ihm die geschuldete Verehrung erweisen. Die Gnade ist es also, die uns antreibt und anleitet, das Geschuldete zu tun und Verdienstvolles zu vollbringen, im Glauben, Lieben, Handeln und Bitten – so wie es die höchste Wahrheit, Güte, Gerechtigkeit und Barmherzigkeit der heiligsten Dreifaltigkeit erfordert.

Erstens: Der Wahrheit ist Glauben zu schenken, einer größeren Wahrheit mehr Glauben, der höchsten Wahrheit folglich das Höchstmaß an Glauben. Die Wahrheit des ERSTEN URSPRUNGS übertrifft aber unendlich jede geschaffene Wahrheit und ist weit lichtvoller als alles Licht unseres Verstandesvermögens. Darum muß unser Intellekt, soll er im Bereich des zu Glaubenden die rechte Ordnung einhalten, der höchsten Wahrheit mehr glauben als sich selbst: er muß «sich Christus gefangen geben» (2 Kor 10,5). Das heißt, er glaube nicht nur das, was der Vernunft entspricht, sondern auch das, was über die Vernunft geht oder der Erfahrung der Sinne widerspricht. Wenn er das verweigert, erweist er der höchsten Wahrheit nicht die ihr geschuldete Ehre; denn er zieht das Urteil, das aus seinem eigenen Bemühen hervorging, dem Spruch des Ewigen Lichtes vor. So etwas geschieht aber nicht ohne Stolz und verwerfliche Überheblichkeit.

Ein zweites: Weil die Wahrheit, die über der Vernunft oder außerhalb ihrer steht, nicht sichtbar erscheint, sondern sehr verborgen und ausnehmend schwer zu glauben ist, bedarf es zum festen Glauben eines *Lichtstrahls der Wahrheit,* welcher die Seele erhebt, und der *Bezeugung mit Autorität,* welche die Seele festigt. Das erste wird durch den eingegossenen Glauben *(fides infusa)* gewirkt, das zweite durch die authentische Hl. Schrift[201]. Beides

[201] S.o. Prolog § 1 und 6.

aber wird gegeben durch Jesus Christus, der GLANZ und WORT (Hebr 1,3; Joh 1,1) ist, und durch den Hl. Geist, der die Wahrheit zeigt und lehrt und ebenso auch den Glauben bewirkt. Die «Autorität» [i.e. Glaubwürdigkeit] bietet also dem Glauben eine Stütze, und der Glaube stimmt ihr zu. Weil nun die Autorität ihren ursprünglichen Ort in der Hl. Schrift hat, die den Hl. Geist zum Urheber hat und ganz dazu da ist, den rechten Glauben zu formen, darum gibt es keinen Widerspruch zwischen dem wahren Glauben und der Hl. Schrift. Vielmehr stimmt er ihr zu in aufrichtiger Übereinstimmung.

Ein letztes: Die Wahrheit, auf die uns der Glaube verpflichtet, und um die es in der Hl. Schrift in der Hauptsache geht, ist nicht irgendeine Wahrheit[202], sondern die Wahrheit Gottes, sei es *Gott als Gott,* sei es *Gott in der angenommenen Menschennatur.* In der Erkenntnis dieser Wahrheit besteht der Lohn in der Heimat wie auch das Verdienst im Pilgerstand (vgl. Joh 17,3). Darum beziehen sich die Glaubensartikel als Grundlage des Glaubens entweder auf die Gottheit oder auf die Menschheit. Die Gottheit wird in den drei Personen betrachtet: dem Vater, der zeugt, dem Sohn, der gezeugt wird, und dem Hl. Geist, der hervorgeht; sie wird auch betrachtet in dem vierförmigen Tun Gottes: der Schöpfung, in der er das Sein der Natur hervorbrachte, der Neuschöpfung, die das Sein in der Gnade schenkte, der Auferweckung als Wiederherstellung des Lebens, der Verherrlichung als Überkleidung mit der Glorie. Somit beziehen sich sieben Artikel auf die Gottheit. Christi *Menschheit* nun ist in

[202] «Wahrheit» ist hier nicht abstrakt, sondern im Sinne von «etwas Wahres» verwendet, ähnlich wie in dem geflügelten Wort: «hierarchia veritatum».

ähnlicher Weise zu betrachten: Er ist empfangen vom Hl. Geist, geboren von der Jungfrau Maria, hat gelitten am Kreuz, ist abgestiegen in die Unterwelt, vom Tode auferstanden, in den Himmel aufgestiegen, wird wiederkommen zum Endgericht. Auch dies sind also sieben Artikel, so daß sich insgesamt vierzehn ergeben – gleichsam die sieben Sterne und die sieben goldenen Leuchter, zwischen denen der Menschensohn einherschritt (Offb 1,12-16).

Doch ist Christus Einer, in der göttlichen und der menschlichen Natur. Und die höchste Wahrheit ist auch nur eine; sie ist der eine, erste, höchste und einzige Grund des Glaubens, der sich durch alle Zeiten hindurch gleich bleibt. So bezieht sich also auf alle die genannten Artikel nur *der eine Glaube*. Er hat sich nicht geändert zwischen Gegenwart, Vergangenheit oder Zukunft, mag der Glaube in denen, die Christus zeitlich folgen, auch klarer und explizit sein, im Verhältnis zum Glauben derer, die Seiner Ankunft vorausgingen. So ist das Neue Testament klarer als das Alte, aber in beiden sind die Glaubensartikel enthalten.

Weil nun der Heilige Geist diese in der Tiefe der Hl. Schrift enthaltenen Glaubensartikel durch die zwölf Apostel als zuverlässigste Zeugen zusammenfassen ließ, darum sind sie in dem einen Apostolischen Glaubensbekenntnis zusammengestellt. Entsprechend den zwölf Aposteln kann man von zwölf Artikeln sprechen, weil jeder Apostel zum Aufbau des Glaubens einen Artikel vergleichbar einem lebendigen Stein gelegt hat. Und dies wollte der Heilige Geist auch schon im voraus darstellen in den zwölf Männern, die aus dem Bett des Jordan zwölf Steine hoben, um dem Herrn einen Altar zu bauen (Jos 4).

8. Kapitel: Wie man mit der Gnade mitwirken soll hinsichtlich dessen, was zu lieben ist

Alle Werke Gottes sind «sehr gut» (Gen 1,31), doch vier Güter sind im eigentlichen Sinn mit der von Gott eingegossenen Liebe *(ex caritate)* zu lieben: Der ewige Gott selbst, unser Sein, unser Nächster und unser Leib. Dabei ist eine bestimmte Ordnung und das rechte Maß zu wahren: Gott gebührt die Liebe zuerst, über alles, und um seiner selbst willen. Als zweites sollen wir uns selbst lieben, als von Gott und auf ihn hin geschaffen. Als drittes sollen wir unseren Nächsten lieben wie uns selbst. Als viertes sollen wir unseren Leib lieben; er steht unter der Liebe zu uns und zu unserem Nächsten, denn sein Gut ist nicht von gleichem Rang. Damit wir demgemäß handeln, ist uns der eine Habitus der Liebe und das Doppelgebot gegeben, an dem das ganze Gesetz und die Propheten hängen (Mt 22,40) – was nicht nur für den Alten Bund, sondern auch für den Neuen gilt.

Begründung zum tieferen Verständnis:

Der ERSTE URSPRUNG ist gerade dadurch, daß er das Erste ist, auch das Höchste; und weil er das Höchste ist, ist er auch das höchste Gut. Als das höchste Gut aber ist er höchst selig und beseligend. Weil er also das ist, was in höchstem Maß selig sein läßt, ist er auch dasjenige, woran man die höchste Freude haben muß *(summe fruendum)*. Will man sich aber an ihm in höchstem Maße freuen, dann muß man ihm auch in höchstem Maße durch die Liebe anhangen und in ihm als dem Ziel ruhen. Die rechte und geordnete Liebe, genannt «caritas», strebt in erster Linie jenem Gut zu, in dem sie ihre Freude und Ruhe findet. Dieses Gut ist der innere Grund der Liebe *(ratio diligendi)*. Darum wird in der *caritas* jenes höchste Gut, in dem der Grund der Seligkeit liegt, in erster Linie geliebt; und in der Folge wird das übrige geliebt, was durch dieses Gut selig werden kann.

Weil unser Mitmensch dazu bestimmt ist, mit uns zur Seligkeit zu gelangen, und weil auch unser Leib zusammen mit dem Geist der Seligkeit teilhaftig werden kann, darum heißt es, daß diese vier Güter *ex caritate* zu lieben sind: Gott und der Mitmensch, unsere geistige Seele und unser Leib.

Gott, als das höchste Gut, ist über uns; unser Geist, als inneres Gut, ist in uns, der Mitmensch, als verwandtes Gut, neben uns, unser Leib, als untergeordnetes Gut, unter uns. Darum ist hier eine Ordnung in der Liebe einzuhalten: Zuerst werde Gott geliebt, über alles und um seiner selbst willen; dann sollen wir unsere Seele lieben, zwar nach Gott, aber höher als jedes vergängliche Gut. Drittens sollen wir unseren Nächsten lieben, der neben uns zu einem ähnlichen Gut berufen ist, und viertens unseren Leib, als das unterste dieser Güter. Und in der gleichen Liebe soll der Leib des Nächsten geliebt werden, weil beide im Verhältnis zum Geist ein niedrigeres Gut sind.

Weil nun die Liebe *(amor)* das Gewicht des Geistes[203] ist, aus der alle geistigen Regungen hervorgehen, und weil sie sich zwar leicht auf die eigene Person richtet, sich aber schwer zum Mitmenschen wendet und noch schwerer sich zu Gott erhebt, darum ist lediglich ein zweifaches Gebot der Liebe gegeben – obwohl es vier Güter sind, die zu lieben sind. Das eine Gebot gibt die Weisung zur Gottesliebe, das andere zur Nächstenliebe.

[203] Augustinus, Confessiones XIII, 10.

Alle Gesetzesvorschriften aber beziehen sich entweder auf Gott oder auf den Nächsten, das heißt, auf das Ziel selbst oder auf das, was zum Ziel bestimmt ist. Darum ist in diesen beiden Geboten die ganze Sammlung von Geboten und das umfassende Verständnis der Schriften einbeschlossen.

Die *caritas* ist Wurzel, Form und Ziel aller Tugenden; denn sie vereint alle mit dem letzten Ziel, sie verbindet alles untereinander in rechter Ordnung. Daher ist sie das Gewicht, das der Seele die rechte Neigung gibt, und das Band vollendeter Einigung. Sie wahrt im Empfinden wie in der Tat die Ordnung der verschiedenen Güter. Doch ist sie ein einziger Habitus; denn sie hat nur ein einziges Ziel, und der primär geliebte Gegenstand ist ein einziger. Und dieser Geliebte ist der prägende Grund für die Liebe zu allem anderen, was durch das Band der Liebe mit Christus vereint werden kann – mit Christus nach Haupt und Leib, was die Gesamtheit aller einschließt, die gerettet werden sollen. Diese Einheit beginnt bereits hier im Pilgerstand, aber sie vollendet sich in der Glorie. Und darum betet der Herr, «daß sie eins seien, wie auch wir eins sind; ich in ihnen und du in mir, auf daß sie zu Einem vollendet seien» (Joh 17,22f.)[204]. Wenn diese Einheit durch das Band der Liebe vollendet ist, dann wird «Gott alles in allen» (1 Kor 15,28) sein, in unverlierbarer Ewigkeit und vollkommenem Frieden; alles wird durch die Liebe gemeinsam sein, in der Gemeinsamkeit *(communio)* geordnet, durch die Ordnung miteinander verknüpft, durch die Verknüpfung unauflöslich verbunden.

[204] *in unum consummati:* in dem einen Christus, der Gott und Mensch, und als Mittler bzw. Haupt mit seinem Leib «eins» ist.

9. Kapitel: Wie man mit der Gnade mitwirkt im Handeln, nämlich nach den Geboten und Räten

Betrachten wir die von Gott gegebenen Gebote, so finden wir im Gesetz des Mose dreierlei: Rechtsvorschriften, Anordnungen, die ein Sinnbild des Künftigen sein sollten, und die sittlichen Gebote, nämlich die Zehn Gebote, welche auf den beiden Tafeln mit dem Finger Gottes geschrieben waren (Ex 31,18). Im Evangelium aber werden die Rechtsvorschriften gemäßigt, die sinnbildhaften Gebote werden erfüllt und dadurch aufgehoben, die sittlichen Gebote aber werden ergänzt und so vollendet. Die Ergänzung besteht in belehrender Unterweisung, aufmunternden Verheißungen und Ratschlägen der Vollkommenheit. Dazu zählen der Rat der Armut, des Gehorsams und der Keuschheit; sie zu erfüllen lädt der Herr denjenigen ein, der «vollkommen sein will» (Mt 19,21).

Begründung zum tieferen Verständnis:

Der Erste Ursprung ist in sich vollkommen gut, und ebenso ist er vollkommen gerecht in seinem Wirken und in der Ordnung, die er allem gibt. Wer vollkommen gerecht ist, hat Eifer für die Gerechtigkeit nicht nur hinsichtlich seiner selbst, sondern auch hinsichtlich anderer. Gerechtigkeit aber besteht darin, sich den Regeln des Rechtes anzugleichen *(conformando regulis iuris)*. Daher ist es der Gerechtigkeit Gottes eigen, dem Menschen die Regeln der Gerechtigkeit einzuprägen *(imprimere)* und sie ihm ausdrücklich vorzulegen *(exprimere)*. Das geschieht nicht nur auf die Weise der inneren Belehrung durch den Spruch der Wahrheit, sondern auch auf die Weise des Befehles, indem sein Wille vorschreibt und verpflichtet. Weil nun die Gnade bewirkt, daß unser Wille dem Willen Gottes gleichförmig wird, so macht sie uns bereit zu

Gehorsam und Unterordnung gegenüber den Regeln der Gerechtigkeit, so wie es dem Spruch des göttlichen Gesetzes entspricht.

Zweitens: Man kann den Geboten Gottes auf zwei Weisen gehorchen, aus Furcht vor Strafe und aus Liebe zur Gerechtigkeit. Auf die erste Weise gehorchen die Unvollkommenen, auf die zweite die Vollkommenen. Daher gab Gott dem Menschen auch ein zweifaches Gesetz: ein Gesetz der Furcht und ein Gesetz der Liebe, das eine macht zum Knecht, das andere erhebt zur Annahme an Kindes Statt (vgl. Röm 8,15; Gal 4,24). Für diejenigen, die sich fürchten und noch nicht vollkommen sind, ist es angemessen, daß sie durch Rechtsvorschriften in Schrecken versetzt, durch Zeichen *(signa)* zum Verständnis geführt und durch Vorschriften geleitet werden. Daher enthielt das Gesetz des Mose, welches das «Gesetz der Furcht» war, Rechtsvorschriften, sinnbildliche Anordnungen und das Sittengesetz.

Den Vollkommenen, den Liebenden, gebührt dagegen offene und unverhüllte Belehrung, großzügige Verheißung des Lohnes, und die erhabene Vollkommenheit, die auf dem Rat beruht. Daher enthält das Evangelium diese drei. Deswegen kann man auch sagen, daß hierin sich Mosaisches Gesetz und Evangelium unterscheiden: Jenes enthält Vorausbilder, dieses die Wahrheit *(figurae – veritas;* vgl. Hebr 10,1), jenes beruhte auf Strafen[205], dieses auf der Gnade (Röm 5,20), jenes war mit Buchstaben geschrieben, dieses ist geistlich, jenes tötete, dieses macht lebendig (vgl. 2 Kor 3,6), jenes war das Gesetz der Furcht, dieses das der Liebe, jenes das der Knechtschaft, dieses das

[205] Weil Furcht bereits eine Art Strafe ist, und weil die Rechtsvorschriften mit Sanktionen bewehrt waren.

der Freiheit (Gal 4,31); jenes bedeutete eine Last, dieses eine Befähigung[206].

Schließlich: Diejenigen Regeln, welche sich auf die unbedingt notwendige Gerechtigkeit beziehen, sind in den Zehn Geboten Gottes enthalten. Gerechtigkeit aber bedeutet, jedem sein Recht geben. Daher gibt es unter den Geboten solche, die sich auf Gott, und solche, die sich auf den Nächsten beziehen. Und das entspricht auch dem Doppelgebot der Liebe. Der Heilige Geist wollte dies durch «die beiden Tafeln» andeuten, von denen gesagt wird, sie seien «mit dem Finger Gottes» geschrieben.

Gott ist dreifaltig, Vater, Sohn und Hl. Geist, er ist als höchste Majestät anzubeten, als Wahrheit zu bekennen und als Liebe aufzunehmen; und dies entspricht den drei Seelenvermögen des Menschen: dem mutigen Streben, dem erkennenden Vermögen und dem begehrenden Streben, und den drei Bereichen menschlicher Akte: in der Tat, im Wort, und im Herzen. Darum und dementsprechend ist auf der ersten Tafel ein dreifaches Gebot geschrieben: das Gebot der Anbetung Gottes, des wahrhaftigen Schwures und der heiligen Ruhe.

Der Mitmensch aber ist das Bild der Dreifaltigkeit. Insofern er das Bild des Vaters darstellt, schuldet man ihm Achtung seiner Würde *(pietas),* insofern er das Bild des Sohnes trägt, gebührt ihm Wahrhaftigkeit; und insofern er das Bild des Hl. Geistes trägt, schuldet man ihm Güte.

[206] *facilitas:* «Leichtigkeit», im Sinne von «leicht zu halten», wäre hier zu wenig; zumal die sittlichen Forderungen des Evangeliums nicht unter jeder Hinsicht leichter zu halten sind als die des Mosaischen Gesetzes, wie Bonaventura ausführt: III Sent. dist. 40, a.1 q3. Vielmehr befähigt die größere Gnade, die Fülle des Hl. Geistes, in der neuen Heilszeit zu leichterer Erfüllung des Gebotenen. – Generell zum Verhältnis AT-NT: Der Vergleich gilt nicht von Personen – Abraham oder Mose übertreffen in ihrer Gottesliebe durchaus manche Christen –, sondern von den zwei Heilszeiten.

So gibt es sieben Gebote, die sich auf die zweite Tafel beziehen. Denn die Achtung wird zweifach geboten: einmal direkt, in der Verpflichtung auf die den Eltern zu erweisende «Ehre», und das andere Mal indirekt, wenn im Verbot zu morden die Verachtung des Lebens untersagt wird. Ein Gebot bezieht sich auf die Wahrhaftigkeit, die ja hauptsächlich mit dem Wort zu tun hat: das Verbot, falsches Zeugnis zu geben. Auf die Güte, der jede Gier und auch die geschlechtliche Begierde widerstehen, beziehen sich vier Gebote; denn Begehren kann im Herzen oder in der Tat vollzogen werden: Du sollst nicht die Ehe brechen, du sollst nicht begehren deines Nächsten Frau, du sollst nicht stehlen, und du sollst nicht begehren irgendetwas, das einem andern gehört. Die Anordnung der Gebote verläuft nach der Schwere des Schadens, den ihr Bruch der Gerechtigkeit zufügt.

Was die notwendige Gerechtigkeit regelt, ist also in den Zehn Geboten enthalten.

Die Gerechtigkeit gelangt zur Vollendung, wenn sie sich von allem Bösen vollständig entfernt, das heißt: nicht nur die Schuld meidet, sondern auch den möglichen Anlaß dazu. Alles Böse aber entsteht aus einer dreifachen Wurzel: der Begierde des Fleisches, der Begierde der Augen und dem Hochmut des Lebens (1 Joh 2,16). Daher gibt es drei evangelische Räte, die uns vollkommen von dieser dreifachen Wurzel entfernen. Es sind «Räte» oder Ratschläge, weil sie uns, um uns vollkommen vom Bösen wegzuziehen, nicht nur vom Unerlaubten trennen, sondern auch von erlaubten Dingen, die Ursache für Sünde sein können. Die evangelischen Räte enthalten also nicht nur die hinreichende Gerechtigkeit *(sufficientem iustitiam)*, sondern die überfließende Gerechtigkeit *(abundantem)*. So entspricht es der Vollkommenheit des Evangeliums und dem Mitwirken mit der vollendenden Gnade.

10. Kapitel: Wie man mit der Gnade mitwirkt hinsichtlich des Bittgebetes und des Gebetes überhaupt

Zu den Bitten des Vaterunsers ist folgendes festzuhalten: Gott ist über die Maßen freigebig und bereitwilliger, zu geben, als wir bereit sind zu empfangen. Dennoch will er von uns gebeten sein, um Gelegenheit zu haben, die Gaben des Hl. Geistes auszugießen. Er will also, daß wir beten, und zwar nicht nur in innerem Gebet, welches «Aufstieg des Geistes in Gott hinein» ist, sondern auch in mündlichem Gebet, welches «von Gott angemessene Dinge erbittet»[207]. Er will auch, daß wir nicht nur allein bitten, sondern auch durch die Heiligen, die uns von Gott als Helfer gegeben sind, damit wir durch sie das erlangen, was zu erlangen wir durch uns selbst nicht würdig wären. Da wir aber nicht wissen, was und in welcher Weise wir bitten sollen (Röm 8,26), hinterließ er uns eine Grundgestalt in jenem Gebet, dessen Bitten er selbst zusammenstellte, damit wir nicht in der Ungewißheit herumschwanken. In diesen sieben Bitten ist alles enthalten, worum man bitten kann und muß.

Begründung zum tieferen Verständnis:

Der ERSTE URSPRUNG ist ebenso höchst wahr und gut in sich selbst, wie er barmherzig und gerecht in seinen Werken ist. Weil er also die höchste Barmherzigkeit ist, darum neigt er sich mit größter Liebe dem Menschen in seinem Elend zu, indem er ihm seine Gnade eingießt. Weil er aber zugleich auch gerecht ist, gibt er das vollkommene Geschenk (Jak 1,17) nur dem, der sich danach sehnt; er gibt die Gnade nur dem, der dafür dankt, er-

[207] Die beiden Definitionen stammen aus Johannes Damascenus, De Fide orthodoxa III, 24.

weist seine Barmherzigkeit nur dem, der sein Elend erkennt[208]. Denn der freie Wille soll frei bleiben, das edle Geschenk nicht für wertlos erachtet werden, und die Gott gebührende Ehre soll gewahrt werden. Weil es gerade der Betende ist, der die Hilfe Gottes von Herzen erbittet, das eigene Ungenügen erkennt und für die ohne Vorleistung *(gratis)* gegebene Wohltat dankt, schafft das Gebet die Disposition, die göttlichen Gnadengaben zu empfangen. Und Gott will darum gebeten werden, damit er seine Gaben freigebig schenken kann.

Zweitens: Damit unsere Sehnsucht ihr Ziel nicht verfehle, sondern aufsteigend zum Himmel die Gaben Gottes erlange, muß unser Wollen und Empfinden glutvoll sein, unser Denken gesammelt, unsere Hoffnung sicher und fest. Statt dessen ist unser Herz aber oft lau, oft zerstreut, oft auch furchtsam, weil einen das Bewußtsein der Sünden drückt, und man nicht wagt, für sich allein Gott unter die Augen zu treten. Daher wollte der Herr, daß wir nicht nur dem inneren Gebet obliegen, sondern auch mündlich beten; denn durch die gesprochenen Worte wird unsere innere Neigung geweckt, und gerichtet auf den Sinn der Worte sammeln sich unsere zerstreuten Gedanken. Außerdem wollte er, daß wir auch durch die Heiligen beten, und daß diese für uns beten; denn dadurch wird den Furchtsamen Zuversicht eingeflößt, daß sie durch geeignete Fürsprecher erlangen, was sie selbst nicht erlangen könnten oder nicht zu erbitten wagen. Auf diese Weise bleiben die Bittenden demütig, die Würde der Heiligen wird offenbar, und es tritt ans Licht, daß die Glieder Christi in der Liebe eins sind. In dieser Liebe neh-

[208] Um Barmherzigkeit als solche zu *erfahren,* muß die Erbärmlichkeit bewußt sein, wie nur vom Trostbedürftigen Trost erfahren wird.

men diejenigen, die tiefer stehen, zu den Höherstehenden vertrauensvoll Zuflucht, und diese neigen sich ihnen freigebig zu.

Schließlich: Gott in seiner Gerechtigkeit und Barmherzigkeit erhört – etwas anderes wäre ungebührlich – nur die Bitten, die sich auf seine Ehre und unser Heil beziehen: also das, was sich auf den ewigen Lohn in der Heimat bezieht, und das, was zu unserem Lebenserhalt auf dem Pilgerweg nötig ist. Das erste besteht in drei Gütern, das zweite in vier, und darum hat das Vaterunser, das uns lehrt, worum wir mit Nutz und Frommen beten sollen, sieben Bitten.

Drei Bitten also beziehen sich auf die Ehre Gottes und den himmlischen Lohn: um Erkenntnis der Wahrheit, um Ehrfurcht vor der Majestät Gottes und um Übereinstimmung des Willens mit seinem Willen. Anders gesagt: Wenn wir bitten «Dein Name werde geheiligt», das heißt, die Erkenntnis Deines Namens möge den Vollkommenen, Heiligen und Reinen geschenkt werden, dann bitten wir um die Schau der höchsten Wahrheit, die den Herzensreinen und Heiligen zuteil wird. Wenn wir bitten «Dein Reich komme», dann erbitten wir, den Höchsterhabenen *(summe arduum)* festhalten und besitzen zu dürfen; denn dies macht uns zu Königen, und darin besteht der Besitz des Reiches. Wenn wir bitten «Dein Wille geschehe wie im Himmel so auf Erden», dann erbitten wir die liebende Freude am höchsten Gut, die nur denen zuteil wird, die ihren Willen dem Willen Gottes angeglichen haben.

Während wir aber den Pilgerweg durchschreiten *(transitus viae),* müssen wir bitten, daß uns die Güter gegeben werden, die wir brauchen, oder daß wir von Übeln befreit werden, die uns schaden können. Das Gut erbitten wir in der Bitte um «das tägliche Brot» oder um das «Brot, das mehr ist als Brot» *(panis supersubstantialis)*[209]. Darin erbitten wir alles, was zum Erhalt des geistlichen wie des leiblichen Lebens in unserem jetzigen Zustand nötig ist. Befreiung vom Bösen aber erbitten wir in den letzten drei Bitten. Alle Übel sind entweder vergangen, zukünftig oder gegenwärtig. Oder: die Gefahr kann in Schuld, Kampf oder Strafe bestehen. Die Befreiung vom ersten erbitten wir mit der Bitte um Vergebung der Schuld, bezüglich des zweiten bitten wir um Sieg in der Versuchung; und drittens bitten wir um Erlösung von aller Unterdrückung durch das Böse.

So sind es also sieben Bitten, in denen alles umfaßt ist, worum man bitten soll. Und das hat einen guten Sinn: die Siebenzahl entspricht den sieben Gnadengaben der siebenfältigen Gnade.

Beachte daher, daß die Heilige Schrift uns eine siebenfache Siebenzahl zur Betrachtung vorlegt: sieben Wurzelsünden, sieben Sakramente, sieben Tugenden, sieben Geistesgaben, sieben Seligkeiten, sieben Bitten und sieben Gaben der Glorie – nämlich drei für die Seele und vier für den Leib, wie wir später noch ausführen werden.

Von den sieben Wurzelsünden müssen wir uns zuerst abwenden, mit Hilfe der sieben Sakramente unseren Weg gehen und die sieben Gloriengaben als letztes ersehnen. Die sieben Vaterunser-Bitten haben die vorletzte Stelle, die Tugenden, Gaben des Hl. Geistes und Seligkeiten ste-

[209] Seit der Väterzeit wird die Bitte um das «tägliche» oder «(über)-wesentliche Brot» (gr.: *artos epiousios*; lat.: *panis cottidianus, supersubstantialis*) sowohl als «das zum Leben Notwendige» (Theodor von Mopsuestia), wie vor allem auch als geistige Nahrung gedeutet, die das ganze «Wesen» des Menschen nährt, also als das «Wort aus Gottes Mund» und besonders die Eucharistie (Cyprian, Ambrosius, Cyrill von Jerusalem). Bonaventura verbindet beide Deutungen.

hen in der Mitte, als Mittel für unseren Weg. So sollen wir, «sieben Mal des Tages den Namen Gottes in Lob und Bitte anrufend» (Ps 119,164), die siebenfache Gnade der Tugenden, Gaben und Seligkeiten erlangen, durch sie den Sieg über die sieben Wurzelsünden davontragen und schließlich die siebenfache Krone der Glorie erlangen.

Dabei hilft uns ein siebenfaches Heilmittel: die Sakramente, von Gott eingesetzt zur Wiederherstellung des Menschengeschlechtes.

VI. TEIL: DAS HEILMITTEL DER SAKRAMENTE

1. Kapitel: Der Ursprung der Sakramente

Nachdem wir also über die göttliche Dreifaltigkeit, die erschaffene Welt, die Verderbnis der Sünde, die Fleischwerdung des WORTES und die Gnade des Heiligen Geistes gehandelt haben, soll es im sechsten Kapitel um das Heilmittel der Sakramente gehen. Hier sind sieben Punkte in Betracht zu ziehen: die Herkunft der Sakramente, ihre unterschiedliche Art während der einzelnen heilsgeschichtlichen Zeiten, ihre Unterschiedenheit, Einsetzung, Spendung, Wiederholbarkeit und schließlich das, was zu jedem einzelnen Sakrament gehört *(integritas sacramenti).*

Was die *Herkunft* der Sakramente betrifft, so ist folgendes festzuhalten:

Die Sakramente sind sinnenfällige Zeichen, von Gott eingesetzt gleichsam als Heilmittel; in ihnen «wirkt unter der Hülle sinnenfälliger Dinge ganz im geheimen Gottes Kraft»[210]. «Aufgrund ihrer Abbildhaftigkeit vergegenwärtigen sie *(ex similitudine repraesentant),* aufgrund der Einsetzung bezeichnen sie *(ex institutione significant),* aufgrund ihrer Heiligung teilen sie eine geistliche Gnade mit *(ex sanctificatione gratiam conferunt)*»[211], wodurch die Seele von der Krankheit der Laster geheilt wird. Darin besteht das erste und letzte Ziel der Sakramente; sie tragen aber auch – gewissermaßen als mittelbares Ziel – zur Demut des Menschen bei *(humiliatio),* zu seiner Belehrung *(eruditio)* und zu seinem Eifer *(exercitatio).*

[210] Isidor von Sevilla, Etym. VI, cap. 19 n. 40.
[211] Hugo von St. Victor, Sacr. I, 9, 2.

Begründung zum tieferen Verständnis:

Der Ursprung unserer Erlösung ist Christus, der Gekreuzigte, das fleischgewordene Wort. Weil er Gott ist, ordnet er alles in vollkommener Weisheit; weil er Mensch geworden ist, sorgt er um alles in vollkommener Güte. Er mußte also das erkrankte Menschengeschlecht so wiederherstellen und heilen, wie es dem Kranken, der Krankheit, dem Anlaß, krank geworden zu sein, und der Heilung der Krankheit angemessen war. Der *Arzt* ist das fleischgewordene Wort selbst: Der unsichtbare Gott in einer sichtbaren Natur. Der *kranke Mensch* ist weder bloß ein geistiges, noch bloß ein körperliches Wesen, sondern Geist in einem sterblichen Körper. Die *Krankheit* ist die Erbsünde, die mit Unwissenheit den Geist, mit Begierde das Fleisch schlägt. Diese Krankheit *begann* zwar in der Hauptsache mit der Zustimmung der Vernunft, die Gelegenheit dazu aber boten die Sinne des Körpers. Damit das *Heilmittel* diesen Umständen entspreche, sollte es nicht nur geistig sein, sondern sollte auch etwas sinnenfällig Zeichenhaftes haben. Denn so wie sinnenfällige Dinge für die Seele der Anlaß ihres Falles waren, so sollten umgekehrt sinnenfällige Dinge ihr auch die Gelegenheit geben, sich wieder zu erheben. Weil nun die sinnenfälligen Zeichen für sich genommen nicht so auf die Gnade hingeordnet sind, daß sie sie wirken könnten, selbst wenn sie die jeweilige Gnade aufgrund ihrer natürlichen Beschaffenheit entfernt darzustellen vermögen, mußten sie vom Urheber der Gnade eingesetzt werden, damit sie die Gnade bezeichnen können, und sie mußten seinen Segen empfangen, damit sie zu heiligen vermögen. So sollten sie aufgrund natürlicher Ähnlichkeit darstellen, aufgrund der darüber hinaus gehenden Einsetzung bezeichnen, aufgrund der gegebenen Weihe heiligen und auf den Empfang der Gnade vorbereiten, wodurch dann unsere Seele heil und gesund wird.

Zweitens: Die heilende Gnade wird denen nicht zuteil, die aufgeblasen, ohne Glauben und gleichgültig sind. Daher mußten von Gott solche sinnenfälligen Zeichen gegeben werden, die nicht nur heiligen, die Gnade mitteilen und dadurch heilen, sondern auch durch ihre Zeichenhaftigkeit *belehren,* durch ihren Empfang *Demut bewirken* und durch ihre Vielfalt unseren *Eifer* anspornen. So soll durch den Eifer die Trägheit aus dem begehrenden Seelenvermögen vertrieben werden, durch die Belehrung das Unwissen aus dem vernünftigen, durch die Verdemütigung der Hochmut aus dem mutigen Streben: und so soll die ganze Seele empfänglich werden für die heilende Gnade des Hl. Geistes, die uns in diesen drei Seelenkräften neugestaltet nach dem Bild der Dreifaltigkeit und dem Bild Christi.

Schließlich: Weil mittels dieser sinnenfälligen, von Gott eingesetzten Zeichen die Gnade des Hl. Geistes empfangen wird und die Hinzutretenden die Gnade in ihnen finden, heißen diese Sakramente *Gefäße*[212] *und Ursache der Gnade* – nicht weil die Gnade substantiell in ihnen enthalten wäre oder ursächlich bewirkt würde, denn die Gnade hat ihren Ort allein in der Seele und wird allein von Gott eingegossen, sondern weil Gott es so festgesetzt hat, daß in ihnen und durch sie die Gnade der Heilung, die vom höchsten Arzt Christus stammt, geschöpft werden muß, «auch wenn Gott seine Macht nicht an die Sakramente gebunden hat»[213].

[212] Hugo von St. Victor, Sacr. I, 9, 4.

[213] Petrus Lombardus, IV Sent. dist. 1 cap. 5. Zu Bonaventuras Verständnis der Kausalität der Sakramente: III Sent. dist. 40 dub. 3. Zu Bonaventuras Zeit wurden zwei verschiedene theologische Posi-

Aus dem Gesagten geht nicht nur hervor, wo die Sakramente ihren Ursprung haben, sondern auch, wie sie gebraucht werden sollen, und welches ihre Frucht ist. Ihr Ursprung ist unser Herr Jesus Christus. Ihr Gebrauch soll unseren Eifer stärken, soll uns belehren, soll uns demütig machen. Ihre Frucht ist Heilung und Heil für den Menschen. Die Wirkursache der Sakramente liegt in der Einsetzung durch Gott; die Materialursache besteht in der Darstellung, die das sinnenfällige Zeichen leistet; die Formalursache ist die Heiligung oder Weihe des Sakramentes im Vollzug, die Finalursache ist die Heilung der Menschen. Und weil «die Benennung von der Form und dem Ziel her genommen wird»[214], heißen diese Zeichen «Sakramente», also gewissermaßen: «heiligmachende Heilmittel» *(medicamenta sanctificantia).* Durch sie wird die Seele von der Häßlichkeit der Laster befreit und zurückgeführt zur vollkommenen Heiligkeit.

Deswegen sind die Sakramente, obwohl sie körperliche und sinnenfällige Zeichen sind, als heilig zu verehren; denn sie bezeichnen heilige Geheimnisse, bereiten für heilige Gnadengaben, sind von Gott, dem Allerheiligsten, gegeben, heilig von ihrer Einsetzung her und geheiligt, da von Gott geweiht und für den heiligsten Gottesdienst in der Kirche bestimmt: und so müssen sie mit vollem Recht «sacra-menta» genannt werden.

tionen über die Wirksamkeit der Sakramente diskutiert. Die eine nahm an, die Sakramente teilten aufgrund einer in ihnen «geschaffenen Kraft» die Gnade mit. Die andere These betonte die Hauptursächlichkeit Gottes, der die Gnade anläßlich des rechten Sakramentenempfangs gebe; denn «Gnade» könne im eigentlichen Sinn nur in der Seele «sein» und nur von Gott gegeben werden. Da Gott sich aber gleichsam verpflichtet habe, immer die Gnade zu geben, wenn die Sakramente in der rechten Disposition empfangen werden, können diese «Gefäße» der Gnade genannt werden.

[214] Aristoteles, De anima II cap. 4.

2. Kapitel: Daß die Sakramente in den verschiedenen Epochen der Heilsgeschichte unterschiedlich waren

Was die Veränderung der Sakramente oder Heilszeichen im Laufe der Heilsgeschichte betrifft, ist folgendes festzuhalten: Von Anfang an wurden Sakramente zur Heilung des Menschen eingesetzt, sie begleiteten die ganze Zeit seiner Krankheit, und sie werden fortdauern bis zum Ende der Zeit. Doch waren die Sakramente zur *Zeit des Naturgesetzes* andere als zur *Zeit des geschriebenen [Mosaischen] Gesetzes,* und wieder andere sind es zur *Zeit der Gnade.* Dabei gilt, daß die jeweils späteren von ihrer Zeichenhaftigkeit her deutlicher und von ihrer Gnadenwirkung her höherrangig sind. Zur Zeit des Naturgesetzes gab es Opfergaben, Schlachtopfer und Zehntgaben. Zur Zeit des geschriebenen Gesetzes wurde die Beschneidung eingeführt, es kam das Sühnopfer *(expiatio)* dazu, und die Opfer- und Zehntgaben wurden in ihrer Vielfalt genau unterschieden. Unter dem Neuen Gesetz aber «wurden Sakramente eingesetzt, die in ihrer Zahl geringer, aber von größerem Nutzen und stärkerer Wirkung»[215] und von weit höherer Würde waren. In ihnen werden alle früheren Sakramente erfüllt und aufgehoben.

Begründung zum tieferen Verständnis:

Das FLEISCHGEWORDENE WORT, der URSPRUNG UNSERER ERLÖSUNG, der Quellgrund aller Sakramente, ist die Weisheit und die Güte selbst. Weil er so voll Güte ist, konnte er der Krankheit der Sünde nicht einfach ihren Lauf lassen, ohne für ein Heilmittel zu sorgen. Weil er so voll Weisheit ist, wandte er je nach den verschiedenen

[215] Augustinus, Contra Faustum IX, 13; vgl. Hugo von St. Victor, Sacr. I, 8, 12; 9, 6.

Zeiten verschiedene Heilmittel an, nach dem Urteil seiner unwandelbaren Weisheit, die alles ordnet und lenkt. Denn «von Anbeginn nahm im Laufe der Zeiten, je näher die Ankunft des Erlösers herannahte, auch die Wirkung des Heiles und die Erkenntnis der Wahrheit zu. So war es ganz passend, daß im Laufe der einander folgenden Zeiten auch die Zeichen des Heiles andere wurden, damit die Heilswirkung der göttlichen Gnade wachsen und zugleich klarere sinnenfällige Zeichen die Gnade bezeichnen sollten»[216]. «So sollte das Heilszeichen für die Entsühnung und Rechtfertigung nach göttlicher Bestimmung zuerst die Form einer Opfergabe, dann die der Beschneidung, schließlich die des Taufbades haben. Die Gestalt oder das Abbild der Reinigung findet man in der Opfergabe gewissermaßen nur verborgen, bei der Beschneidung wird sie schon deutlicher ausgedrückt, durch die Taufe wird sie ganz klar kundgetan.» Daher kann man mit Hugo von St. Victor sagen: «Jene Heilszeichen der ersten Zeit gleichen Schatten der Wirklichkeit *(umbra veritatis),* die der mittleren Zeit gleichen einem deutlichen Bild *(figura seu imago),* die der letzten, der Gnadenzeit, sind vergleichbar dem wirklichen Leib *(corpus)*». Denn diese letzten Heilszeichen enthalten in sich die Wahrheit und die heilende Gnade[217], die sie als gegenwärtig darbieten *(praesentant);* sie geben in der Gegenwart, was sie verheißen.

Zweitens: Die Gegenwart der Gnade und Wahrheit, die zur Zeit der Gnade dargeboten wird, ließ sich aber durch ein einziges Zeichen nicht angemessen darstellen; denn diese Gnade ist überaus erhaben *(excellentia)* und

[216] Hier und im folgenden resümiert Bonaventura Hugo, Sacr. I, 9, 6.

[217] Vgl. Joh 1,17: «Durch Mose wurde das Gesetz gegeben, durch Jesus Christus kam die Gnade und die Wahrheit».

vielfältig in ihrem Wirken und ihrer Kraft. Darum waren zu allen Zeiten mehrere Heilszeichen gegeben, um diese Wahrheit und Gnade auszudrücken. Ganz besonders gilt dies für die Zeit des Mosaischen Gesetzes, welches die «Zeit der Vorausbilder» sein sollte: viele verschiedenartige Zeichen sollten in ihrer Vielfalt die Gnade Christi vielfältig zum Ausdruck bringen und als hoch erhaben den Herzen nahebringen. Auf diese Weise sollten sie die Kinder ernähren und die Unvollkommenen ertüchtigen; die Verhärteten aber sollten sie gefügig machen durch die Lasten, [die sie auferlegten,] sie für das Joch der Gnade zähmen und gewissermaßen erweichen.

Doch wenn die Wahrheit kommt, weicht der Schatten; und das vorausverkündende Bild gelangt zu seinem Ziel. Dann muß auch der Gebrauch des Bildes an sein Ende kommen. Daher werden die alten Sakramente und Zeichen erfüllt und zugleich hinweggenommen, wenn die Gnade kommt; denn sie bedeuteten das Kommende voraus *(signa prognostica)* und verkündeten es von ferne. Die neuen Sakramente aber sind gleichsam Zeichen, die auf die gegenwärtige Gnade verweisen *(demonstrativa)* und das Leiden des Herrn ins Gedächtnis rufen *(rememorativa)*. Das Leiden Christi ist Quelle und Ursprung der heilenden Gnade, sei es für uns, sei es für diejenigen, die vor seiner Ankunft lebten. Doch für diejenigen, die seiner Ankunft vorausgingen, ist es gleichsam der versprochene Lösepreis, für diejenigen, die ihm folgen, ist es der bezahlte Lösepreis. Weil nun die Gnade dem versprochenen Lösepreis nur hinsichtlich der Bezahlung, und in höherem Maß als dem versprochenen dem bereits bezahlten Preis geschuldet ist, darum heiligt das Leiden Christi die Sakramente des Neuen Bundes in unmittelbarerer Weise und fließt in sie mit reicherem Gnadenstrom.

Die Sakramente des Alten Bundes bereiteten diese vor und führten zu ihnen: wie der Weg zum Ziel, wie das Zeichen zum Bezeichneten, wie das Abbild zur Wirklichkeit, wie das Unvollendete auf das Vollendete hinweist und es vorbereitet.

3. Kapitel: Wieviele Sakramente es gibt, und wie sie sich unterscheiden

Über Zahl und Unterschiedenheit der Sakramente des Neuen Bundes ist folgendes festzuhalten: Es gibt sieben Sakramente in Entsprechung zur siebenfältigen Gnade, die uns durch sieben Zeiten zurückführt zum URSPRUNG, zur Ruhe und zum Kreis der Ewigkeit: zum achten Tag der Auferstehung aller. Die Pforte der Sakramente ist die Taufe, es folgen Firmung, Eucharistie, Buße, Letzte Salbung, Weihe und Ehe. Die Ehe wird zwar zuletzt genannt, wegen der Krankheit, welche mit der Konkupiszenz verbunden ist, dennoch war sie schon vor allen anderen gegeben, nämlich im Paradies, und sogar schon vor dem Sündenfall.

Begründung zum tieferen Verständnis:

Der URSPRUNG UNSERER ERLÖSUNG ist der Herr Jesus Christus, das FLEISCHGEWORDENE WORT. Er ist «Gottes Kraft und Weisheit» (1 Kor 1,24) und Gottes Erbarmen mit uns. So mußte er also seine Sakramente in der Zeit der Gnade einsetzen: machtvoll, weise, gütig, angemessen, so daß unserer Heilung, wie sie im Zustand der Pilgerschaft stattfinden soll, nichts abgehe. Zur vollkommenen Heilung einer Krankheit müssen drei Dinge zusammenkommen: die Krankheit muß ausgetrieben, die Gesundheit eingeführt und dann auch erhalten werden.

Zuerst also muß jegliche Krankheit vollständig ausgetrieben werden. Nun gibt es sieben Krankheiten, wobei drei davon mit Schuld verbunden sind: nämlich die Erbsünde, die Todsünde und die läßliche Sünde. Vier sind mit Strafe und Pein verbunden: Unwissenheit, schlechter Wille, Schwäche und böse Begierde. Und weil «ein Heilmittel für den Fuß nicht auch das Auge heilt», wie Hieronymus sagt[218], darum war es angebracht, gegen jede der sieben Krankheiten ein Heilmittel einzusetzen, damit sie möglichst vollständig vertrieben würden: Gegen die Erbsünde die Taufe, gegen die Todsünde die Buße, gegen die läßliche Sünde die Letzte Salbung, gegen die Unwissenheit das Weihesakrament, gegen den bösen Willen die Eucharistie, gegen die Schwachheit die Firmung, gegen die Begierde die Ehe, welche sie mildert und entschuldigt.

Zweitens gehört zur vollständigen Heilung die Wiederherstellung der Gesundheit. Die umfassende Gesundheit der Seele besteht im Gebrauch der sieben Tugenden, der drei theologischen und der vier Kardinaltugenden. Um deren Ausübung wiederherzustellen, bedurfte es ebenfalls der Einsetzung der sieben Sakramente: Die Taufe disponiert zum Glauben, die Firmung zur Hoffnung, die Eucharistie zur Liebe, die Buße zur Gerechtigkeit, die Letzte Salbung zur Standhaftigkeit, welche der Gipfel und die Vollendung der Tapferkeit ist, die Weihe zur Klugheit, die Ehe zur Bewahrung des Maßes, welches ganz besonders von der Schwachheit des Fleisches angegriffen wird, wofür die Ehrbarkeit der Ehe ein Heilmittel ist.

Drittens kann es keine vollständige Heilung geben, wenn nicht die wiedergewonnene Gesundheit auch erhalten wird. Das gewonnene Heil kann aber im Kampf

[218] In Mc. 9,28.

nur bewahrt werden innerhalb der Reihen der Kirche, «die furchtbar ist wie ein zum Kampf aufgestelltes Heer» (Hld 6,3.9 Vg). Dafür bedarf es der siebenfältigen Bewaffnung durch die Gnade, und damit der sieben Sakramente. Damit dieses Heer vollkommen, ohne Unterbrechung fest steht, obwohl es aus Gliedern besteht, die anfechtbar sind, braucht es Sakramente, die befestigen, aufrichten und erneuern: Befestigung für die Kämpfenden, Aufrichtung für die Gefallenen, Erneuerung für die Sterbenden. Das Sakrament der Befestigung für die Anfänger ist die Taufe, für die im Kampf Stehenden die Firmung, für die aus dem Kampf Scheidenden die Letzte Salbung. Das Sakrament der Aufrichtung für die läßlich Gefallenen ist die Eucharistie, für die tödlich Gefallenen das Bußsakrament. Das Sakrament der Erneuerung hinsichtlich des geistlichen Seins ist die Weihe; denn der Geweihte hat die Aufgabe, die Sakramente zu spenden. Das Sakrament der Erneuerung im natürlichen Sein ist die Ehe; und weil dadurch die Vielzahl im natürlichen Sein erneuert wird, was ja die Grundlage von allem ist, war die Ehe vor allen anderen Sakramenten eingeführt. Freilich wird sie wegen der Krankheit der Konkupiszenz und weil sie das geringste Maß an Heiligung verleiht – wiewohl sie in ihrer Zeichenhaftigkeit ein «großes Geheimnis oder Sakrament» (Eph 5,32) ist – unter den geistlichen Heilmitteln an letzter Stelle genannt.

So ist die Taufe also für die Eintretenden, die Firmung für die Kämpfenden, die Eucharistie, um wieder zu Kräften zu kommen, die Buße, um wieder aufzustehen, die Letzte Salbung für die Scheidenden, das Weihesakrament bildet neue Kämpfer heran, die Ehe stellt neue Kämpfer bereit. So dürfte genügend klar geworden sein, warum es sieben Sakramente gibt, und wie sie sich als Heilmittel oder Waffen zueinander verhalten.

Was die Einsetzung der Sakramente betrifft, so ist festzuhalten, daß die sieben Sakramente, die dem Gesetz der Gnade *(legis gratiae)* zugehören, von Christus eingesetzt wurden; denn er ist der Mittler des Neuen Bundes und der Stifter dieses Gesetzes, in dem er die *Verheißung* und die Berufung zu ewigen Gütern gab, *Gebote* zu unserer Unterweisung erließ und *heilige Zeichen* zu unserer Heiligung einsetzte. – Er setzte diese Sakramente nach Wort und sinnenfälligem Zeichen ein, auf daß sie die Wahrheit klar zum Ausdruck brächten und heiligende Wirkung hätten. Die Wahrheit bringen sie immer zum Ausdruck, nicht immer aber haben sie Heilswirkung; das liegt aber nicht an einem Mangel in ihnen selbst, sondern am Empfänger. – Christus setzte außerdem die Sakramente auf verschiedene Weise ein: Die einen, indem er sie bestätigte, billigte und ihnen die vollendete Gestalt gab – so handelte er bei der Ehe und beim Bußsakrament. Andere setzte er ein, indem er sie beabsichtigte und ihren ersten Anfang setzte – wie bei der Firmung und der Letzten Salbung. Wieder andere setzte er ein, indem er ihnen Anfang und Vollendung gab und sie selbst empfing – wie beim Sakrament der Taufe, der Eucharistie und beim Weihesakrament. Diese drei setzte er in vollständigem Sinn ein und empfing sie auch als erster[219].

Begründung zum tieferen Verständnis:

Der URSPRUNG unserer Erlösung ist Christus der Gekreuzigte, das FLEISCHGEWORDENE WORT. Das es *dem Vater gleich* ist an Würde und Wesenheit, ist es das Wort von

[219] Was uns hinsichtlich des Eucharistieempfangs merkwürdig vorkommen mag, war bis in die neuere Zeit keine ganz ungewöhnliche Auffassung.

höchster Kraft, höchster Wahrheit und höchster Güte – und deswegen auch das Wort von höchster «Autorität» *(auctoritas)*[220]. Darum ist es ihm eigen, den Neuen Bund heraufzuführen, es ist ihm eigen, ein vollständiges und in jeder Hinsicht genügendes Gesetz zu geben, so wie es seine allerhöchste Kraft, Wahrheit und Gutheit erfordern. Aufgrund seiner höchsten Gutheit gab er Verheißungen zu unserer Seligkeit; aufgrund seiner höchsten Wahrheit gab er Gebote zu unserer Leitung; aufgrund seiner höchsten Wirkkraft gab er Sakramente zu unserer Hilfe. So sollte durch die Sakramente unsere Kraft wiederhergestellt werden, damit wir die Gebote erfüllen können und, geleitet von diesen Geboten, zu den ewigen Verheißungen gelangen. Dies alles vollbringt das ewige WORT, Christus, unser Herr, im Gesetz des Evangeliums *(in lege evangelica):* denn er ist «Weg, Wahrheit und Leben» (Joh 14,6).

Der Ursprung unserer Erlösung ist jedoch nicht nur das WORT als WORT, sondern als das *FLEISCHGEWORDENE WORT,* das sich allen darbietet, auf daß sie die *Wahrheit erkennen,* und allen, die würdig herzutreten, die *Gnade der Heilung* schenken will. «Voll Gnade und Wahrheit» (Joh 1,14) setzte er die Sakramente nach Wort und Zeichen *(elementum)* ein, um die Klarheit ihrer Zeichenhaftigkeit und ihre heiligende Wirkung noch zu erhöhen: Dadurch daß den Augen sinnenfällige Elemente, den Ohren Worte dargeboten werden, sollte in aller Klarheit die Bedeutung des Zeichens erkannt werden – sind doch Auge und Ohr die beiden Sinne, die am meisten zur Erkenntnis beitragen. Sodann sollten die Worte die Elemente heiligen, damit das Heil für die Menschen noch vollere Wirksamkeit entfalte. Die Wirkung freilich wird nie-

[220] *auctoritas* hier als die Eigenschaft, «Urheber zu sein», etwas grund-legen zu können.

mandem zuteil, der sich wehrt und dem Quell der Gnade innerlich widersteht. Darum sind die Sakramente so eingesetzt, daß sie immer und in jedem Fall ihre Wahrheit bezeichnen, aber die Heilswirkung nur haben, wenn jemand würdig und ohne Falschheit im Herzen herzutritt.

Obschon das fleischgewordene WORT die Quelle aller sakramentalen Gnade ist, gab es eine gewisse sakramentale Gnade schon vor der Menschwerdung; es gibt umgekehrt eine, die erst nach der Sendung des Hl. Geistes folgte, und es gibt eine, die gewissermaßen in der Mitte steht. Dem entspricht, daß die Sakramente *auf verschiedene Weise* eingesetzt wurden.

Bereits vor der Menschwerdung waren zwei von ihnen notwendig: die Reue der *Buße* und die Zeugung in der *Ehe*. Daher setzte Christus diese beiden nicht ganz von neuem ein, sondern gab ihnen, als von ihm bereits eingesetzten[221] und gewissermaßen der Stimme des natürlichen Gewissens entsprechenden, im Evangelium ihre Vollendung und Besiegelung: indem er Buße und Umkehr predigte, an einer Hochzeit teilnahm und die Gültigkeit des Ehebundes bestätigte, wie sich aus verschiedenen Stellen in den Evangelien ergibt (vgl. Mt 4,17; Mk 1,14f.; Joh 2,1ff.; Mt 19,4ff.).

Vor der Ausgießung des Heiligen Geistes aber war dieser noch nicht in der ganzen Fülle geschenkt, die zum Bekenntnis des Namens Christi in der Öffentlichkeit befähigt, noch war die Salbung in Fülle[222] schon gegeben, die die Seele dazu befreit aufzubrechen. Darum hat Chri-

[221] Der SOHN ist Heilsmittler und Offenbarer auch im Alten Bund.

[222] Die Sendung des Hl. Geistes wird hier mit zwei biblischen Worten umschrieben: *donatio* und *unctio,* die jeweils auf die Spendung der beiden vollendenden Sakramente Firmung (Spendeformel) und Letzte Salbung verweisen.

stus diese beiden Sakramente, die Firmung und die Letzte Salbung, als in seiner Absicht liegend angedeutet und ihren ersten Anfang gesetzt: Die *Firmung* deutete er an, indem er den Kindern die Hände auflegte (Lk 18,15) und vorhersagte, daß die Jünger mit dem Heiligen Geist getauft würden (Apg 1,5). Die *Letzte Salbung* deutete er an, indem er seine Jünger aussandte, zu heilen und die Kranken mit Öl zu salben, wie es im Markusevangelium heißt (Mk 6,13).

Zur Mitte der Zeit aber gehört die Neugeburt, die Ordnung der Kirche und die geistliche Speisung. Darum setzte Christus die Sakramente der Taufe, der Weihe und der Eucharistie in aller Klarheit und Vollständigkeit ein: die *Taufe,* indem er zuerst sie selber empfing (Mt 3,13 parr), dann ihr die Form gab (Mt 28,19) und sie den übrigen auftrug; die *Weihe,* indem er erstens die Vollmacht verlieh, zu binden und zu lösen (Joh 20,23), und zweitens die Vollmacht, das Altarssakrament zu feiern; die *Eucharistie,* indem er sich selbst mit dem Weizenkorn verglich (Joh 12,24), und dann dieses Sakrament seines Leibes und Blutes unmittelbar vor seinem Leiden feierte und seinen Jüngern reichte. – Diese drei Sakramente mußten durch Christus selbst klar und vollständig eingesetzt, im Alten Bund aber durch viele Bilder vorausbedeutet werden; denn sie sind die wesentlichen Sakramente des Neuen Bundes, sie gehören in eigentlichster Weise *(propria)* zu dem, der das Neue Gesetz gab: dem FLEISCHGEWORDENEN WORT.

5. Kapitel: Die Spendung der Sakramente

Zunächst ist festzuhalten, daß die Vollmacht der Sakramentenspendung sich in der Regel allein auf das *Menschengeschlecht* bezieht. Notwendig bei der Spendung aller

Sakramente ist die *Absicht des Spenders*. Bei einigen Sakramenten ist zusätzlich der priesterliche oder bischöfliche *Weihegrad* erforderlich, der bischöfliche ist notwendig zur Erteilung der Firmung und der Weihen, der priesterliche bei der Eucharistie, dem Bußsakrament und der Letzten Salbung. Die Taufe und das Ehesakrament aber können, obwohl ihre Spendung eigentlich zur Aufgabe des Priesters gehört, auch ohne die Priesterweihe gespendet werden, ganz besonders im Notfall. Sind diese Voraussetzungen gegeben, so können die Sakramente *von Guten wie von Schlechten,* von Rechtgläubigen und von Irrgläubigen, innerhalb und außerhalb der Kirche gespendet werden – innerhalb der Kirche freilich werden sie als wahre und zum Heil dienende Sakramente gespendet, außerhalb ihrer bleiben sie zwar wahre Sakramente, nützen aber nicht zum Heil.

Begründung zum tieferen Verständnis:

Der URSPRUNG UNSERER ERLÖSUNG, das FLEISCHGEWORDENE WORT, hat als Gott und Mensch zugleich die Sakramente zum Heil der Menschen eingesetzt; dementsprechend hat er es auch so eingerichtet, daß sie den Menschen durch den Dienst von Menschen gespendet werden, um die *Gleichförmigkeit* des Sakramentenspenders zum Erlöser Jesus Christus zu wahren, ebenso wie zu dem der Erlösung bedürftigen Menschen.

Unser Erlöser brachte aber dem Menschengeschlecht Rettung auf eine Weise, die der Gerechtigkeit, der würdigen Ordnung und der Sicherheit des Heiles Rechnung trug: Er wirkte unser Heil auf *rechte Weise,* in der *rechten Ordnung,* mit voller *Sicherheit.* Und dem entspricht, wie er auch den Menschen die Spendung der Sakramente übertrug.

Erstens: Die Angemessenheit und *Richtigkeit* erfordert, daß schon die Werke eines Menschen *als Menschen* nicht ohne Überlegung und kopflos vollbracht werden, daß die

Werke eines Menschen *als eines Dieners Christi* aber in gewisser Weise einen Bezug zu Christus haben müssen, die Werke eines Menschen *als eines Dieners am Heil* auf das Heil bezogen sein müssen, entweder im allgemeinen oder im besonderen Sinn. Nun ist die Spendung der Sakramente ein Tun des Menschen als eines vernunftbegabten Wesens, als eines Dieners Christi und als eines Dieners am Heil: Deswegen gehört zu diesem Tun notwendig eine *Absicht,* nämlich zu tun, *was Christus zum Heil der Menschen eingesetzt* hat, oder wenigstens: *zu tun, was die Kirche tut.* Darin ist nämlich die zuerst genannte Absicht in allgemeiner Form eingeschlossen, weil die Kirche die Sakramente so zum Heil der Gläubigen spendet, wie sie sie von Christus empfangen hat.

Zweitens: Die *würdige Ordnung* erfordert, daß Großes Großen, Kleines Kleinen und Mittleres Mittleren übertragen werde. Unter den Sakramenten verleihen manche in besonderer Weise eine *herausragende* Tugendkraft oder herausragende Würdestellung, wie die Firmung und die Weihe. Manche betreffen die Erfordernisse der *Notwendigkeit,* wie die Taufe und die Ehe: diese gebiert Kinder, jene gebiert sie neu zum Leben der Gnade. Manche Sakramente nehmen eine mittlere Stellung ein, wie die Eucharistie, die Buße und die Letzte Salbung. Die zuerst genannten Sakramente sind gewissermaßen die höchsten, und können daher nur vom Bischof oder Papst gespendet werden, jedenfalls nach dem allgemeinen Recht. Die grundlegenden Sakramente der Ehe und der Taufe können von allen Weihegraden und auch von Personen ohne kirchliche Stellung gespendet werden, ganz besonders im Notfall – ich sage das hinsichtlich der Taufe. Die «mittleren» Sakramente werden nur von Priestern gespendet, die gewissermaßen in der Mitte zwischen Bischof und gewöhnlichen Personen stehen.

Drittens: Die *Sicherheit des Heiles* erfordert, daß das Sakrament so vollzogen wird, daß es nicht in Zweifel gezogen werden kann. Da nun niemand sicher sein kann, ob der Spender ein guter und gläubiger Mensch ist, ja dieser selbst über seine eigene Person nicht sicher sein kann, «ob er der Liebe oder des Hasses würdig ist»[223], so gäbe es, wenn die Sakramente nur von Guten gespendet werden könnten, für niemanden eine Sicherheit, ob er das Sakrament nun empfangen habe. Es müßte also immer wieder wiederholt werden. Die Schlechtigkeit des einen würde das Heil des anderen beeinträchtigen. Auch die gesamte gradmäßige Ordnung in der streitenden Kirche [d.h. die Weihegrade], die ja hauptsächlich in der Sakramentenspendung ruht, käme ins Wanken. So war es also angemessen, daß die Spendung der Sakramente dem Menschen nicht aufgrund seiner Heiligkeit, die vom jeweiligen Wollen abhängt, sondern aufgrund von Bevollmächtigung *(auctoritas)* übertragen ist, die an sich etwas Bleibendes ist. Und daher können die Sakramente von Guten und Bösen, innerhalb der Kirche und außerhalb ihrer gespendet werden.

Weil aber niemand gerettet werden kann außerhalb des einigenden Bandes von Glaube und Liebe, wodurch wir Kinder und Glieder der Kirche werden, so werden die Sakramente außerhalb zwar als wahre Sakramente, aber nicht heilswirksam empfangen. Jedoch können sie ihre Heilswirksamkeit entfalten, wenn jemand zur heiligen Mutter Kirche zurückkehrt, zur einzigen Braut Christi, deren Kinder allein ihr Bräutigam Christus des ewigen

[223] Koh 9,1. Diese Stelle wird in der Regel zitiert, um zu belegen, daß es auf normalem Weg – also ohne spezielle Offenbarung darüber – keine absolute Sicherheit über den eigenen Gnadenstand gibt, sondern nur eine «begründete Annahme» *(coniecturaliter)*.

Erbes würdig erachtet. Daher schreibt Augustinus gegen die Donatisten[224]: «Wenn die Kirche mit dem Paradies verglichen wird, so zeigt uns dies, daß Menschen die Taufe der Kirche auch außerhalb ihrer empfangen können, aber Heil und Seligkeit kann außer ihr niemand empfangen oder festhalten. Denn die Flüsse, die im Paradies entsprangen, flossen reichlich nach draußen, wie die Hl. Schrift bezeugt. Sie werden mit Namen genannt, und allen ist bekannt, durch welche Länder sie fließen, und daß sie sich außerhalb des Paradieses befinden. Und doch ist weder in Mesopotamien noch in Ägypten, wohin diese Flüsse gelangen, jene Seligkeit des Lebens, an die der Name des Paradieses denken läßt. So kann es das Wasser des Paradieses außerhalb des Paradieses geben, die Seligkeit des Paradieses aber nur innerhalb. Und ebenso kann die Taufe der Kirche außerhalb der Kirche sein, das Geschenk des seligen Lebens aber findet man nur in ihr, die auf dem Felsen gegründet ist und die Schlüssel zu binden und zu lösen empfangen hat. Sie ist eine einzige; sie hält alle Vollmacht ihres Bräutigams und Herrn in Händen; aufgrund dieser Vollmacht kann sie als rechtmäßige Gattin auch von Mägden Kinder hervorbringen, berufen, das Erbe zu erlangen, wenn sie nicht im Hochmut verharren. Wenn sie aber hochmütig bleiben, werden sie draußen bleiben. Weil wir aber für die Ehre und die Einheit der Kirche streiten, wollen wir nicht den Abgespaltenen das zuschreiben, was wir bei ihnen als echtes Eigentum der Kirche anerkennen, sondern wir wollen sie lieber mit überzeugenden Argumenten belehren, daß ihnen das, was sie aus der Einheit haben, nicht zum Heil nützen wird, wenn sie nicht zu eben dieser Einheit zurückkehren.»

[224] De baptismo IV, 1.2.

Zunächst ist dazu festzuhalten: Ganz allgemein gesprochen wird kein Sakrament «wiederholt», das heißt: in Bezug auf die gleiche Person, die gleiche Materie und aus dem gleichen Grund noch einmal gespendet, damit das Sakrament nicht herabgewürdigt wird. Im besonderen aber sind es drei Sakramente, die überhaupt nicht wiederholt werden: die Taufe, die Firmung und die Weihe. In ihnen wird nämlich der Seele jeweils ein unauslöschlicher *Charakter* eingeprägt. Der Taufcharakter bildet dabei das Fundament: die andern können nicht eingeprägt werden, wenn er nicht zuerst eingeprägt ist. Wenn daher ein Nichtgetaufter eine Weihe empfängt, geschieht gar nichts; sondern das ganze muß von neuem vollzogen werden. Und in diesem Fall ist das nicht als «Wiederholung» zu verstehen, weil ja feststeht, daß überhaupt nichts geschehen ist.

Begründung zum tieferen Verständnis:

Der URSPRUNG UNSERER ERLÖSUNG, das FLEISCHGEWORDENE WORT, wirkt aus höchster Kraft, Weisheit und Gutheit, so daß er nichts ohne Wirkung, nichts ohne Sinn, nichts ohne Frucht tut. Dies mußte ganz besonders bei seinen edelsten Werken zur Geltung kommen, den Werken zur Wiederherstellung des Menschengeschlechtes. Zu diesen göttlichen Werken gehören die Sakramente. Daher würde man sie gewissermaßen herabwürdigen, wollte man sie bezüglich der gleichen Materie, des gleichen Empfängers, des gleichen Grundes noch einmal spenden. Denn dadurch würde man zeigen, daß die erste Spendung unwirksam gewesen sei und ihren Sinn und ihre Frucht verfehlt habe. Das widerspricht aber gerade der Voraussetzung: daß der URSPRUNG UNSERER ERLÖSUNG mit höchster Kraft, Weisheit und Gutheit handelt, und in diesen Eigenschaften stets bereit ist, in und durch die Sakramente zu wirken.

Unter den Sakramenten, in denen allgemein die göttliche Kraft zur Wiederherstellung des Menschengeschlechtes wirkt, gibt es einige, die nur als Heilmittel *gegen die Krankheiten* eingeführt worden sind. Und es gibt andere, die darüberhinaus *hierarchische Grade* in der Kirche begründen, unterscheiden und ordnen. Während Krankheiten unterschiedlicher Art sein können und zu verschiedenen Zeiten auftreten, vertrieben werden und wieder zurückkehren können, müssen die Stände in der Kirche fest, sicher und unerschütterlich sein. Daher haben die Sakramente, die sich auf wiederkehrende Krankheiten beziehen, vorübergehende Wirkung und können bei einem neu auftretenden Fall wiederholt werden. Die Sakramente aber, die sich auf die hierarchischen Stufen oder einen bestimmten Stand im Glauben beziehen, müssen außer den heilenden Wirkungen auch bleibende Wirkungen vermitteln, um die Stände und Weihegrade in der Kirche klar und auf Dauer zu unterscheiden. Das wird nicht durch eine Gabe der Natur hervorgebracht, aber auch nicht durch die heiligmachende Gnade, die Gott wohlgefällig macht. Es muß vielmehr durch *ein Zeichen* bewirkt werden, das der unzerstörbaren Substanz, nämlich der Seele, vom unzerstörbaren URSPRUNG unter der Hinsicht der Gleichgestaltung zum Unzerstörbaren als unauslöschlich *(indelebiliter)* und gnadenhaft *(gratis)* eingeprägt wird. Solch ein Zeichen heißt «Charakter». Weil diese Zeichen unauslöschlich sind, können sie nicht wiederholt werden, und daher auch nicht die Sakramente, die einen ebensolchen Charakter einprägen.

Es gibt nun einen dreifachen Stand im Glauben *(status fidei),* wodurch sich die Gläubigen des christlichen Volkes, bzw. der streitenden Kirche, unterscheiden: den Stand des neugeborenen Glaubens, des erstarkten Glaubens und des vermehrten Glaubens *(fidei multiplicatae)*. Der erste Stand unterscheidet die Gläubigen von den Nichtglaubenden, der zweite die Starken von den Schwachen, der dritte die Kleriker von den Laien. Die Sakramente, welche jeweils mit einem dieser Stände verbunden sind, prägen einen Charakter ein und geben damit den Empfängern ein unauslöschliches Unterscheidungsmerkmal; daher werden diese Sakramente niemals wiederholt. Die Taufe bezieht sich auf die Geburt im Glauben, wodurch das Gottesvolk von den Ungläubigen geschieden wird, wie die Israeliten von den Ägyptern. Die Firmung bezieht sich auf den Stand des gefestigten Glaubens, wodurch sich die Starken von den Schwachen unterscheiden, wie die Kampfestüchtigen von denen, die zum Kämpfen nicht geeignet sind. Die Weihe bezieht sich auf den Stand des vermehrten Glaubens, wodurch sich Klerus und Laien unterscheiden, wie die Leviten sich von den anderen Stämmen unterschieden. Nur diese drei Sakramente prägen einen Charakter ein.

Die Unterscheidung zwischen Volk und Nicht-Volk aber ist die erste und fundamentale. Daher ist der Taufcharakter die Grundlage für jeden anderen Charakter. Fehlt dieses Fundament, kann nichts darüber gebaut werden, sondern man muß von vorn anfangen. Wenn dieses Fundament aber gegeben ist, dann können andere eingeprägt werden, ohne daß sie jemals wiederholt würden. Es ist nicht erlaubt, die drei Sakramente, die einen Charakter verleihen, aus irgendeinem Grund zu wiederholen. Dem, der solches tut, ist eine schwere Strafe aufzuerlegen, weil er das göttliche Sakrament herabwürdigt.

Die anderen vier Sakramente können aus verschiedenen Gründen wiederholt werden, ohne daß sie dadurch herabgewürdigt werden.

Nun ist in einem siebten Abschnitt darüber zu handeln, was zu den einzelnen Sakramenten gehört. Ich beginne mit der Taufe, die in der Siebenzahl der Sakramente die Pforte darstellt.

Festzuhalten ist: Zum wirklichen und vollgültigen Empfang der Taufe ist erstens das mündliche *Aussprechen der Taufformel* erforderlich, wie sie vom Herrn eingesetzt ist, nämlich: Ich taufe dich im Namen des Vaters und des Sohnes und des Heiligen Geistes, Amen. Dies ist zu sprechen ohne Auslassung eines Wortes und ohne Einfügung eines Wortes, ohne Umstellung der Reihenfolge und ohne Veränderung der Namen. – Zweitens ist erforderlich, daß der Täufling untergetaucht oder abgewaschen werde durch das *Element Wasser,* und zwar am ganzen Körper oder wenigstens am edelsten Teil. Das Sprechen der Worte und der Taufvollzug müssen von ein und derselben Person und zur selben Zeit vorgenommen werden. – Wenn diese beiden Dinge zusammenkommen, und der Täufling keinen verborgenen Vorbehalt setzt[225], dann wird ihm die Gnade der Wiedergeburt, der Rechtfertigung und der Reinigung von aller Schuld zuteil. – Damit das Taufgeschehen aber noch intensivere Wirkung entfaltet, geht zur Vorbereitung sowohl bei Kindern wie bei Erwachsenen die *Glaubensunterweisung* und der *Exorzismus* voraus. Bei Erwachsenen freilich wird deren eigener Glaube verlangt, bei Kindern genügt der Glaube anderer.

[225] *fictio:* eigentlich: Heuchelei, kommt nur beim erwachsenen Täufling in Frage.

Begründung zum tieferen Verständnis:

Der Ursprung unserer Erlösung, das fleischgewordene Wort, mußte die Wiederherstellung des Menschengeschlechtes mittels der Sakramente auf eine Weise wirken, die seinem Wesen angemessen ist: ist er doch der ganz und gar vollkommene, in jeder Hinsicht genügende Ursprung der Erlösung. Daher durfte in ihnen nichts überflüssig, nichts ungeordnet, aber auch nichts zu wenig sein. Es war also angemessen, daß er allem, was das Sakrament der Taufe und ebenso die anderen Sakramente betrifft, eine Gestalt und Ordnung gab, wie es *Seine Kraft, unser Heil* und *unsere Krankheit* erfordert.

Die *Kraft,* die uns neu erschafft, ist zum einen die Kraft der ganzen *Dreifaltigkeit.* Den Glauben an die Dreifaltigkeit trägt die heilige Mutter Kirche im Herzen, bekennt ihn im Wort und bezeugt ihn im Zeichen: den Glauben an die drei Personen, die unterschieden sind nach ihrer Eigentümlichkeit, ihrem Verhältnis zueinander und ihrem Hervorgang. Zum zweiten ist es die Kraft des *Leidens Christi,* der starb, begraben wurde und am dritten Tage auferstand (1 Kor 15,4). Damit dies in jenem ersten aller Sakramente, in dem die erneuernde Kraft Gottes ihre erste und grundlegende Wirkung zeitigt, deutlich zum Ausdruck gebracht werde, muß die Dreifaltigkeit genannt werden, und zwar unter Nennung der einzelnen Namen, welche die Personen bezeichnen, und in der rechten Ordnung dieser Namen, wie es der allgemeinen Form entspricht – mag auch in der Urkirche auf den Namen Christi die Taufe gespendet worden sein, insofern in diesem Namen die Dreifaltigkeit mitgedacht ist. – Zugleich muß das Wort «Taufen» ausdrücklich und in Zusammenhang mit der Dreifaltigkeit gesprochen werden, wobei der Täufling dreimal untergetaucht werde, um den Tod, das

Begräbnis und die Auferstehung Christi nach drei Tagen zum Ausdruck zu bringen; dies dreimalige Tauchen hat somit einen tiefen Sinn[226]. – Weil sowohl die Kraft der Dreifaltigkeit wie die des Leidens Christi in der einen Person des Erlösers Christus wirken, muß beides, die Taufformel und das Taufen, von ein und demselben Spender und zur gleichen Zeit vollzogen werden. Denn so wird die Einheit des Sakramentes gewahrt und die Einheit in unserem Mittler Christus zum Ausdruck gebracht.

Unser Heil nun erforderte einen Beginn durch *neue Geburt* beziehungsweise durch *Erneuerung im Sein der Gnade,* die das geistliche Sein schenkt. Dazu muß jede Unreinheit abgewaschen, alle Finsternis vertrieben, die Hitze der bösen Begierde von Frische übertaut werden; denn damit ist jeder Mensch, der leiblich von Adam stammt, belastet. So mußte also das erste aller Sakramente, das Sakrament der Neugeburt, mit einem Element vollzogen werden, das in seiner natürlichen Bedeutung jener dreifachen Gnadenwirkung ähnlich ist, und somit den Anfang des Heiles bezeichnen kann. Weil das Wasser aufgrund seiner Reinheit reinigt, aufgrund seiner Klarheit lichtdurchlässig ist und aufgrund seiner Frische kühlt, und weil es unter allen Flüssigkeiten am allgemeinsten zugänglich ist, darum war es angemessen, daß das Sakrament der Neugeburt im Element des Wassers vollzogen werde; in Wasser einfachhin, denn das eine Wasser ist von gleicher Art wie das andere. Ein weiterer Grund liegt darin, daß nicht aus Mangel am erforderlichen Element jemandes Heil in Gefahr gerate.

[226] *quantum est de congruitate:* Bonaventura will wohl sagen, daß das dreimalige Untertauchen zutiefst angemessen und passend ist, aber nicht in jedem Fall notwendig.

Unsere Krankheit schließlich, deretwegen in erster Linie die Taufe eingesetzt wurde, ist die Erbsünde. Diese ist eine Beraubung der Seele, so daß sie das Leben der Gnade nicht besitzt, noch die grundlegende Rechtheit[227] aufgrund der Tugenden. Die Erbsünde bewirkt eine Geneigtheit zu jeder Art von Sünde; sie wird übertragen und «bewirkt, daß das Kind die Neigung zur Begierde, der Erwachsene aber tatsächlich die Begierde hat»[228]. Sie bringt den Menschen in die Knechtschaft des Teufels und unter die Macht des Fürsten der Finsternis (Kol 6,12). Sollte dem in der Taufe ein entsprechendes Heilmittel entgegengesetzt werden, so war es angebracht, daß sie die Gnade der neuen Geburt *(gratia regenerans)* verleihe – gegen die Beraubung des Gnadenlebens, die Gnade der Rechtfertigung *(rectificans)* durch die Ausstattung mit den sieben Tugenden – gegen das Fehlen des Tugendhabitus, und die Gnade der Reinigung von jeder Schuld *(purificans)* – gegen die Geneigtheit zu jeder lasterhaften Abirrung.

Weil nun die Erbsünde *übertragen* wird und das Kind mit der Neigung zur Begierde, den Erwachsenen aber mit der tatsächlichen Begierde belastet, darum ist beim erwachsenen Täufling der persönliche Glaube und Umkehr erforderlich. Beim Kind aber genügt der Glaube anderer, nämlich der Glaube der Gesamtkirche. Da die Taufe den Menschen, ob Kind oder Erwachsenen, der Knechtschaft des Teufels und der Macht des Fürsten der Finsternis entreißen soll, darum geht sowohl bei der Kinder- wie bei der Erwachsenentaufe ein Exorzismus voraus, um jede entgegengesetzte Macht auszutreiben. Auch geht in beiden Fällen eine Glaubensunterweisung *(catechizatio)* voraus:

[227] *rectitudo habilitans:* das Stehen in der rechten Ordnung.
[228] Vgl. Petrus Lombardus, II Sent. dist. 30 cap. 9; Hugo, Sacr. I, 7, 31.

die Erwachsenen, frei von der Finsternis des Irrtums, sollen in den Glauben eingeführt werden; bei den Kleinkindern aber sollen die Paten wissen, was sie ihnen später beibringen müssen, damit nicht menschliches Versagen verhindert, daß das Taufsakrament sein volles Ziel erreicht.

8. Kapitel: Was zum Sakrament der Firmung gehört

Was das Sakrament der Firmung angeht, ist folgendes festzuhalten:

Zur Vollständigkeit des Sakraments ist erforderlich die *sakramentale Formel,* welche in der am meisten gebräuchlichen Formulierung lautet: «Ich bezeichne dich mit dem Zeichen des Kreuzes, ich stärke dich *(confirmo te)* mit dem Chrisam des Heiles, im Namen des Vaters, des Sohnes und des Heiligen Geistes. Amen.» Erforderlich ist auch *Chrisam,* aus Olivenöl und Balsam bereitet. Wenn damit durch die *Hand des Bischofs* das *Kreuz auf die Stirn gezeichnet* wird und dabei die vorher erwähnten Worte gesprochen werden, wird das Sakrament empfangen. Durch dieses Sakrament wird der Mensch gestärkt zum Kämpfer, der den Namen Christi mutig und öffentlich *bekennen* soll.

Der Ursprung unserer Erlösung ist das fleischgewordene Wort. Von Ewigkeit her ist es im Herzen des Vaters empfangen, und in der Zeit erschien es sichtbar im Fleisch. Dem entspricht, wie es die Wiederherstellung des Menschen bewirkt: sie geschieht an einem Menschen, der das Wort im Herzen durch den Glauben empfängt und das Geglaubte auch durch das Bekenntnis nach außen bezeugt.

Ein solches wahrhaftiges Bekenntnis bezieht sich auf die volle Wahrheit, welche nicht nur theoretische, sondern auch praktische Wahrheit ist: Diese Wahrheit ist nicht nur «Entsprechung von Verstand, Rede und Wirklichkeit» *(adaequatio intellectus, sermonis et rei),* sondern bezieht sich auf die ganze menschliche Person, so daß diese nach der Wahrheit geformt wird *(conformatur veritati),* und zwar bezüglich der Erkenntnis im Bereich der Vernunft *(intelligentia rationis),* der freudigen Übereinstimmung im Bereich des Willens *(complacentia voluntatis)* und des festen Anhangens im Bereich der Tatkraft *(adhaerentia virtutis).* Ebenso soll auch das Bekenntnis abgelegt werden: «aus ganzem Herzen, ganzer Seele und allen Kräften des Geistes» (Dtn 6,11), «aus reinem Herzen, gutem Gewissen und ungeheucheltem Glauben» (1 Tim 1,5). Das ist ein vollständiges, wohlgefälliges und furchtloses Bekenntnis: vollständig dem Inhalt nach, wohlgefällig vor dem Angesicht dessen, vor dem es abgelegt wird, und furchtlos, weil der Bekennende nicht zittert. Weil dazu der kleinmütige Mensch nicht fähig ist, außer er wird durch die Hand der Gnade von oben gestärkt, darum wurde von Gott das Sakrament der Firmung eingesetzt, gleichsam als eines, das unmittelbar auf die Taufe folgt.

Weil nun das Ziel notwendig die Mittel bestimmt, die zu seiner Erreichung führen, ist das, was dieses Sakrament ausmacht, von den Eigenschaften des oben beschriebenen Bekenntnisses bestimmt.

Erstens muß also das Bekenntnis vollständig sein, und das ist es nur, wenn jemand Jesus Christus bekennt, als wahren Menschen, gekreuzigt für die Menschen, und zugleich als wahren Sohn Gottes, der Fleisch geworden ist, in der Dreifaltigkeit dem Vater und dem Heiligen Geist in allem gleichrangig. Das ist der Grund, warum in den sakramentalen Worten nicht nur der Akt der Stärkung erwähnt wird, sondern auch die Bezeichnung mit dem Kreuz und der Name der allerheiligsten Dreifaltigkeit.

Zweitens muß das Bekenntnis wohlgefällig sein im Angesicht dessen, vor dem es abgelegt wird, das heißt, vor Gott und den Menschen (Mt 10,32). Gott aber kann es nur gefallen, wenn es begleitet wird vom Licht der Einsicht und dem reinen Glanz des Gewissens. Dem Mitmenschen aber kann es nur gefallen, wenn es begleitet wird vom Duft des guten Rufes und eines ehrbaren Lebens. Um das zu bezeichnen, werden zum äußeren Element des Sakramentes glänzendes Olivenöl und duftender Balsam vermischt. Dadurch soll ausgedrückt werden, daß das Bekenntnis, zu dem dieses Sakrament hinordnet und befähigt, den Glanz des Gewissens und Verstehens zusammen mit dem Duft des guten Rufes und Lebens bei sich haben muß. Denn es darf keinen Zwiespalt geben zwischen Zunge und Gewissen, oder zwischen Zunge und Ruf; ein Bekenntnis, das mit solchem Widerspruch behaftet ist, wird weder von den Menschen angenommen noch von Christus gutgeheißen.

Drittens schließlich muß dieses Bekenntnis furchtlos sein, damit es einer nicht aus Furcht oder Scham unterläßt, die Wahrheit zu sagen, oder sich zu Zeiten der Verfolgung schäme oder fürchte, den schmachvollen Kreuzestod Christi öffentlich zu bekennen, aus Furcht, ihm könne eine ähnliche Strafe oder ein schmachvolles Leiden zustoßen. Furcht und Scham zeigen sich aber hauptsächlich im Gesicht und vor allem an der Stirn. Darum wird, um alle Scham und Furchtsamkeit zu vertreiben, eine Hand mit Vollmacht *(manus potestativa)* aufgelegt, welche stärken soll; und es wird das Kreuz auf die Stirn gezeichnet, damit man nicht erröte, sich öffentlich zum Kreuz zu bekennen, noch sich fürchte, um des Bekenntnisses zu Christus willen, wenn es notwendig ist, jede Pein und Schmach auf sich zu nehmen: wie ein echter Kämpfer, gesalbt zum Kampf, wie ein aufrechter Soldat, der auf der Stirn das Zeichen seines Königs trägt, das siegreiche Zeichen des Kreuzes, mit dem gerüstet er sicher durch die feindlichen Schlachtreihen zu gelangen vermag.

Denn die Herrlichkeit des Kreuzes kann man nicht mit Freimut verkünden, wenn man die Pein und Schmach fürchtet – wie der hl. Andreas sagte: «Wenn ich vor der Schmach des Kreuzes zurückschauderte, würde ich den Ruhm des Kreuzes nicht predigen.»[229]

9. Kapitel: Was zum Sakrament der Eucharistie gehört

Was das Sakrament der Eucharistie betrifft, so ist Folgendes im Glauben festzuhalten: In diesem Sakrament werden der wahre Leib Christi und sein wahres Blut nicht nur bezeichnet, sondern sie sind wahrhaftig enthalten, unter der zweifachen Gestalt von Brot und Wein, als in *einem*, nicht in einem doppelten Sakrament. Dies ist so nach der Konsekration durch den Priester, die sich im Aussprechen der vom Herrn eingesetzten Worte vollzieht. Die Worte über das Brot lauten: «Das ist mein Leib», die Worte über den Wein lauten: «Dies ist der Kelch meines Blutes». Wenn diese Worte von einem Priester ausgesprochen werden mit der Absicht, das Sakrament zu vollziehen, wird jedes der beiden Elemente dem Wesen nach verwandelt[230] in Leib und Blut Jesu Christi. Die mit den

[229] Aus der Passio S. Andreae.

[230] Das Wort Transsubstantiation, auch als Verb gebraucht, geht ins 12. Jh. zurück; das IV. Laterankonzil (1215) hat den Terminus als Kurzfassung des Glaubens an die Realpräsenz des Leibes und Blutes Christi unter den Gestalten von Brot und Wein feierlich anerkannt.

Sinnen wahrnehmbaren Gestalten *(species)* bleiben dabei erhalten; und in jeder der beiden Gestalten ist der ganze Christus der Ganzheit nach *(totaliter)* enthalten, nicht jedoch als durch den Raum begrenzt *(circumscriptibiliter),* sondern auf sakramentale Weise. In ihnen wird er uns als Speise dargereicht; und wer ihn würdig empfängt, indem er ihn nicht nur im Zeichen *(sacramentaliter),* sondern auch im Geist *(spiritualiter)* durch Glaube und Liebe «ißt», der wird in tieferer Weise in den mystischen Leib Christi eingegliedert und in seinem Inneren gekräftigt und gereinigt. Wer aber unwürdig hinzutritt, der ißt und trinkt sich das Gericht, weil er den allerheiligsten Leib des Herrn nicht unterscheidet.

Begründung zum tieferen Verständnis:

Das FLEISCHGEWORDENE WORT, der URSPRUNG UNSERER ERLÖSUNG, besitzt die höchste Kraft und die höchste Weisheit. Daher gab er uns Sakramente, die seiner *Weisheit und Kraft* entsprechen.

Weil seine *Kraft* so machtvoll ist, hat er uns freigebig beschenkt mit Heilmitteln gegen unsere Krankheiten und mit Gnadengaben. Dabei hat er nicht nur ein Sakrament eingesetzt, das uns für das Leben in der Gnade zeugt, nämlich die Taufe, sondern auch eines, das wachsen und kräftig werden läßt, nämlich die Firmung, und auch eines, das die solchermaßen lebendig und kräftig Gewordenen ernährt, nämlich die Eucharistie. Deswegen werden diese drei Sakramente allen gegeben, die zum Glauben kommen. Unsere Ernährung im Leben der Gnade aber – und das gilt für jeden Gläubigen – betrifft dreierlei: Daß wir erhalten werden in liebender *Hingabe an Gott,* in der *Liebe zum Nächsten* und in der *inneren Freude*. Die Hingabe an Gott wird vollzogen in der Darbringung des *Opfers (sacrificium, oblatio),* die Liebe zum Nächsten durch die *Ge-*

meinschaft in einem einzigen Sakrament (communio), die innere Freude schließlich durch die erquickende Stärkung, welche die Eucharistie als *Nahrung auf dem Weg (viaticum)* spendet. Deswegen hat also der Herr dieses Sakrament als Darbringung eines Opfers, als wirksames Zeichen der Einheit und als Stärkung auf dem Weg eingesetzt.

Der Herr, der unsere Erlösung wirkt, ist nicht nur vollkommen in seiner Macht, sondern auch in seiner *Weisheit,* das heißt: er ordnet alles aufs beste. Daher hat er uns dieses Opfer, Sakrament und Wegzehrung geben wollen, wie es der jetzigen heilsgeschichtlichen Zeit – das ist die *Zeit der offenbar gewordenen Gnade* –, unserem *Pilger-Sein* und *unserer Fassungskraft* angemessen ist.

Die Zeit der offenbar gewordenen Gnade erfordert, daß nicht mehr irgendein Opfer dargebracht werde, sondern ein reines, Gott wohlgefälliges und vollkommenes. Dies kann von keinem anderen Opfer gesagt werden als von dem Opfer, das am Kreuz dargebracht wurde: Christi Leib und Blut. Das ist der Grund, warum in diesem Sakrament der Leib Christi nicht nur symbolisch *(figurative),* sondern wahrhaftig *(veraciter)* enthalten sein muß: als ein Opfer wie es dem Neuen Bund entspricht[231].

Ebenso entspricht es der Zeit der Gnade, daß das Sakrament der Vereinigung *(communio)* und Liebe diese Vereinigung und Liebe nicht nur bezeichnet, sondern tatsächlich auch dazu entflammt, so daß es *bewirkt, was es bezeichnet.* Was aber am meisten zu gegenseitiger Liebe entflammt und die Glieder am meisten eint, ist die Ein-

[231] *Figurative* verwies das Paschalamm auf das vollkommene Opfer. Das vollkommene, vollendete Opfer ist dasjenige, das Gott annimmt; deswegen ist es vollkommen, und alle anderen Opfer kommen an ihr Ende.

heit des Hauptes: Von ihm her strömt durch die Kraft der Liebe, die Vereinigung und Umgestaltung bewirkt, in uns auch die gegenseitige Liebe. Darum ist in diesem Sakrament der wahre Leib Christi und sein makelloses Fleisch enthalten[232]: für uns verströmt er sich, einigt uns untereinander und gestaltet uns in sich selbst um durch die glühende Liebe, durch die er sich uns gab [in der Menschwerdung], sich für uns hingab [im Kreuzestod], sich uns wieder gab und bei uns bleibt bis zum Ende der Welt [in der Eucharistie].

Ebenso ist die Erquickung, die der Zeit der offenbar gewordenen Gnade entspricht, *geistlich, allgemein (communis)* und *heilswirksam*. Die Erquickung des Geistes ist «das WORT des Lebens», und dementsprechend ist die Erquickung des Geistes im Fleisch [d.h.: des Menschen] das fleischgewordene WORT, beziehungsweise *das Fleisch des WORTES*. Allgemein und heilswirksam ist diese Speise, weil sie nur eine ist, und doch alle dadurch gerettet werden. Weil es also keine andere geistliche, für alle heilswirksame Speise gibt als den wahren Leib Christi, deswegen ist es notwendig, daß er in diesem Sakrament wahrhaftig enthalten ist. Das ist erfordert, weil es sich hier um die Vollendung des Versöhnungsopfers, des Sakraments der Einheit und der erquickenden Wegzehrung handelt, eine Vollendung, die der Zeit des Neuen Bundes, der Zeit der offenbar gewordenen Gnade und Wahrheit Christi angemessen ist.

Es kommt uns aber, solange wir im Stand der Bewährung oder *Pilgerstand* sind, nicht zu, Christus offen zu schauen – denn wir schauen noch unter dem Schleier des Rätsels (1 Kor 13,12), und der Glaube soll sein Verdienst

232 «Makelloses Fleisch» spielt auf die sündelose Menschennatur an.

haben. Auch geht es nicht an, das Fleisch Christi mit den Zähnen zu zerkauen, zum einen, weil es einen davor schaudert, zum andern, weil sein Leib unsterblich ist. Aus diesen Gründen ist es notwendig, daß Leib und Blut Christi *verhüllt* gereicht werden: unter den heiligsten Zeichen, unter Abbildern, die dem Geheimnis entsprechen und es auszudrücken vermögen. Nichts kann besser erquicken als Brot zur Speise und Wein zum Trank; nichts ist besser geeignet, die Einheit des wahren und mystischen Leibes Christi zu bezeichnen, als Brot, aus vielen ganz reinen Körnern gebacken, und Wein, aus der Lese reinster Trauben gekeltert. Deswegen war die Einsetzung des Sakraments unter diesen Zeichen angemessener als unter irgendwelchen anderen. –

Es kann aber nicht so sein, daß Christus unter diesen Gestalten gegenwärtig wird aufgrund einer Veränderung an ihm selbst, vielmehr aufgrund einer *Veränderung an ihnen*. Daher geschieht beim Aussprechen der Konsekrationsworte, welche zum Inhalt haben, daß Christus unter diesen Gestalten anwesend ist, eine Verwandlung der Substanz beider Zeichen in Leib und Blut Christi, wobei nur die Akzidentien bleiben, gleichsam zum Zeichen, daß hier dieser Leib enthalten ist und dargestellt wird.

Weil aber der verherrlichte Leib Christi nicht in seine Teile geteilt werden noch von der Seele Christi oder der Gottheit getrennt werden kann, darum ist unter jeder der Gestalten der eine Christus ganz und ungeteilt: Leib, Seele und Gottheit. Und deshalb bilden beide Gestalten zusammen das eine und einfache Sakrament, welches den ganzen Christus enthält. Weil jeder Teil einer Species den Leib Christi bezeichnet, darum ist er in jedem ihrer Teile [Brot-Partikel oder Wein-Tropfen] genauso wie in der ganzen Gestalt. Deswegen ist Christus dort auch nicht wie auf einen Raum eingeschränkt, so als würde er einen bestimmten Ort innehaben, oder als könne er durch einen leiblichen Sinn des Menschen erfaßt werden. Er bleibt vielmehr den leiblichen Sinnen verborgen, damit der Glaube seinen Platz und sein Verdienst behält. Damit Christus also nicht sozusagen entdeckt werde, behalten die Akzidentien jede Wirkweise, die sie vorher hatten, auch wenn sie nach der Konsekration ohne ihren eigenen Träger sind [das heißt: nicht mehr Brot und Wein *sind*], solange sie eben den Leib Christi enthalten; und das heißt, solange sie in ihrer natürlichen Beschaffenheit verbleiben und geeignet sind, als Speise zu dienen.

Unsere *Fähigkeit,* Christus so aufzunehmen, daß uns die Wirkung zuteil wird, liegt nicht im Fleisch, sondern im Geist, nicht im Magen, sondern im Herzen *(non in ventre sed in mente).* Die Berührung des Geistes aber geschieht durch Erkenntnis und Liebe, durch Glaube und übernatürliche Liebe, so daß der Glaube dazu erleuchtet, ihn zu erkennen, die Liebe aber zur Hingabe entflammt. Damit also jemand würdig hinzutrete, muß er *geistlich essen:* Er soll kauen, indem er glaubend Christi gedenkt, in liebender Hingabe ihn aufnimmt. Und dadurch formt er nicht etwa Christus in sich um [wie es bei einer natürlichen Speise geschieht], vielmehr wird er selbst in den geheimnisvollen Leib, den mystischen Leib Christi eingeformt.

Es liegt auf der Hand, daß jemand, der gleichgültig, ohne Liebe, und ohne nachzudenken hinzutritt, sich das Gericht ißt und trinkt; denn er schmäht dieses so große Sakrament. Und deswegen wird jenen geraten, die genau spüren, sie seien zu wenig rein an Geist oder Leib oder ohne Liebe, den Empfang zu verschieben, bis sie wohl vorbereitet zum Mahl des wahren Lammes hinzutreten, mit reinem, liebevollem, gesammeltem Herzen.

Dieses Sakrament muß daher auch mit besonderer Feierlichkeit vollzogen werden, was Ort, Zeit, Worte, Gebete und die Gewänder der Meßfeier angeht. So sollen die feiernden Priester wie die Kommunizierenden das Geschenk der Gnade empfangen, durch die sie gereinigt, erleuchtet und vollendet werden, durch die sie erquickt, belebt und durch glühende Liebe in Christus selbst hineingezogen und verwandelt werden.

10. Kapitel: Was zum Sakrament der Buße gehört

Zum Bußsakrament ist festzuhalten: Es ist «die rettende Planke nach dem Schiffbruch»[233]. Zu ihr kann derjenige, der aufgrund einer tödlichen Sünde Schiffbruch erlitten hat, seine Zuflucht nehmen, solange er in diesem Leben weilt, wann und wie oft auch immer er die Barmherzigkeit Gottes anrufen will. Folgende Elemente gehören wesentlich zum Bußsakrament: die Reue im Herzen, das Bekenntnis des Mundes und die Genugtuung im Werk. Die Buße kommt also zustande, wenn der Sünder sich von jeder begangenen Todsünde durch sein Tun abkehrt, sich im Wort anklagt, im Herzen die Sünde verabscheut und sich fest vornimmt, sie niemals mehr zu begehen. Wenn diese Elemente in der rechten Weise gegeben sind, wird der Mensch mit der Lossprechung durch einen geweihten Priester, dem die Schlüssel- und Jurisdiktionsgewalt gegeben sind, von der Sünde befreit, wieder in die Einheit mit der Kirche aufgenommen und mit Christus versöhnt. Dies geschieht mittels der priesterlichen Schlüsselgewalt. Durch das Urteil des Priesters wird nicht nur

[233] Hieronymus, Ep. 130 n. 9.

die Absolution gegeben, sondern auch die Exkommunikation ausgesprochen oder ein Bußnachlaß gewährt – die beiden letzten Dinge sind in eigentlicher Weise Aufgaben des Bischofs als des Bräutigams der Kirche.

Begründung zum tieferen Verständnis:

Der URSPRUNG UNSERER ERLÖSUNG, das FLEISCHGEWORDENE WORT, ist als WORT die Quelle der Wahrheit und Weisheit, als FLEISCHGEWORDEN aber die Quelle des Erbarmens und des Verzeihens. Die Erlösung des Menschengeschlechtes durch die Sakramente mußte also vornehmlich die ernste Krankheit der Todsünde einbeziehen, so wie es dem mitfühlenden Hohepriester, dem erfahrenen Arzt und dem nach Gerechtigkeit und Billigkeit entscheidenden Richter ziemte. So sollte sich am Vorgang unserer Heilung die höchste Milde *(clementia)*, die höchste Klugheit und die höchste Gerechtigkeit erweisen.

Wenn wir durch das Bußsakrament von der Todsünde Heilung erlangen, so muß als erstes das Übermaß an Milde bei unserem Hohenpriester aufscheinen; denn er ist voll Mitleid. Diese Milde übertrifft alle Sünden der Menschen, wie schauerlich oder groß sie auch seien, und wie oft sie auch begangen sein mögen. Daher nimmt der mildeste Hohepriester die Sünder nicht nur einmal oder zweimal auf, sondern vergibt ihnen, so oft sie die Milde Gottes demütig anrufen. Dann wird die Milde Gottes wahrhaft und demütig angefleht, wenn der Jammer der Reue fleht. Dazu kann der Mensch sich kehren, solange er in diesem Leben weilt; denn er kann sich dem Guten oder Bösen zukehren. Und daher kann er im Bußsakrament stets eine Zuflucht bereitet finden – wie schwer oder wie oft er auch gesündigt haben mag –, wodurch er die Vergebung der Sünden erlangt.

Als zweites soll sich die Klugheit des erfahrensten Arztes Christus erweisen. Die Klugheit des Arztes aber besteht darin, Gegenmittel anzuwenden, wodurch nicht nur die Krankheit vertrieben, sondern auch die Krankheitsursache beseitigt wird. Man sündigt ja wider Gott durch die Lust an der Sünde, die Zustimmung und die Ausführung, also im Herzen, im Mund und im Werk. Daher verordnete der Arzt in seiner Klugheit Mittel gegen die Unordnung in diesen drei geistigen Vermögen, nämlich dem Strebevermögen, dem Deutungs- oder Sprachvermögen und der Tatkraft, das heißt, gegen die verborgene Zustimmung zur Lust an der Sünde. Ihr ist die schmerzvolle Buße entgegengesetzt: im Herzen durch den Reueschmerz, im Mund durch das Bekenntnis und im Werk durch die Genugtuung. Weil alle Todsünden Abwendung von dem Einen Gott sind, der einen Gnade widerstreben und die eine, grundlegende Rechtheit des Menschen verkehren, darum gehört zum Medikament der Buße – damit sie wirklich vollständig sei – Buße und Umkehr von allen Sünden: für die Vergangenheit durch Reue, für die Gegenwart durch entschiedene Abkehr, und für die Zukunft durch den Vorsatz, nie mehr in die gleiche oder in eine andere Art der Sünde zu fallen. Durch die gänzliche Abkehr von der Sünde durch die Buße wird man empfänglich für die Gnade Gottes, die Verzeihung aller Sünden schenkt.

Drittens schließlich soll sich die vollkommene Gerechtigkeit Christi, des Richters, erweisen. Vor dem Jüngsten Gericht aber urteilt er nicht in eigener Person, also mußte er für die einzelnen richterlichen Entscheidungen vor dem Endgericht Richter einsetzen. Diese Richter stehen zwischen Gott, gegen den die Sünde gerichtet ist, und dem Menschen, der sie getan hat, gewissermaßen als Vermittler; sie stehen in großer Nähe zu Christus und sind dem Volk als Vorsteher gegeben. Diejenigen aber stehen dem Herrn besonders nahe und sind aufgrund ihrer Aufgaben seine Vertrauten, die als Priester besonders für seinen Dienst geweiht sind. Allen Priestern, und nur ihnen, ist die doppelte Schlüsselgewalt gegeben: der Schlüssel des Wissens, um zu unterscheiden, und die Binde- und Lösegewalt, um zu urteilen und die Lossprechung zu spenden.

Um Verwirrung zu vermeiden, ist in der streitenden Kirche nicht jeder für jeden Vorgesetzter; denn der Aufbau der Kirche muß hinsichtlich der richterlichen Vollmacht geordnet sein. Deswegen ist die Vollmacht zu binden und zu lösen zuerst einem einzigen, dem höchsten Priester gegeben; ihm ist, gewissermaßen als dem obersten Haupt, die umfassende Vollmacht übergeben. Dann verteilt sich diese Vollmacht entsprechend den einzelnen Kirchen, so daß sie von dem einen Haupt zuerst auf die Bischöfe, dann auf die Priester herabfließt. Wenngleich also jeder Priester die Weihe und die Schlüsselgewalt hat, so erstreckt sich die Ausübung dieser Gewalt doch nur auf diejenigen, die er von Amts wegen zu leiten hat – außer er bekommt diese Vollmacht von einem, der sie von Amts wegen hat, übertragen. Weil die Vollmacht der Jurisdiktion in ursprünglicher Weise beim Papst, dann bei den Bischöfen und schließlich beim Pfarrpriester liegt, kann sie von diesen allen an andere Priester übertragen werden. Es reicht aus, wenn sie der Pfarrer überträgt, in höherem Maß überträgt sie der Bischof, und vor allen Dingen überträgt sie der Papst.

Die jurisdiktionelle Vollmacht des Papstes und auch der Bischöfe bezieht sich nicht nur auf das Urteil zwischen Gott und einem Menschen, das im Geheimen statthat, sondern auch auf das Urteil zwischen Menschen, das öffentlich gefällt wird. Denn sie sind es, denen die Leitung und der Schutz der Kirche anvertraut ist, wie die Braut dem Bräutigam. Darum können diese Vorsteher der Kirche zur Verteidigung des Rechtes das Schwert der Exkommunikation führen. Sie haben auch die Vollmacht, durch die Gewährung eines Ablasses *(relaxatio)* aus dem Schatz der Kirche auszuteilen – nämlich aus den Verdiensten des Hauptes Christus und seiner Glieder –, der ihren Händen anvertraut ist. So sollen sie als treue Richter Gottes die Vollmacht zu binden und zu lösen besitzen, um diejenigen zu treffen, die nicht umkehren wollen, und die Widersetzlichen in die Schranken zu weisen, die wahrhaft Umkehrwilligen aber loszusprechen und mit Gott und der heiligen Mutter Kirche zu versöhnen.

11. Kapitel: Was zum Sakrament der Letzten Salbung gehört

Kurz zusammengefaßt ist folgendes festzuhalten: Dies ist das Sakrament derjenigen, die aus diesem Leben scheiden; es bereitet sie vor auf die vollkommene Gesundheit. Es vermag aber auch läßliche Sünden zu tilgen, und zur Wiedergewinnung der Gesundheit in diesem Leben beizutragen, sofern dies dem Kranken nützt. Für dieses Sakrament ist schlichtes, jedoch geweihtes Öl erforderlich, dazu mündliche Gebete, die Salbung des Kranken an sieben Körpergliedern: an den Augen, Ohren, Nase, Lippen, Händen, Füßen und Lenden. Dieses Sakrament wird nur Erwachsenen gespendet, die darum bitten; es wird in Todesgefahr gespendet, und zwar durch die Hand und den Dienst des Priesters. Daraus ergibt sich, daß sich dieses Sakrament von der Firmung in siebenfacher Hinsicht unterscheidet: in Wirkung, Materie, Form, Empfänger, Spender, Ort und Zeit.

Begründung zum tieferen Verständnis:

Der URSPRUNG UNSERER ERLÖSUNG, das FLEISCHGEWORDENE WORT, wirkt unsere Wiederherstellung als «Mittler zwischen Gott und den Menschen, als Mensch Jesus Christus» (1 Tim 2,5). Als «Jesus» ist es an ihm zu retten, als «Christus», das heißt Gesalbter, ist es an ihm, die Salbungsgnade auf andere herabfließen zu lassen. Daher ist es ihm eigen, in seinen Sakramenten seinen Gliedern die heilwirkende Salbung zu spenden. Zu ihrer vollkommenen Gesundung braucht die Seele dreierlei: kraftvolles Tun *(actio),* freudvolles Betrachten *(contemplatio)* und seliges Umfassen *(comprehensio).* Das erste kommt denen zu, die in die Reihen der streitenden Kirche als Kämpfer eingegliedert werden, das zweite denen, die in der Kirche das Amt der Leitung haben und andere heranbilden müssen, das dritte denen, die durch den Tod aus der streitenden Kirche hinübergehen. Daher setzte der Herr nicht nur die sakramentale Salbung der Firmung ein, sondern auch – gewissermaßen in der Mitte – die Salbung zum Priestertum und die Letzte Salbung in der Todesgefahr.

Weil nun, wie gesagt, das Ziel die Art der Mittel gebietet, so müssen die Wirkung des Sakramentes, seine Bestandteile, Empfang und Spendung dem Ziel angepaßt sein.

Erstens: Das, was das Sakrament wirkt, leitet sich ab von seinem Ziel. Es ist aber dazu eingesetzt, daß der Empfänger die ewige Seligkeit leichter und ungehinderter erlange. Das wird bewirkt durch die vertrauensvolle Hingabe an Gott, die den Menschen erhebt, und durch Befreiung von der Last der läßlichen Sünden und Sündenfolgen, die den Menschen niederdrücken. Das Sakrament wirkt also Steigerung der vertrauensvollen Hingabe, Vergebung der läßlichen Sünden und leichtere Befreiung von den Schlacken der Sünde. Weil es nicht wenigen Kranken nützt, noch weiter am Leben zu bleiben und ihre Verdienste zu mehren, richtet dieses Sakrament, durch die Stärkung der Seele im Guten und die Befreiung vom Bösen, oftmals auch von der Krankheit auf. Darum schreibt der hl. Jakobus (5,15), das gläubige Gebet werde den Kranken retten, und wenn er Sünden habe, würden sie ihm vergeben.

Zweitens: Auch die Einsetzung dieses Sakramentes bestimmt sich von seinem Ziel her. Das Ziel besteht in der Erlangung des geistlichen Heiles durch die Vergebung der Sünden. Dieses Heil bezieht sich auf die Gesundheit und Reinheit des inneren Gewissens, das der himmlische Richter beurteilt. Daher bedarf es zu diesem Sakrament schlichten, geweihten Öles; denn das bezeichnet die Heiligkeit und den reinen Glanz im Gemach des Gewissens. Dieses Heil steht aber nicht in der Macht des sterblichen Menschen, darum bringt das mündliche Gebet als sakramentale Form die Bitte um die Gewährung des Gnadengeschenks zum Ausdruck. Weil sich die Seele ihre geistliche Schwäche zuzieht, insofern sie im Leibe ist und den Leib mit vier Kräften leiten soll – nämlich den Vermögen der einzelnen Sinne, dem Sprach- oder Deutungsvermögen, der Zeugungskraft und der Bewegungsfähigkeit –, darum werden diejenigen Glieder gesalbt, die diesen Kräften dienen. Fünf Glieder dienen den einzelnen Sinnen: die Augen dem Gesichtssinn, die Ohren dem Gehör, die Nase dem Geruch, die Hände dem Tastsinn, der Mund dem Geschmackssinn und auch noch einer zweiten Kraft, nämlich dem Sprachvermögen, die Füße der Bewegung, die Lenden der Geschlechtskraft; denn die Geschlechtsglieder zu berühren oder auch nur zu nennen, wäre gegen Würde und Schamgefühl. So wird also der Körper an den genannten sieben Stellen gesalbt, auf daß der Mensch bereitet werde, durch die Tilgung jeder läßlichen Sünde die Fülle der Gesundheit zu erlangen.

Schließlich hängt auch der Empfang dieses Sakramentes von seinem Ziel ab. Das Ziel besteht darin, schneller zum Himmel hinüberzugehen, indem man der Lasten läßlicher Sünden ledig wird und den Geist auf Gott richtet. Darum ist dieses Sakrament nur den Erwachsenen, die läßliche Sünden begehen, zu spenden[234] – und auch nicht allen, sondern denen, die darum nachsuchen, weil sie in vertrauensvoller Hingabe ihren Blick zum Himmel richten. Auch wird das Sakrament nur denen gespendet, die sich in Gefahr befinden, gewissermaßen an der Schwelle des Übergangs in einen anderen Zustand.

Dieses Sakrament wird denen gespendet, die sich in Gefahr befinden, doch die verwendete Materie ist heilig, nämlich geweihtes Öl. Um die Gefahr zu beseitigen, ist dieses Sakrament im allgemeinen dem Priester übertragen[235], aber das geweihte Öl ist nur mit geweihten Händen zu verwenden.

Weil sich die Firmung und die Letzte Salbung in ihrem Ziel unterscheiden, unterscheiden sie sich auch in dem, was sie jeweils bewirken, in Materie und Form, Ort und Zeit, Empfänger und Spender. Die Wirkung der Firmung ist, tüchtiger zu kämpfen, die Wirkung der Letzten Salbung, daß die Seele schneller aufsteige. Dort besteht die Materie in einem Gemisch aus Öl und Balsam, hier in schlichtem Öl, dort haben die Worte indikativische Form, hier deprekative. Bei der Firmung wird man auf

[234] «Erwachsen» bedeutet in diesem Fall also: das Unterscheidungsalter erreicht zu haben (ab etwa 7 Jahren).

[235] D.h. nicht dem Bischof, der für die gefahrvolle Situation zu weit entfernt wäre.

der Stirn, bei der Letzten Salbung an vielen Stellen gesalbt. Die Firmung empfängt man in gesunden Tagen, die Letzte Salbung in Krankheit. Die Firmung können nicht nur Erwachsene, sondern auch Kleinkinder empfangen, die Letzte Salbung nur Erwachsene. Die Firmung wird vom Bischof gespendet, die Letzte Salbung aber von allen Priestern. Alle diese Unterschiede haben ihren Grund im jeweiligen Ziel der beiden Sakramente; denn – das dürfte klar geworden sein – ein Unterschied in dem, was unmittelbar erreicht werden soll, bringt auch den Unterschied in den dazu angewandten Mitteln mit sich.

12. Kapitel: Was zum Sakrament der Weihe (ordo)[236] *gehört*

Kurz zusammengefaßt ist folgendes festzuhalten: «Der Ordo ist eine Art Siegel, mit dem geistliche Vollmacht übertragen wird.»[237] Der Ordo ist zwar eines der sieben Sakramente, man unterscheidet jedoch sieben Grade. Der erste ist der Grad der Ostiarier oder Türhüter, es folgen zweitens die Lektoren, drittens die Exorzisten, viertens die Akolythen, fünftens die Subdiakone, sechstens die Diakone, siebtens die Priester *(presbyteri).* Als eine Art Vorbereitung gehen diesen sieben Graden der Empfang der Klerikertonsur und der Psalmistat voraus, in der Art

[236] Die Übersetzung steht vor der Schwierigkeit, mehrere Elemente im Begriff *ordo* nicht mit einem dt. Wort wiedergeben zu können. Ordo besagt einen «geistlichen Stand» oder «Stellung» innerhalb der Kirche, der mit bestimmten Aufgaben verbunden ist, und zu dem der Mensch «geweiht», dauerhaft «besiegelt» wird. Spricht Bonaventura vom *ordo,* so meint er damit eigentlich das Sakrament des Geweiht-Seins, nicht einfach den Vorgang der Weihe. Im folgenden werde ich *ordo* unübersetzt lassen.

[237] Petrus Lombardus, IV Sent. dist. 24 cap. 13.

der Vollendung folgen Bischofsamt, Patriarchat und Papstamt. Von ihnen nämlich «fließen» die einzelnen Weihestufen aus; sie werden von ihnen unter bestimmten sichtbaren und hörbaren Zeichen gespendet, wobei eine besondere Feierlichkeit gewahrt wird, was Zeit, Ort, Dienst und Person angeht.

Begründung zum tieferen Verständnis:

Der URSPRUNG UNSERER ERLÖSUNG, das FLEISCHGEWORDENE WORT, hat als Gott und Mensch die Sakramente zum Heil der Menschen eingesetzt, so wie es seiner Gutheit, Weisheit und Wirkkraft entspricht: nämlich geordnet *(ordinate)*, wohl unterschieden *(discrete)* und vollmächtig *(potestative)*. Daher hat er den Menschen die Spendung der Sakramente nicht einfach irgendwie übertragen, sondern so wie es Ordnung *(ordo)*, Unterscheidung *(discretio)* und Vollmacht *(potestas)* entspricht. Das heißt, es war angemessen, daß er bestimmte Personen zu diesem Dienst aussonderte, denen er diese Vollmacht als amtliches Recht *(iure ordinario)* übertrug. Diese Scheidung sollte durch heilige Zeichen, wie es die Sakramente sind, geschehen. Darum sollte es ein bestimmtes Sakrament geben, das als ein heiliges Siegel eine Ordnung bewirkt *(ordinativum)*, eine Unterscheidung begründet *(distinctivum)* und Vollmacht verleiht *(potestativum)* zur geordneten, unterscheidenden, vollmächtigen Spendung der übrigen Sakramente. Darum ist der Ordo definiert als «eine Art Siegel, durch das dem Empfänger geistliche Vollmacht übertragen wird». In dieser Erklärung sind die eben genannten drei Elemente enthalten; und aus ihnen läßt sich im großen und ganzen alles ableiten, was zum Weihesakrament gehört.

Erstens: Der Ordo ist ein Siegel, das den Empfänger vom übrigen Volk unterscheidet und absondert, denn er soll ganz und gar dem Gottesdienst *(divino cultui)* hingegeben sein. Darum geht den eigentlichen Weihestufen der Empfang der Tonsur und der Corona [das kreisförmige Abschneiden der Haare] voraus. Darunter soll man verstehen, daß das irdische Verlangen abgeschnitten werde und der Geist sich zum Ewigen erhebe, so daß der Angehörige des Klerus auch sichtbar zeige, daß er ganz zum Gottesdienst bestimmt ist. Darum spricht er beim Empfang der Corona: «Der Herr ist mein Erbteil» (Ps 16,5)[238]. Als solcher muß er im Gotteslob unterrichtet sein; und daher geht der Psalmistat ebenfalls den übrigen Graden voraus. Isidor freilich zählt ihn im weiteren Sinn unter die Ordines[239].

Zweitens: Der Ordo ist ein Siegel, das eine Ordnung aufbaut und in sich selbst geordnet ist. Die einzelnen Grade sind von unterschiedlichem Rang, und sie sind in ihrem Gefüge vollständig, denn sie entsprechen der siebenfachen Gnade, die gerade durch das Sakrament des Ordo ausgespendet werden soll. Die sieben Grade ordnen sich daher stufenweise auf das Priestertum hin, in dem der Endpunkt und das Ziel *(status)* erreicht wird. Denn Aufgabe des Priesters ist es, den Leib Christi zu konsekrieren, in dem die Fülle aller Gnaden ist. Die anderen sechs Weihegrade dienen gewissermaßen diesem Vollzug, sie gleichen den sechs Stufen, auf denen man zum Thron Salomos steigt (1 Kg 10,18). Es sind sechs um der Vollkommenheit der Zahl willen – denn die Sechs ist die erste vollkommene Zahl –, und damit der geleistete Dienst

[238] «Erbteil»: lat. *sors* oder *hereditas*, gr. *kleros*.

[239] Isidor von Sevilla, Etym. VII, cap. 12 n. 3; De Off. eccl. II, cap. 12. Isidor zählt neun Weihegrade, d.h. die Bischofsweihe gilt ihm als eigener Weihegrad, nicht nur als Fülle und Vollendung *(gradus excellentiae)*, wie Bonaventura oder auch Thomas.

(ministerium) vollständig und vollkommen sei. Denn es ist angemessen, daß einige von ferne, andere aus größerer Nähe und wieder andere aus nächster Nähe Dienst tun, so daß an einem geordneten Dienst nichts fehle. Da nun jeder dieser Dienste sich verdoppelt, weil jedesmal der Dienst der Reinigung und der Erleuchtung geleistet wird, so gibt es sechs dienende Ordines. Die siebte Weihestufe, der die Feier des Altarsakramentes zukommt, ist die vollkommenste, in ihr findet das Sakrament des Ordo seinen Abschluß und seine Vollendung.

Schließlich: Der Ordo ist ein Siegel, das Vollmacht verleiht, und zwar nicht nur im Hinblick auf die Spendung der übrigen Sakramente, sondern auch im Hinblick auf das Weihesakrament selbst. Eine Vollmacht über die Vollmacht ist eine überragende Vollmacht *(potestas excellens)*. Daher gehört zum Ordo nicht nur die einfache Vollmacht, die mit dem einfachen Weihegrad verbunden ist, sondern auch die herausragende Vollmacht derer, welche von ihrem Amt her *(ordinarie)* die Weihen spenden. Je weiter die Fülle der Vollmacht absteigt, desto breiter wird sie, je weiter sie aufsteigt, desto mehr konzentriert sie sich. Daher gibt es mehr Bischöfe, weniger Erzbischöfe, sehr wenige Patriarchen und nur einen Vater der Väter, der zu Recht Papst genannt wird. Er ist gleichsam der eine, erste und oberste geistliche Vater der Väter, ja auch aller Gläubigen. An erster Stelle hat er die heilige Herrschaft inne *(praecipuus hierarcha)*, als einziger Bräutigam, ungeteiltes Haupt, Hoherpriester, Stellvertreter Christi, Quelle, Ursprung und Richtschnur aller kirchlichen Leitung. Von ihm als der Spitze fließt die Vollmacht bis zu den untersten Gliedern der Kirche, entsprechend der besonderen Würde im geordneten Gefüge der heiligen Kirche *(in ecclesiastica hierarchia)*.

Weil diese Würde *(dignitas)*[240] vornehmlich mit dem Ordo verbunden ist, darf dieses Sakrament nur mit weiser Überlegung und mit großer Feierlichkeit gespendet werden: das heißt, nicht von jedem, nicht jedem, nicht an jedem Ort und auch nicht zu jeder Zeit. Nur Personen von Bildung und Ehre, die frei sind von Irregularität, dürfen geweiht werden; die Weihe ist nüchtern, an einem heiligen Ort, während der Meßfeier und zu den vom Kirchenrecht festgesetzten Zeiten vorzunehmen. Die Weihe ist vom Bischof zu spenden, dem wegen seiner überragenden Vollmacht die Weihespendung vorbehalten ist – ebenso wie die Firmung durch Handauflegung, die Nonnen- und Abtsweihe, sowie die Weihe einer Kirche. Wegen ihrer Feierlichkeit dürfen diese Handlungen nur von denen vollzogen werden, welche die herausragende Vollmacht haben.

13. Kapitel: Was zum Sakrament der Ehe gehört

Zum Sakrament der Ehe ist folgendes zusammenfassend festzuhalten: «Die Ehe ist die rechtmäßige Verbindung von Mann und Frau zu ungeteilter Lebensgemeinschaft.»[241] Diese Verbindung gab es nicht erst nach dem Sündenfall, sondern schon vorher; damals jedoch war das Ehesakrament nur als Auftrag gegeben, jetzt ist es als Auftrag und als Heilmittel gegen die Begierde gegeben. Im Paradies bezeichnete es die Verbindung Gottes mit der Seele, jetzt darüber hinaus die Verbindung Christi mit der Kirche und auch die Verbindung der göttlichen und mensch-

[240] *dignitas* ist ebenfalls ein Ausdruck für «Amt», besonders für das Bischofsamt.

[241] Iustinian, Institut. I, tit. 9 De patria potestate.

lichen Natur in der Einheit der Person. Die Verbindung zur Ehe beginnt mit der freien Zustimmung der Herzen der beiden Partner, wobei diese nach außen durch ein sichtbares Zeichen kundgetan werden muß; sie wird vollendet mit der leiblichen Vereinigung. Man sagt, die Ehe wird begonnen *(initiari)* durch Worte, welche die Zukunft betreffen, sie wird geschlossen *(ratificari)* durch Worte, welche sich auf die Gegenwart beziehen, und sie wird vollzogen *(consummari)* durch die leibliche Vereinigung. Diesem Sakrament sind drei Güter eigen: «die Treue, die Nachkommenschaft und das Sakrament»[242]. Es gibt zwölf Hindernisse, welche die Eheschließung hindern oder die bereits geschlossene Ehe lösen; und man hat sie in diesem Merkvers zusammengefaßt[243]:

Irrtum, Stand, Gelübde, Blutsverwandtschaft, Verbrechen, / Verschiedenheit der Religion, Gewalt, heilige Weihe, / bestehendes Eheband, Ehrbarkeit, geistliche Nähe, Eheunfähigkeit: / dies alles verbietet den Ehebund und löst die geschlossene Ehe.

Begründung zum tieferen Verständnis:

Der URSPRUNG UNSERER ERLÖSUNG, das FLEISCHGEWORDENE WORT, ist als «Wort Gottes die Quelle der Weisheit in der Höhe» (Sir 1,5), als fleischgewordenes Wort ist es die Quelle der Barmherzigkeit auf Erden. Als ungeschaffenes WORT hat es den Menschen gebildet aus höchster Weisheit, als menschgewordenes WORT gestaltet es den Menschen neu aus höchster Barmherzigkeit. Es stellt den Menschen wieder her in seiner Barmherzigkeit, weil es ihn vorher in seiner Weisheit so erschaffen hatte,

[242] Augustinus, Gen. litt. IX, cap. 7 n. 12.
[243] Im Lateinischen ein vierzeiliger Hexameter.

daß er wiederhergestellt werden *kann*. Denn es entsprach der göttlichen Weisheit und Ordnung, daß der Mensch ein Wesen sei, das seinen Stand halten, aber auch fallen und wieder aufgerichtet werden konnte. Das haben wir oben schon gezeigt (II, 9f.; III, 1). Weil also das WORT Gottes den Menschen so erschuf, wie es angemessen war, mit all den genannten Möglichkeiten des Stehens, Fallens, Aufstehens, darum bestimmte es auch die Art der Fortpflanzung entsprechend: Der Mensch sollte gerade durch die Ehe dazu geführt werden, seinen Stand zu halten, aber auch in ihr ein Heilmittel finden, wenn bei der Fortpflanzung etwas Sündhaftes mit dabei wäre – nämlich die Begierde –, die die Krankheit weitergibt. Das *Stehen* des Menschen gründete in der Verbindung seiner Seele mit Gott, einer ganz keuschen, einzigartigen *(singularis)* und ungeteilten *(individua)* Liebe. Das *Heilmittel* aber kam aus der Vereinigung der göttlichen Natur mit der menschlichen in der Einheit einer Person – einer einzigartigen und ungeteilten Einheit, von göttlicher Gnade gewirkt. Darum hat Gott von Anfang an bestimmt, daß die Fortpflanzung des Menschen durch eine einzigartige und ungeteilte Verbindung von Mann und Frau geschehe. Vor dem Sündenfall sollte diese Verbindung die Verbindung Gottes und der Seele, oder Gottes und der irdischen Ordnung abbilden, nach dem Sündenfall aber die Verbindung Gottes mit der menschlichen Natur, oder Christi und der Kirche. Beidesmal, vor dem Sündenfall und nachher, handelt es sich um ein Sakrament, jedoch gibt es Unterschiede in dem, was damit bezeichnet wird, und im Vollzug. Weil die Ehe schon ein Sakrament war, bevor die Krankheit eintrat, wird durch sie die Begierde, die durch die Sünde hinzukam, weit eher entschuldigt als daß die Begierde die Ehe mit einem Makel beflecken könnte. Nicht die Krankheit verdirbt das Medikament, sondern das Medikament hat die Macht, die Krankheit zu heilen. Damit dürfte ganz klar sein, was die Ehe ist, und daß sie von Gott eingesetzt ist.

Zweitens: Jede der soeben erwähnten geistlichen Vereinigungen, die durch das Ehesakrament bezeichnet werden, besteht in der Vereinigung eines Handelnden beziehungsweise Einfließenden und eines Erleidenden beziehungsweise den Einfluß Aufnehmenden, wobei die Vereinigung durch ein Band der Liebe bewirkt wird, die rein aus dem Willen entspringt. Daher muß die Ehe eine Vereinigung von zwei Personen sein, die sich unterscheiden wie «handelnd» und «erleidend»[244], also die Vereinigung von Mann und Frau, und zwar rein aus der gegenseitigen Zustimmung des Willens. Weil der Wille des Menschen nach außen nur mittels Zeichen kund wird, die ihn zum Ausdruck bringen, muß die gegenseitige Zustimmung auch äußerlich kundgetan werden. Eine Zustimmung, welche sich auf die Zukunft bezieht, ist noch keine Zustimmung im eigentlichen Sinn, sondern eher ihre Verheißung; und die Zustimmung vor der leiblichen Vereinigung bewirkt noch nicht die vollständige Einigung – denn die beiden sind noch nicht «ein Fleisch» (vgl. Mt 19,6; 1 Kor 6,16). Daher heißt eine Ehe «begonnen», wenn die Zustimmung für die Zukunft gegeben wird, «bestätigt», wenn die Worte sich auf die Gegenwart beziehen, in der leiblichen Vereinigung aber «vollzogen», weil sie dann ein Fleisch und ein Leib werden; und dadurch bezeichnet die Ehe jene Vereinigung zwischen uns und Christus. Es vereinigt sich der Körper des einen mit

[244] Diese Zuordnung ist metaphysisch zu verstehen (nach Aristoteles ist in jeder Vereinigung ein Element aktiv und eines passiv). Bonaventura gibt damit zu verstehen, daß die Unterschiedenheit des Geschlechts konstitutiv für die Ehe ist.

dem des anderen gemäß der Fähigkeit beider zur Zeugung von Nachkommenschaft.

Drittens: Daher gibt es drei Ehegüter: das «Sakrament» aufgrund des unlösbaren Bandes, die «Treue», weil die Partner geben, was sie schuldig sind, und «Nachkommenschaft» als das Gut, das aus den beiden anderen folgt.

Schließlich: Die eheliche Verbindung beruht auf der freien Zustimmung verschiedener Personen, sich unter dem Gesetz der Ehe zu einer Lebensgemeinschaft zu vereinigen. Hier kann es auf zwölf Weisen zu einem Hindernis kommen.

Der Ehekonsens setzt voraus die Freiheit der Zustimmung, die Freiheit der zustimmenden Person und die Eignung zur Ehe. Erstens: Die Freiheit der Zustimmung wird zweifach aufgehoben; denn zwei Dinge bewirken, daß etwas unfreiwillig geschieht: Unwissenheit und Gewalt. Das eine Hindernis ist also Irrtum, das andere Gewaltanwendung. Zweitens: Die Freiheit in der zustimmenden Person wird dadurch aufgehoben, daß diese einem Anderen verpflichtet ist, entweder Gott oder einem Menschen. Gott kann sie verpflichtet sein aufgrund eines ausdrücklichen Gelübdes, oder durch etwas, mit dem ein Gelübde verknüpft ist: das erste Hindernis ist also das Gelübde selbst, das zweite die heilige Weihe. Wenn jemand einem Menschen verpflichtet ist, kann auch das zwei Formen haben: entweder durch ein bestehendes Band oder durch ein vorhergehendes. Das erste Hindernis ist das bestehende Eheband zwischen Mann und Frau, das zweite ist das Hindernis des Verbrechens; das bedeutet, wenn ein Ehebrecher oder eine Ehebrecherin den Tod des Gatten veranlaßt hat oder zu dessen Lebzeiten dem Ehebrecher die Ehe in Aussicht gestellt hat. Das ergibt vier Hindernisse: Gelübde, Weihe, bestehendes Eheband und Verbrechen.

Drittens: Die Eignung zur Vereinigung aber haben nur Personen, die einen angemessenen Abstand voneinander haben. Das ist nicht der Fall, wenn entweder die Nähe oder der Abstand zu groß sind. Allzu große Nähe ergibt sich aus der Blutsverwandtschaft oder einer Beziehung, die dieser ähnelt – wie die gesetzliche oder die geistliche Verwandtschaft[245]; sie kann aber auch aus einer anderen geschlechtlichen Verbindung oder einem Verlöbnis herrühren. Also ergeben sich daraus drei Hindernisse: Blutsverwandtschaft, verwandtschaftliche Nähe anderer Art, öffentliche Ehrbarkeit. Allzu großer Abstand aber kann sich entweder auf etwas Naturgegebenes beziehen – wie die Unfähigkeit zur leiblichen Vereinigung –, oder auf etwas vom Geschick Auferlegtes, was nicht in unserer Macht steht – wenn etwa der eine leibeigen, der andere frei ist –, oder auf etwas, das mit dem christlichen Glauben zusammenhängt – wenn der eine getauft, der andere ungetauft ist.

So ergeben sich also zwölf Ehehindernisse, welche die Kirche unter der Führung des Hl. Geistes in ihre Lehre aufgenommen hat. Der Kirche sind alle Sakramente anvertraut, besonders aber hat sie Regeln bezüglich des Ehesakramentes zu geben, wegen der verschiedenen Fälle, die hier möglich sind, und wegen jener Krankheit, die so ansteckend ist und kein Maß kennt. Es ist also Sache der Kirche, die Verwandtschaftsgrade einzugrenzen, wie sie es je nach der Zeit für gut erkennt, festzusetzen, wer ehefähig ist und wer nicht, oder Trennungen vorzunehmen. Niemals aber kann und darf eine rechtmäßig geschlossene Ehe für nichtig erklärt werden; denn kein Mensch, wie groß seine Macht auch sei, kann trennen, was Gott verbunden hat (Mt 19,6). Denn alle bleiben dem Urteil Gottes selbst unterstellt.

[245] Geistliche Verwandtschaft wird etwa durch das Patenamt begründet.

VII. TEIL: ÜBER DAS ENDGERICHT

1. Kapitel: Über das Gericht Gottes ganz allgemein

Wir haben nun einiges in Kürze über die Dreifaltigkeit Gottes, über die Welt als Schöpfung, die Verderbnis der Sünde, die Fleischwerdung des WORTES, die Gnade des Hl. Geistes und die Sakramente als Heilmittel ausgeführt. Als Siebtes und Letztes bleibt noch eine kurze Erörterung über das Letzte Gericht, worin alles seinen Endzustand *(status)* erreicht. Zusammengefaßt ist dazu folgendes festzuhalten: Ohne Zweifel wird es ein Gericht über alle geben, in dem Gott Vater durch unseren Herrn Jesus Christus die Lebenden und die Toten, die Guten und die Bösen richten und «jedem vergelten wird, wie es seine Taten verdienen» (vgl. Mt 16,27; 25,31; Offb 22,12; 20,15). Bei diesem Gericht werden «Bücher geöffnet», nämlich das Buch jedes Gewissens, wodurch die Verdienste und das Verschulden eines jeden sowohl ihm selbst wie auch den übrigen kund wird. Das wird bewirkt durch die Kraft jenes «Buchs des Lebens», nämlich des FLEISCHGEWORDENEN WORTES. Dieses WORT wird in seiner Gottheit nur von den Guten geschaut werden, in der Gestalt seiner Menschheit aber, in der er als Richter spricht, von Guten und Bösen. Doch wird er in ein und derselben Gestalt den Verworfenen als furchtbar, den Gerechten aber als liebevoll erscheinen[246].

Begründung zum tieferen Verständnis:

Der ERSTE URSPRUNG ist, gerade weil er das Erste ist, von sich selbst her, ganz er selbst und um seiner selbst willen.

[246] Vgl. Gregor d. Gr., Evangelienhomilien II, 21, n. 3.

Daher ist er Wirkursache, Richtschnur und Ziel für alles, er bringt es hervor, gibt ihm die Regel und vollendet es. Ebenso wie er alles durch seine *erhabene Schöpfermacht (altitudo virtutis)* hervorbringt, so regiert er auch alles durch seine *Wahrheit in Gerechtigkeit (rectitudo veritatis)* und vollendet es durch die *Fülle seiner Gutheit (plenitudo bonitatis).*

Seiner über alles erhabenen Schöpfermacht entsprach es, nicht nur ein Wesen zu erschaffen, das seine Spur sei, sondern auch eines, das sein Bild sei; nicht nur das vernunftlose, sondern auch das vernünftige Geschöpf, nicht nur ein Wesen, das entsprechend seinem natürlichen Antrieb bewegt wird, sondern auch eines, das gemäß seinem freien Willen bewegt wird. Das zum Bild Gottes erschaffene Geschöpf ist, weil es «Gottes fähig»[247] ist, auch der Seligkeit fähig; weil es vernunftbegabt ist, ist es der Belehrung und des Gehorsams fähig, weil es freien Willen besitzt, kann es sich in die Ordnung der Gerechtigkeit stellen oder sich ihr verweigern.

Daher mußte die Wahrheit in Gerechtigkeit dem Menschen ein Gesetz geben, das ihm Einladung zur Seligkeit, Erziehung in der Wahrheit und Verpflichtung auf die Gerechtigkeit sein sollte. Dieses Gesetz durfte aber den freien Willen nicht zwingen, so daß er dennoch die Gerechtigkeit verlassen oder ihr folgen konnte, ganz wie er wollte. Denn Gott «leitet die von ihm erschaffenen Wesen so, daß er sie die ihnen eigentümlichen Akte ausführen läßt»[248].

Weil die Fülle seiner Gutheit die Vollendung auf eine Weise wirkt, daß sie der erhabenen Schöpfermacht und

[247] S.o. II, 9 und 12.
[248] S.o. I, 9.

der Wahrheit in Gerechtigkeit entspricht, wird die Seligkeit nur denen geschenkt, welche die Gerechtigkeit bewahrt haben, so wie es die gerechte Wahrheit Gottes fordert, denen, welche Zucht und Belehrung angenommen haben und die höchste, ewige Seligkeit mehr geliebt haben als die vergänglichen Güter.

Die einen handeln so, die anderen tun das Gegenteil, wie auch ihr Wille verschieden ist. Der Wille ist im Inneren des Menschen verborgen, und solange dieses Leben währt, bewegt er sich nach seiner Entscheidung. Daher muß ein allgemeines Gericht folgen, damit die erhabene Schöpfermacht, die ganz gerechte Wahrheit und die Fülle der Gutheit Gottes offenbar wird. Hier wird nämlich der gerechte Lohn gegeben, werden die Verdienste offengelegt und unwiderrufliche Urteile gefällt. In der gerechten Belohnung soll die Fülle der Gutheit offenbar werden, in der Offenlegung der Verdienste die gerechte Wahrheit, in den unwiderruflichen Urteilen die Erhabenheit der allerhöchsten Macht und Kraft.

Erstens also: Die gerechte Vergeltung bezieht sich auf Schuld, der Strafe gebührt, oder auf Gerechtigkeit, der die Herrlichkeit gebührt. Alle Nachkommen Adams sind entweder im einen oder im anderen Zustand. Daher müssen alle ein Urteil erhalten über das, was sie verdienen, damit die Gerechten verherrlicht, die Gottlosen verurteilt werden (2 Kor 5,10).

Zweitens: Die Offenlegung von Verdiensten und von Schuld erfordert, daß in einem Augenblick sichtbar werde, was man hätte tun müssen, und was vom freien Willen unter verschiedenen Umständen getan oder unterlassen worden ist. Darum werden die «Bücher» jedes einzelnen Gewissens geöffnet, damit die Verdienste aufscheinen, und das «Buch des Lebens», damit die Gerechtigkeit selbst aufscheine. Denn sie ist der Maßstab für die Anerkennung oder Verwerfung der Taten. Im Buch des Lebens sind alle Dinge, alle zusammen und in lauterster Klarheit geschrieben, und im Buch des Gewissens ist die Wahrheit geschrieben. Wenn die beiden Bücher geöffnet werden, werden alle Taten in ihrem Wert offenbar. Was im Herzen des Einzelnen verborgen ist, wird ihm selbst und den anderen bekannt. Daher ist jenes Buch, mit den Worten Augustins, «die Kraft, durch die jedem alles auf wunderbare Weise ins Gedächtnis zurückgerufen wird»[249], damit in klarstem Licht der Wahrheit die Gerechtigkeit des göttlichen Urteils aufleuchte.

Schließlich: Der unwiderrufliche Urteilsspruch muß von jemandem ergehen, der gehört und gesehen werden kann, und gegen dessen Urteil man keine Berufung mehr einlegen kann. Das höchste Licht aber kann nicht von allen geschaut werden: Verfinsterte Augen können es nicht sehen, weil eine Schau von Angesicht zu Angesicht Gottförmigkeit des Geistes voraussetzt und notwendig mit Freude des Herzens begleitet ist. Weil also ein reines Geschöpf nicht höchste Autorität hat, über die hinaus es keine Berufung gibt, muß unser Richter Gott sein, um mit höchster Vollmacht zu urteilen. Und er muß Mensch sein, damit er als Richter von den Sündern in menschlicher Gestalt gesehen werden kann. Weil ein einziges richterliches Wort von ihm die Schuldigen in Schrecken versetzt, den Unschuldigen aber Sicherheit gewährt, darum kann ein und dieselbe Gestalt die Gerechten mit Jubel und die Gottlosen mit Schrecken erfüllen.

[249] Civ. Dei XX, cap. 14.

2. *Kapitel: Was dem Gericht vorausgeht: die reinigende Strafe*

Im einzelnen ist nun zu überdenken, was dem Gericht vorausgeht, was es begleitet und was ihm folgt. Zweierlei geht ihm voraus, erstens die reinigende Strafe, zweitens die Fürbittgebete der Kirche.

Was die reinigende Strafe betrifft, ist folgendes festzuhalten: Das Reinigungsfeuer ist ein körperliches Feuer, das aber die Geister oder Seelen *(spiritus)*[250] der Gerechten peinigen kann, die in diesem Leben keine vollständige Buße oder würdige Genugtuung geleistet haben. Sie werden stärker oder weniger stark vom Feuer berührt, je nachdem, wie viel derartigen Brennstoff sie aus diesem Leben mit sich genommen haben. Ihre Pein ist geringer als die Pein der Hölle, aber stärker als die Pein in dieser Welt. Nie jedoch ist die Pein so stark, daß sie nicht stets in der Hoffnung stünden und wüßten, daß sie nicht in der Hölle sind – wenngleich sie es vielleicht wegen der Schwere der Strafe zuweilen nicht wahrnehmen. In dieser Pein des körperlichen Feuers werden die Seelen von der schuldigen Strafe, von Schlacken und auch von den restlichen Sünden gereinigt. Ist diese Reinigung vollzogen, so schwingen sie sich sofort auf und gehen in die Herrlichkeit des Paradieses ein.

Begründung zum tieferen Verständnis:

Der Erste Ursprung ist, weil er das Erste ist, auch das Beste und Vollkommenste; und weil er das Beste ist, liebt er in höchstem Maß das Gute und verabscheut das Böse. Die höchste Güte kann nicht zulassen, daß etwas Gutes

[250] Bonaventura bevorzugt hier und im folgenden *spiritus* statt *anima,* weil es sich um die vom Leib *(caro)* getrennte Seele handelt.

unbelohnt bleibe, und ebensowenig darf sie dulden, daß etwas Böses ohne Strafe bleibe. Es kommt jedoch zuweilen vor, daß Gerechte sterben, die in diesem Leben aber nicht ganz die schuldige Buße vollendet haben. Insofern sie das ewige Leben verdient haben, darf ihnen der Lohn nicht vorenthalten werden, doch der Makel der Schuld darf auch nicht straflos bleiben – das würde eine Störung der Schönheit und Ordnung des Alls bedeuten. Sie müssen also am Ende ihren Lohn erhalten, dennoch auch eine zeitliche Strafe erleiden, wie sie dem Maß der jeweiligen Schuld entspricht. Schuld aber hat drei Folgen: Sie ist Beleidigung Gottes, sie fügt der Kirche Schaden zu, und sie entstellt das Abbild Gottes in unserer Seele. Das gilt vor allem von der Todsünde, aber auch die läßliche Sünde tendiert dazu. Eine Beleidigung fordert Bestrafung, ein Schaden Wiedergutmachung, eine Entstellung Reinigung. Ganz zu Recht wirkt dieses Leiden *(poena)* als Strafe, als Genugtuung und als Reinigung.

Erstens also ist dieses Leiden eine gerechte Strafe. Der Geist, der sich in Verachtung gegenüber dem ewigen, höchsten Gut dem niedrigsten zugewandt hat, wird zu Recht niedrigeren Geschöpfen unterworfen; er soll von diesen Pein erleiden, hat er sie doch zum Anlaß für die Sünde genommen, in der er Gott mißachtete und sich selbst herabwürdigte. Nach Anordnung der göttlichen Gerechtigkeit soll der Geist von einem körperlichen Feuer Strafe erleiden; denn wie die Seele der Naturordnung nach mit dem Leib vereint ist, um ihm das Leben einzuflößen, so soll sie der Ordnung der Gerechtigkeit nach mit körperlichem Feuer vereint werden, von dem sie Züchtigung erleidet.

Die Gerechten, die ja in der Gnade stehen, können einzig eine vorübergehende Strafe verdienen. Ihre Strafe bemißt sich danach, wie schwer ihre Sünden und wie gering ihre Buße war. Daher ist die Strafe durch das körperliche Feuer zeitlich, für manche länger, für andere kürzer, für die einen härter, für die anderen leichter, je nach dem Maß der Schuld. So schreibt der ausgezeichnete Lehrer Augustinus, der Schmerz müsse in dem Maß brennen, wie die verkehrte Liebe den Menschen gefesselt habe[251]. Denn die Reinigung ist um so mühsamer, je tiefer die Liebe zu dem, was in der Welt ist, in einem Herzen eingewurzelt ist.

Zweitens muß diese Strafe eine Genugtuung sein. Genugtuung setzt jedoch an sich den freien Willen und den Zustand der Pilgerschaft voraus. In diesem Fall aber ist der Zustand der Bewährung abgeschlossen, und diese Strafen sind nicht freiwillig gewählt. Also muß das, was an Freiwilligkeit fehlt, durch die Härte der Strafe ersetzt werden. Die auf diese Weise gereinigt werden, stehen jedoch in der Gnade, die sie nie mehr verlieren können. Darum können sie weder von Traurigkeit übermannt werden noch in Verzweiflung fallen, sie können und wollen auch nicht die geringste Gotteslästerung ausstoßen. Selbst wenn die Strafe sehr schwer ist, so ist sie doch ganz anders und viel milder als die Strafe der Hölle. Und ohne Zweifel sind sie sich dessen bewußt, daß ihr Zustand ein anderer ist als derjenigen, die in der Hölle gepeinigt werden ohne Aussicht auf Abhilfe.

Schließlich muß diese Strafe auch reinigend wirken, und zwar eine geistliche Reinigung. Das heißt, jenes Feuer müßte eine von Gott verliehene geistliche Kraft haben, oder – was ich eher glaube – die Kraft der Gnade im Inneren der Seele bewirkt, unterstützt durch die äußerliche Strafe, daß sie, die bereits für die Sünde gegenüber

[251] Civ. Dei XXI, 26, 4.

Gott bestraft und frei von Schuldenlast ist, so weit gereinigt wird, daß keine Unähnlichkeit mehr der Glorie widersteht.

Eine solche Seele ist endlich fähig, die Gottähnlichkeit der Glorie zu empfangen. Denn da das Tor geöffnet und die Reinigung vollendet ist, muß sie «auffliegen» *(evolare)*, da sie das Feuer der Liebe nach oben hebt und keine Unreinheit oder Schuld mehr zurückhält. Denn es würde weder zu Gottes Barmherzigkeit noch zu seiner Gerechtigkeit passen, die Glorie aufzuschieben, wenn er das Gefäß bereit findet. Ein solcher Aufschub wäre eine schwere Strafe, und ein bereits gereinigter Geist darf nicht länger der Strafe unterworfen sein.

3. Kapitel: Was dem Gericht vorausgeht: die Fürbitten der Kirche (suffragia ecclesiastica)

Zu den Fürbitten der Kirche ist folgendes festzuhalten: Die Fürbitten der Kirche nützen den Verstorbenen. Ich verstehe unter den «Fürbitten» das Eintreten der Kirche für die Verstorbenen mit Opfer, Fasten, Almosen, verschiedenen Gebeten und freiwillig übernommenen Bußwerken, damit ihre Schuld schneller und leichter gesühnt werde. Sie nützen aber nicht allen Verstorbenen, sondern nur den einigermaßen Guten, das heißt, denen am Reinigungsort – nicht den sehr Bösen in der Hölle und auch nicht den sehr Guten im Himmel[252]. Deren Verdienste und Gebete helfen vielmehr umgekehrt der streitenden Kirche; für ihre Glieder erbitten die Seligen viele Wohltaten. Das fürbittende Eintreten nützt den Verstorbenen in unterschiedlichem Maß, je nach ihren Verdiensten,

[252] Vgl. Augustinus, Enchiridion, cap. 29, 109.

oder auch je nach der Liebe der Lebenden, die um den einen besorgter ist als um andere, und es nützt zur Milderung der Strafe oder zur schnelleren Befreiung, so wie es Gottes weise Vorsehung als das Beste für sie erkennt.

Begründung zum tieferen Verständnis:

Der Erste Ursprung ist ganz und gar gut, daher von der festesten Strenge *(severitas)* gegenüber dem Bösen; genauso aber kann er nur von liebreichster Güte *(suavitas)* gegenüber dem Guten sein. Aufgrund der Strenge seiner Gerechtigkeit müssen die Gerechten, an denen noch etwas Strafwürdiges ist, nach diesem Leben am Reinigungsort Pein erleiden; aufgrund der Güte seiner Barmherzigkeit muß ihnen Linderung, Hilfe und Unterstützung zuteil werden – vor allem, weil sie im Elend sind und sich selbst mit Werken oder Verdiensten nicht mehr helfen können. Ganz folgerichtig *(debuit)* hat Gottes Weisheit vorgesehen, daß ihnen Unterstützung zukommen solle von denen, die sie geben können – wobei Recht und Gerechtigkeit gewahrt bleiben, zu der die Milde der göttlichen Barmherzigkeit weder im Widerspruch stehen noch von ihr abgetrennt werden kann. Weil also die Gerechtigkeit sowohl die Wahrung der Ehre Gottes wie auch der Ordnung des geschaffenen Kosmos und des jeweiligen Verdienstes eines Menschenlebens fordert, so hat die Vorsehung des Ersten und höchsten Ursprungs es so eingerichtet, daß die Fürbitte den Verstorbenen entsprechend der Barmherzigkeit und Güte wie auch entsprechend Recht und Gerechtigkeit zugute kommt. Die *Würde Gottes*, die *Ordnung der Welt* und das jeweilige *Verdienst des Menschen* bleiben dabei gewahrt.

Erstens ist bei diesem fürbittenden Eintreten die Gerechtigkeit zu wahren, die in besonderer Weise auf die Ehre Gottes schaut. Gottes Ehre erfordert Werke der

Genugtuung und Buße für die Schuld. Das heißt, das fürbittende Eintreten geschieht durch solche Werke, durch die ganz besonders Genugtuung geleistet und Gott die Ehre gegeben wird, das sind drei: Fasten, Beten und Almosengeben, und das Opfer des Altares. Durch dieses wird Gott am allermeisten die Ehre gegeben, die ihm gebührt; denn er hat Gefallen an dem, der ihm dargebracht wird. So besteht also das fürbittende Eintreten der Kirche in den drei Werken der Genugtuung und hauptsächlich in der Feier des Meßopfers. Das spricht Gregor im IV. Buch der «Dialoge» an: einige seien aufgrund der Wohltaten der Messe aus schwerer Pein sehr schnell befreit worden. Die ganzen Begräbnisfeierlichkeiten und derartiges sind daher nicht zu den Suffragien der Kirche zu rechnen. So sagt auch Augustinus im Buch «Über die Sorge an den Verstorbenen»[253], die Vorbereitung des Begräbnisses, die Art der Bestattung und die Feierlichkeiten seien eher ein Trost für die Lebenden als eine Hilfe für die Verstorbenen.

Zweitens: Auch die Gerechtigkeit, in der der Kosmos geordnet und geleitet wird, muß erhalten bleiben. Sie erfordert, daß in der Mitteilung eines Einflusses die Ordnung und eine Gemeinsamkeit zwischen den Gebern und Empfängern gewahrt ist. Es wäre unangebracht, daß etwas Niedrigeres auf etwas Höheres seine Wirkung einfließen ließe, oder auf etwas, das schlechthin von ihm entfernt ist. Daher kann das fürbittende Eintreten der Kirche denen in der Hölle nicht nützen, weil sie vom mystischen Leib Christi völlig getrennt sind. Kein geistlicher Einfluß gelangt zu ihnen oder nützt ihnen, wie auch der Einfluß des Hauptes Gliedern nichts nützt, die vom Leib getrennt sind. Auch den Seligen des Himmels können die Für-

[253] De cura pro mortuis agenda cap. 2 n. 4.

bitten nicht nützen, denn sie sind schlichtweg in einem höheren Zustand und bereits am Ziel, so daß sie nicht mehr höher steigen können. Vielmehr helfen sie uns mit ihren Gebeten. Gott hat es so gefügt – denn das haben sie durch ihr irdisches Leben verdient –, daß auch an die Heiligen Gebete gerichtet werden, sie mögen uns durch ihre Fürbitte helfen, die göttlichen Wohltaten zu erlangen. Nicht ihnen nützen die Fürbitten der Kirche, sondern eher nützen ihre Fürbitten uns. Es bleibt also, daß das fürbittende Eintreten allein denen nützt, die gerecht sind, aber noch die Strafe der Reinigung erleiden. Aufgrund dieses Leidens und der Unfähigkeit, sich selbst zu helfen, stehen sie unter den Lebenden; aufgrund der Gerechtigkeit sind sie mit den übrigen Gliedern der Kirche verbunden. Da hier Gemeinsamkeit und Ordnung gegeben ist, können ihnen die Verdienste der heiligen Kirche zu Hilfe kommen.

Schließlich muß auch jene Gerechtigkeit gewahrt werden, die den jeweiligen Verdiensten der Einzelnen Rechnung trägt. Die Fürbitten, die allgemein für die Verstorbenen dargebracht werden, nützen allen Guten in einem bestimmten Maß, mehr jedoch denen, die es durch ihr irdisches Leben mehr verdient haben, daß sie ihnen zugute kommen. Diejenigen Fürbitten aber, die besonders für bestimmte Personen dargebracht werden, nützen auch diesen mehr; denn der Beter hat die rechte, Gottes Willen entsprechende Intention, und die Anordnung der Kirche ist ohne Zweifel nicht umsonst. Es können diese Gebete für besondere Personen auch anderen auf bestimmte Weise zugute kommen, aber nicht im gleichen Maß wie der erstintendierten Person. Denn wenn es sich auch um geistliche Güter handelt, so fordert doch die göttliche Gerechtigkeit für eine größere Schuld eine größere Wiedergutmachung und für mehrfache Schuld mehrfache

Wiedergutmachung. Daher paßt in diesem Fall das Beispiel mit dem Licht nicht, das in gleicher Weise die um den Tisch Sitzenden bescheint; denn diese Fürbitten haben mehr Ähnlichkeit mit einem Lösepreis als mit einem sich ausbreitenden Lichteinfluß.

Wie viel genau sie aber einem Bestimmten nützen, das zu bestimmen kommt dem zu, der um Gewicht, Zahl und Maß von Schuld, Strafe und Fürbitte weiß.

4. Kapitel: Was das Gericht begleitet: der Feuerbrand

Mit dem Gericht geht zweierlei einher: Feuer verzehrt das Weltliche, und die Leiber der Entschlafenen stehen auf.

Zum Feuerbrand ist folgendes festzuhalten: Feuer geht dem Antlitz des Richter vorher (vgl. Ps 50,3) und verzehrt das Angesicht der Erde. «Die Gestalt dieser Welt» wird im Feuer, und zwar in den Feuersgluten dieser Welt, vergehen *(peribit),* ähnlich wie es bei der Sintflut durch die Wassermassen geschah. Es heißt jedoch, die Gestalt dieser Welt «gehe über» *(transire),* weil die sichtbare Welt nicht völlig zerstört wird, sondern durch die Wirkung dieses Feuers, das alles in Brand setzt, was aus den Elementen besteht, die Pflanzen und Tiere verzehrt, die Elemente – besonders Luft und Erde – gereinigt und erneuert werden, die Gerechten geläutert und die Verworfenen verbrannt werden. Wenn das eingetreten ist, wird die Bewegung des Himmels stillstehen; denn nachdem die Zahl der Erwählten vollendet ist, soll eine Art Erneuerung und Belohnung der welthaften Körper geschehen.

Begründung zum tieferen Verständnis:

Der URSPRUNG von Allem ist vollkommen weise und hat bei all seinem Tun die Ordnung der Weisheit im

Blick, ganz besonders aber in allem, was sich auf die Vollendung der Dinge bezieht. Das Erste soll zum Mittleren und dieses zum Letzten passen, so daß in der Angemessenheit der Ordnung, die alle Dinge haben, die ordnende Weisheit, die Gutheit und die Erhabenheit des ERSTEN URSPRUNGS aufleuchte.

Gott hat in seiner vollkommenen Weisheit diese sichtbare Welt, die Welt im Großen, wegen der Welt im Kleinen, also wegen des Menschen erschaffen. Der Mensch steht in der Mitte zwischen Gott und den niedrigeren Dingen. Damit also alles miteinander abgestimmt sei, und die Wohnung zum Bewohner passe, mußte die Welt zu Anfang in einem guten und ruhigen Zustand gegründet sein, da auch der Mensch wohlgeschaffen war. Mit dem Fall des Menschen aber sollte auch die Welt an Gutheit verlieren; geriet er in Verstörung und Schrecken, dann sollte sie das gleiche treffen; mit der Reinigung des Menschen sollte auch sie gereinigt werden, mit der Erneuerung des Menschen sollte auch sie erneuert werden; mit der Vollendung des Menschen auch sie ihre Ruhe wieder finden.

Erstens: Gerät der Mensch in Verstörung und Schrecken *(perturbatio),* so ist es angebracht, daß dies auch die Welt als ganze trifft – wie sie auch mit dem Menschen, der seinen Stand wahrte, stand, und mit seinem Fallen gewissermaßen ebenso fiel. Beim kommenden Gericht soll nun die Strenge des Richters offenbar werden, und dies wird keinesfalls ohne Schrecken geschehen, besonders für die Sünder, die den Herrn der ganzen Welt verachtet haben. Alle Kreatur wird «den Eifer des Herrn anziehen» (vgl. Weish 5,17f.) und dem Schöpfer ähnlich werden, zugleich aber auch dem Menschen als Bewohner der Schöpfung. Darum werden die Grundfesten der Erde furchtbar und schrecklich erschüttert werden. Nichts aber bewirkt eine stärkere, schnellere und schrecklichere Bewegung der anderen Elemente als das Feuer, das sich nach allen Seiten ausbreitet. Daher muß «dem Angesicht des Richters Feuer vorangehen», nicht nur in einer Richtung, sondern überall auf der Welt. Das Feuer als Element, das Feuer der Erde, das Feuer des Reinigungsortes und sogar der Hölle werden zusammen wirken: das letztere verbrennt die Verworfenen, das reinigende Feuer läutert die Gerechten, durch das Feuer der Erde werden die Lebewesen der Erde verzehrt, durch das elementare Feuer werden die Elemente geläutert und für die Neugestalt der Erde vorbereitet. Währenddessen wird alles andere erschüttert, so daß nicht nur Menschen und böse Geister, sondern sogar die Engel bei dem Anblick in Schrecken geraten.

Zweitens: Mit der Reinigung des Menschen sollte auch die Welt als ganze gereinigt werden. Am Ende der Zeit bedarf der Mensch vor allem der Reinigung von den Schlacken der Habsucht und der Bosheit – wie er im ersten Zeitalter vom Schmutz der Unzucht gereinigt werden mußte. Die Reinigung soll schnell, durchdringend und vollkommen vonstatten gehen. Das Angesicht der ersten Welt wurde durch das Element des Wassers getilgt und gewissermaßen gereinigt; denn das Wasser ist kalt und daher gegen die Glut und den Schmutz der Unzucht gerichtet. Ähnlich wird die Welt am Ende durch Feuer gereinigt – wegen der «erkalteten Liebe» (vgl. Mt 24,12), der Kälte der Bosheit und der Habsucht, die am Ende der Welt, gleichsam ihrem Greisenalter, regieren werden. Weil sich diese Laster an den Menschen klammern, muß die Reinigung durch etwas geschehen, das tiefgreifend, nicht zimperlich und schnell wirkt. Das alles findet man nur beim Element des Feuers. Wie also einst die Sintflut durch Wassermassen reinigte, so wird das Angesicht dieser Erde durch Feuer verbrannt werden (2 Petr 3,10).

Drittens: Mit der Erneuerung des Menschen muß auch die Welt erneuert werden. Etwas kann aber nur zu einer neuen Form geführt werden, wenn es die alte verliert und gewissermaßen durch eine neu gegebene Disposition darauf vorbereitet wird. Das Feuer hat vor allem die Kraft, die äußere Form zu zerstören, es hat aber auch die Kraft, etwas zu erhöhen und zu verfeinern *(vis subtiliativa);* und diese Kraft ist der Natur des Himmels verwandt. Durch das Feuer geschieht daher zugleich Reinigung und Erneuerung; und weil ihm diese doppelte Wirkung eigen ist, geht es zum einen dem Angesicht des Richters voraus, zum andern folgt es ihm. Die Erneuerung aber bringt etwas derart Neues, daß es nicht mehr zum Alten zurückkehrt, das heißt: etwas unzerstörbar Neues – und dies liegt nicht in der Macht irgendeiner geschöpflichen Kraft. Daher muß mit dem Feuer, selbst wenn es bei der Reinigung und Erneuerung etwas aufgrund seiner natürlichen Kraft bewirkt – entflammen, reinigen, auflösen, verfeinern –, eine übernatürliche Kraft mitwirken, auf deren Befehl hin der Brand beginnt und kraft deren er auch abgeschlossen wird.

Schließlich: Mit der Vollendung des Menschen muß auch diese Welt vollendet werden. Die Vollendung des Menschen tritt ein, wenn die Zahl der Erwählten in der Herrlichkeit vollendet ist; dies ist das letzte Ziel und die Vollendung, der alles zustrebt. Wenn also die Zahl vollendet ist, muß die Bewegung des Himmels enden und zur Ruhe kommen, auch die Veränderungen im Bereich der Elemente müssen enden, ebenso die Entstehung von Pflanzen und Tieren. Da nämlich all dies auf die edelste Form, die vernunftbegabte Seele, hingeordnet ist, muß mit dem Vollendungszustand der Seelen auch alles andere seinen Ruhezustand erreichen. Darum heißt es auch von den Himmelskörpern, sie erhielten ihren Lohn, indem sie

Ruhe besitzen und die Fülle des Lichtes. Von den Elementen aber, die keine Möglichkeit mehr haben, durch ihre Wechselbeziehungen Vielfältiges hervorzubringen, sagt man, daß sie vergehen – freilich nicht ihrer Substanz nach, sondern nur ihrem wechselseitigen Wirken und Erleiden nach, und zwar hauptsächlich in Hinsicht auf ihre aktiven Eigenschaften. Die Pflanzen und die sinnesbegabten Lebewesen, denen nicht die Anlage zu einem dauernden, immerwährenden Leben gegeben ist – was aber für jenen edlen Vollendungszustand notwendig wäre –, müssen in ihrer eigenen Natur *(in natura propria)* vergehen; doch bleiben sie erhalten in dem, was sie begründet *(in principiis),* und sie bleiben auch auf eine gewisse Weise in etwas, das ihnen ähnlich ist, nämlich dem Menschen, der mit allen Arten von Geschöpfen Ähnlichkeit besitzt. Daher kann man sagen: In der Erneuerung und Verherrlichung des Menschen werde alles erneuert und erhalte gewissermaßen seinen Lohn.

5. Kapitel: Was das Gericht begleitet: die leibliche Auferstehung der Toten

Zur leiblichen Auferstehung ist folgendes festzuhalten: Alle Menschen erstehen leiblich bei der allgemeinen Auferstehung, und zwar gleichzeitig, jedoch sehr verschieden nach ihrer Würde. Die Bösen erstehen samt ihren Verunstaltungen und ihren Strafleiden, samt dem Elend und den Schwächen, die sie im irdischen Leben hatten. Bei den Guten aber «bleibt die Natur bestehen, die Mängel aber werden hinweggenommen»[254], sie erstehen alle mit einem vollständigen Leib, in der Vollzahl ihrer Lebens-

[254] Augustinus, Civ. Dei XXII, 17.

jahre und ihre Körperglieder haben das rechte Maß. Alle Heiligen tragen «zu dem vollkommenen Mann, zum vollen Maß des Alters Christi» bei (Eph 4,13). Der Auferstehungsleib der Bösen wie der Guten ist individuell derselbe wie der, den sie vorher hatten, und besteht aus denselben Teilen, so daß die wahre Natur des menschlichen Leibes erhalten bleibt, nicht nur hinsichtlich der wichtigsten Körperglieder und der Grundfeuchtigkeit *(humiditas radicalis),* sondern auch hinsichtlich der Haare (vgl. Lk 21,18) und anderer Glieder, die zur Schönheit des Körpers beitragen. «In welche Lüfte oder Höhlungen der Natur der Staub des Menschenleibes sich auch verflüchtigte, er wird zu derjenigen Seele zurückkehren, die ihn zu Anfang beseelte und ihm Lebendig-Sein und Wachstum verlieh»[255].

Begründung zum tieferen Verständnis:

Der ERSTE URSPRUNG ist, als Erstes und Höchstes, allumfassend und Grund für alles. Er ist daher Ursprung der verschiedenen Naturen, der Gnaden und der Belohnungen – er ist die Fülle der Macht, der Güte und der Gerechtigkeit. Will man diese Eigenschaften in der Art der Appropriation zuordnen, dann kann man zwar sagen, er sei machtvoll in der Erschaffung der Naturen, gütig in der Zuteilung der Gnaden und gerecht in der Belohnung oder Vergeltung, doch ist jede Eigenschaft in jeder anderen gegenwärtig, weil Macht, Güte und Gerechtigkeit unmöglich voneinander getrennt werden können. Die Vergeltung muß also so gewirkt werden, wie es dem *Maßstab der Gerechtigkeit,* der *Neugestaltung durch die Gnade* und der *Vollendung der Natur* entspricht.

[255] Augustinus, Enchiridion XXIII, 88.

Die Gerechtigkeit fordert mit Notwendigkeit, daß der Mensch, der weder mit der Seele allein noch mit dem Leib allein, sondern mit Leib und Seele Verdienste erworben oder Schuld auf sich geladen hat, auch nach Leib und Seele belohnt beziehungsweise bestraft werde. Die Neugestaltung in der Gnade fordert, daß der ganze Leib dem Haupt Christus ähnlich werde: sein toter Leib mußte auferstehen, da er untrennbar mit der Gottheit Christi vereint war. Die Vollendung der Natur aber erfordert, daß der Mensch aus Leib und Seele bestehe – gleichsam aus Materie und Form –, die nacheinander verlangen und einander wechselseitig zuneigen[256]. Die künftige Auferstehung ist also notwendig, denn die Beschaffenheit der Natur, die Eingießung der Gnade und die Vergeltung der Gerechtigkeit, wodurch das ganze Weltall regiert wird, erfordern sie. Diese drei Voraussetzungen künden laut, daß der Mensch auferweckt werden muß; so soll denen, welche gegen diese Glaubenswahrheit ihre Ohren verstopfen, jede Entschuldigung genommen sein; vielmehr wird zu Recht der ganze Erdkreis wider ihre Meinung streiten (vgl. Weish 5,20).

Erstens also: die Auferstehung muß der Ordnung der göttlichen Gerechtigkeit entsprechen. Die göttliche Gerechtigkeit gibt jedem, was ihm gehört, nach Zeit und Ort. Weil *jede* Seele, die einmal, selbst wenn es nur ganz kurz gewesen wäre, mit einem Leib vereint war, in ihm entweder im Zustand der Schuld oder der Gnade war, müssen alle auferstehen. Der Stand, in dem vergolten wird, muß sich aber vom Stand der Bewährung unterscheiden, und die Auferstehung hat mit der Vergeltung zu tun. Damit daher die Ordnung der ganzen Schöpfung

[256] Vgl. Augustinus, Gen. litt. XII, 35, 68.

nicht durcheinander kommt, damit der Glaube – der festhält, was er nicht sieht –, sein Verdienst hat, damit Recht und Gerechtigkeit des göttlichen Urteils in größerer Klarheit und Gewißheit aufleuchten, und damit die letzte Vollendung und Vergeltung für Engel und Menschen zur gleichen Zeit geschehe, darum ist durch die göttliche Gerechtigkeit die gleichzeitige Auferstehung aller gefordert – jedenfalls was das allgemeine Gesetz angeht. Das sage ich hinsichtlich Christi und seiner heiligsten Mutter, der glorreichen Jungfrau Maria.

Weil aber den Bösen Strafe und Elend, den Guten Herrlichkeit geschuldet ist, so werden sie zwar zu gleicher Zeit, aber in sehr unterschiedlicher Verfassung auferstehen. Weil die Bösen nicht zum Leben, sondern zur Strafe auferstehen (vgl. Joh 5,29), erstehen sie mit ihren Schwächen, Verunstaltungen und Mängeln.

Zweitens: Die Auferstehung muß auch der Vollendung der Gnade entsprechen. Die vollkommene Gnade macht uns Christus, unserem Haupt, ähnlich. Bei ihm gab es kein körperliches Gebrechen, er stand im Vollalter, seine körperliche Statur war so wie sie sein mußte, seine äußere Erscheinung schön. Daher ist es angebracht, daß der Auferstehungsleib der Guten aufs beste gestaltet ist, und das erfordert die Beseitigung aller Mängel, zugleich aber die Bewahrung der Natur. Es ist ebenfalls angebracht, daß ein etwa fehlendes Körperglied ergänzt wird, daß etwas Überflüssiges weggenommen, eine Unordnung der Glieder korrigiert wird. Wenn jemand ein Kind war, wird er durch göttliche Kraft bis zum Vollalter Christi bei seiner Auferstehung geführt, das ist freilich nicht von der Körpermasse zu verstehen[257]. Der Altersschwache wird eben-

[257] Augustinus, Civ. Dei XXII, cap. 14.

falls zu diesem Vollalter zurückgeführt. Ob Riese oder Zwerg, er wird eine angemessene Körpergröße haben. So sollen alle mit vollkommener Gestalt zu «dem einen vollkommenen Mann, zum Vollmaß des Alters Christi» kommen.

Schließlich: Die Auferstehung muß der Vollendung der Natur entsprechen. Die Natur des vernünftigen Geistes aber erfordert, daß er seinen eigenen Körper belebe, weil «der eigene Akt in der eigenen Materie geschehen muß».[258] Daher muß es derselbe Leib sein, der aufersteht, sonst wäre es keine wahre Auferstehung. Die Natur der unsterblichen Geistseele, die ein fortdauerndes Sein besitzt, macht einen Leib erforderlich, dem sie fortdauernd Leben einflößen kann. Daher besitzt der mit der Seele vereinte Leib, eben wegen der Vereinigung mit ihr, eine Hinordnung auf Unvergänglichkeit. Das, worin das Wesen des gesamten Leibes besteht, nämlich die wichtigsten Körperglieder, die Grundfeuchtigkeit und die Körpersubstanz an sich *(caro secundum speciem)*[259], besitzen die Hinordnung auf Unvergänglichkeit notwendig. Das andere aber: die materielle Körpersubstanz *(caro secundum materiam)* und die Körperteile, die zur Wohlgestalt beitragen, haben diese Hinordnung als angemessen *(de congruo)*. Die zuerst genannten Teil sind also auf die Auferstehung notwendig hingeordnet, die anderen aber aufgrund von Angemessenheit. Diese Ordnung hat Gott in die Natur hineingelegt, die Natur kann sie aber nicht zur Vollendung bringen, weil sie einen Toten nicht auferwecken kann. Doch daß Gottes Vorsehung etwas umsonst täte,

[258] Aristoteles, De Anima II, cap. 2: statt «Akt» *(actus)* könnte man auch «Vollendung» übersetzen.

[259] Die *caro secundum speciem* kann Nahrung aktiv in Fleisch umwandeln: Bonaventura, II Sent. dist 30 a. 3 q. 3.

wäre ganz unpassend. Darum muß durch Gottes Kraft der individuell selbige Leib, unsterblich, mit allen seinen Teilen und unter Wahrung der ganzen menschlichen Natur wiederhergestellt werden.

Dies steht nicht in der Macht der Natur, nur in ihrem Verlangen. Sie kann einen einmal zerstörten Leib nicht als individuell denselben wiederherstellen, weil ihre Macht sich nicht auf die ganze Substanz bzw. das ganze Wesen erstreckt. Auch kann sie keinen unsterblichen Leib bilden, da alles, was durch die Natur hervorgebracht werden kann, dem Vergehen unterliegt[260]. Und sie kann Zerstreutes nicht sammeln. Daher kann man die Auferstehung unmöglich den Keimgründen oder natürlichen Ursachen zuschreiben, sondern man muß sie der ersten Ursache zuschreiben: Die Auferstehung geschieht nicht als natürlicher Ablauf, sondern als Wunder, auf Geheiß des göttlichen Willens.

6. Kapitel: Was dem Gericht folgt: die Strafe der Hölle

Nun ist noch von dem zu sprechen, was dem Gericht folgt: die Strafe der Hölle und die Herrlichkeit des Himmels.

Was die Strafe der Hölle betrifft, so ist folgendes festzuhalten: An einem tief gelegenen, räumlich zu verstehenden Ort werden alle Verworfenen, Menschen wie böse Geister, eine ewige Strafe erleiden. Ein körperliches Feuer wird sie peinigen, das Geist und Körper dauernd brennt, ohne jedoch den Körper zu verbrennen. Die Pein der einen wird größer, anderer geringer sein, je nachdem wie es ihre Taten verdienen. Mit dieser Pein wird eine Pein

[260] Aristoteles, De caelo I, cap. 12.

aller Sinne verbunden sein, auch die «Pein des Wurmes» (Mk 9,48) und die Entbehrung der Gottesschau. Es wird also verschiedene Strafen geben, und damit Pein, und mit der Pein die Dauer ohne Ende, so daß als Strafe für die Verworfenen «der Rauch ihrer Qual in alle Ewigkeit aufsteigt» (Offb 14,11).

Begründung zum tieferen Verständnis:

Der ERSTE URSPRUNG ist als das Erste auch das Höchste; und alle seine Eigenschaften sind in höchster Fülle wirklich. Daher ist er mit Notwendigkeit ganz gerecht und gerade *(rectissimum)*. Nach dieser Rechtheit handelt er, wenn er vergilt. Und wie er nicht gegen sich selbst handeln, sich nicht verleugnen (2 Tim 2,13), nicht seine eigene Gerechtigkeit bekämpfen kann, so muß die Sünde nach der Größe der Schuld bestraft werden, vor allem bei denen, die das Gesetz der Barmherzigkeit verachteten und der Strenge der Gerechtigkeit verfielen, weil sie nicht Buße tun wollten. Da die strenge Gerechtigkeit nicht nur auf die Wurzel der Schuld das Augenmerk richtet, sondern auch auf die erschwerenden Umstände, ist es ganz angemessen, daß der gerechte Richter von den Gottlosen die geschuldete Strafe «bis zum letzten Pfennig» (Mt 5,26) fordert, auf daß «der Schandfleck der Sünde nicht ohne die Zier der Gerechtigkeit bleibe». Wie sich die Macht Gottes in der Erschaffung, die Weisheit in der Lenkung und die Güte in der Wiederherstellung offenbart, so die Gerechtigkeit in der Bestrafung. Weil der gottlose Sünder entsprechend seiner Schuld bestraft werden muß, die Todsünde mit der Folge der Unbußfertigkeit bis zum Ende aber eine dauerhafte Zerstörung der rechten Ordnung, die Unordnung der Begierde und vielfache andere Verkehrung bedeutet, muß die Strafe dafür ewig, schmerzvoll und vielfältig sein.

Erstens muß also die Strafe für eine dauerhafte Verkehrung der Ordnung eine dauernde sein. Wenn jemand eine Sünde begeht und sie nie bereut, dann bleibt sie immerwährend in der Seele und trennt vom immerwährenden Leben, Gott. Sie geht von einem Willen aus, der sich immerwährend an der Sünde erfreuen will. Wenn auch jene vorübergehende Freude nur einen Augenblick dauert, so zielt doch die Verkehrung der Ordnung darauf, dauerhaft zu sein. Die Strafe, die der zerstörten Ordnung entspricht, ist der Verlust des Zieles. Wenn der Mensch sich kein Ziel setzen und von der Sünde nicht ablassen will, dann steht auch Gott von der Strafe nicht ab. Wie jener gegen den Unendlichen gesündigt hat, so soll er eine nicht endende Strafe erhalten, wobei sie nicht ihrer Stärke nach unendlich sein kann, sondern nur ihrer Dauer nach. Ebenso wie ein solcher Sünder nach dem Tod fortwährend dem Bösen anhangt, ohne Buße auf sich nehmen zu wollen, so straft Gott ihn fortwährend, ohne seinen Urteilsspruch zu ändern: Das ist die Folge der fortdauernden Verkehrung der Ordnung in den Verworfenen.

Zweitens: Die Strafe dafür, daß die Begierde die rechte Ordnung verkehrt hat, ist Schmerz; denn die Strafe für die Ergötzung an der Sünde ist das Gegenteil: Traurigkeit. In der Sünde wendet sich nämlich der vernunftbegabte Geist dem eigenen Gut zu, um es in seiner Vergänglichkeit, in seiner Begrenztheit, über die Maßen zu lieben *(libidinose amare)*. Darin verachtet er Gottes Hoheit und seinen Befehl. Damit die verwerfliche Ergötzung, die mit der Verachtung Gottes einhergeht, in rechter Weise ihre Strafe findet, muß der Sünder – ob Mensch oder Geist – an den untersten Ort stürzen, der vom Zustand der Glorie am weitesten entfernt ist; das ist in die tiefste Unterwelt. Dort ist er der Peinigung durch die niedrigste geschaffene Wirklichkeit ausgesetzt – er erleidet das nicht von einer geistigen Substanz, sondern von der niedrigsten körperlichen, nämlich dem ekelhaften Schmutz der Körperwelt, so daß er darin steckt (vgl. Zef 1,12 Vg) und von Feuer und Schwefel gebrannt wird (Offb 14,10). Da der Geist, der von Natur gegenüber dem Körper den Vorrang genießt und diesem Leben und Bewegung mitteilt, die Würde seiner Natur durch die Sünde verkehrt und sich gewissermaßen dem Wertlosen und Nichtigen unterworfen hat, so ist es gerecht, daß sowohl der Geist wie der ganze Mensch an körperliches Feuer gebunden wird – nicht um diesem Leben einzuflößen, sondern die von Gott verfügte Strafe zu erleiden. An etwas gekettet zu sein, vor dem er in einer von Gott eingegebenen Furcht zurückschreckt und das er kraft seiner natürlichen Sinne fühlt, muß eine schlimme Qual sein. Dieses Feuer wirkt nur aufgrund des Zustandes der Sünde, der Strafwürdigkeit *(reatus)* und der Befleckung aufgrund verwerflicher Begierde. Darin sind aber nicht alle gleich; und darum werden von ein und demselben Feuer die einen mehr, die anderen weniger versengt, wie von ein und demselben Feuer ganz verschieden Spreu und Holz brennen (vgl. 1 Kor 3,12f.). Weil aber in jedem Verworfenen der Zustand der Sünde und der Strafwürdigkeit, nach der sich die Wirkung des Feuers bemißt, immer gleich bleibt, weder zu- noch abnimmt, noch sich verändert, darum brennt es immer ohne zu verzehren, es peinigt, tötet aber nicht. Denn der Zweck dieses Feuers ist nicht seine eigene Ausbreitung, sondern es zerstört die Ruhe der Seele in ihrem Leib oder auch in ihr selbst. Es wird nicht jeweils von neuem diese Ruhe entzogen, sondern der Zustand ohne Ruhe bleibt. In dieser Strafe hebt der Schmerz die Ewigkeit nicht auf, noch die Ewigkeit den Schmerz.

Schließlich: Wie die Zerstörung der Ordnung viele Aspekte hat, so auch die Strafe. Bei jeder persönlichen

Todsünde wird sowohl eine Abwendung vom höchsten Licht und der höchsten Gutheit vollzogen, wie eine Hinwendung zu einem wandelbaren Gut im Widerspruch zur rechten Ordnung, wie auch eine Verkehrung des Willens gegen das Urteil der rechten Vernunft. Daher wird die Strafe für die Verworfenen dreifach sein: wegen der Abwendung von Gott entbehren sie der Gottesschau, wegen der verkehrten Hinwendung zu untergeordneten Gütern werden sie von körperlichem Feuer gepeinigt, wegen des Widerstreits zwischen Willen und Vernunft fühlen sie den Gewissenswurm. Vielfältig also ist ihre Strafe und Pein, schmerzvoll und immerwährend, und «der Rauch ihrer Qual steigt auf in alle Ewigkeit» (Offb 14,11).

7. *Kapitel: Die Herrlichkeit des Paradieses*

Zur Herrlichkeit des Himmels ist zusammenfassend festzuhalten: es gibt einen wesentlichen Lohn *(praemium substantiale)*, einen Lohn, der mit dem wesentlichen Lohn verbunden ist *(consubstantiale)*, und einen Lohn, der beigegeben ist *(accidentale)*. Der Lohn besteht seinem Wesen nach darin, das einzige höchste Gut, Gott, zu schauen *(visio)*, sich in ihm zu erfreuen *(fruitio)*[261] und ihn zu besitzen *(tentio)*. Die Seligen schauen Gott von Angesicht zu Angesicht (1 Kor 13,12), das heißt, ohne Schleier oder Hülle. Sie finden all ihr Glück und ihre Wonne in ihm,

[261] *frui/fruitio:* meist als «genießen» oder «Genuß» übersetzt, was aber im Deutschen falsche Assoziationen weckt. Der Akt der *fruitio* ist das vollkommene «Seligsein» in einem Gut, das über alles liebenswert ist und geliebt wird. Freude ist unmittelbare Frucht der Liebe *(dilectio)*, vorausgesetzt dafür sind aber sowohl Erkenntnis *(visio)* wie unverlierbare Gegenwart des Gutes bzw. sein «Besitz» *(tentio)*. Somit enthält die *fruitio* alle Akte der himmlischen Herrlichkeit in sich.

ohne jemals satt zu werden. Sie halten ihn fest für immer. So bewahrheitet sich jenes Wort Bernhards, daß «Gott die Fülle des Lichtes für den Verstand *(rationi),* reicher Friede für den Willen *(voluntati),* ewiger Besitz für den Geist des Menschen *(memoriae)* sein werde»[262].

Mit diesem Lohn ist wesentlich die Verherrlichung des Leibes verbunden; man nennt das «das zweite Ehrenkleid» *(secunda stola).* Wenn man dies empfangen hat, strebt die Seele auf noch vollkommenere Weise dem höchsten Himmel zu[263]. Dieses Ehrenkleid besteht in der vierfachen Hochzeitsgabe *(dotes)*[264] für den Leib: er wird strahlend klar *(claritas),* von feiner Beschaffenheit *(subtilitas),* leicht beweglich *(agilitas)* und leidensunfähig *(impassibilitas)* sein. Hier wird es verschiedene Grade geben, je nachdem, wie groß die Liebe eines jeden in seinem irdischen Leben war.

Der beigegebene Lohn besteht in einer besonderen Zierde, die obendrein verliehen wird, genannt «Aureole». Nach Meinung der Theologen gebührt sie drei Arten von Werken: dem Blutzeugnis, der Verkündigung und der jungfräulichen Keuschheit. All das wird dem Grad und der unterschiedlichen Art der Verdienste entsprechen.

Begründung zum tieferen Verständnis:

Der ERSTE URSPRUNG ist, weil er schlechthin Erstes ist, höchste Einheit, Wahrheit und Gutheit. Darum muß man ihm die höchste Machtvollkommenheit, Weisheit, Güte und Gerechtigkeit zuschreiben. Das Unsichtbare Gottes aber sollte in seinen Werken kund werden (Röm 1,20);

[262] In Canticum Cant. Sermo 11, n.5.

[263] Vgl. Augustinus, Gen. litt. XII, cap. 35 n. 68.

[264] *dos/dotes:* die sogenannten Gloriengaben (drei für die Seele, vier für den Leib), benannt nach der Gabe, die der Bräutigam der Braut am Tag der Hochzeit übergibt.

als Ursprung dieser sichtbaren Welt hat er sie so erschaffen, lenkt sie so, stellt sie so wieder her, belohnt und vollendet sie so, daß in der Erschaffung seine höchste Macht, bei der Leitung seine Weisheit, bei der Wiederherstellung seine Güte, bei der Vergeltung seine Gerechtigkeit offenbar wird.

Damit also seine Macht kundwerde, hat er alles aus Nichts erschaffen, zu Lob, Ruhm und Ehre seines Namens. Er erschuf etwas, das dem Nichts nahe steht, nämlich die körperliche Materie, und etwas, das ihm selbst nahe steht, die geistigen Wesen, und er verband beides im Menschen zu einer Natur und einer Person: materiellen Leib und geistige Seele.

Damit seine Weisheit offenbar werde, lenkt und ordnet er alles und trägt in seiner Weisheit Sorge für alles. Das Höchste im Menschen, den Geist, lenkt er selbst, indem er ihn erleuchtet, das Unterste, nämlich den Leib, lenkt er durch den freien Willen des Menschen: So soll der Leib und alles Körperliche dem Geist zur Leitung untergeben sein, der Geist aber Gott.

Damit Gottes Güte offenbar werde, hat er den gefallenen Menschen wiederhergestellt, indem er die Menschennatur annahm, die vielfache Mühsal, als Folge der Erbsünde, auf sich nahm und schließlich die Strafe selbst trug. Die höchste Barmherzigkeit ließ den Barmherzigen dem Erbärmlichen gleichförmig werden, damit er so das Elend behebe; gleichförmig wurde er dem Menschen nämlich nicht nur in der Würde seiner geschaffenen Natur, sondern auch in den Schwächen, die diese Natur seit dem Fall belasten.

Damit schließlich auch die Gerechtigkeit offenbar wird, wird er einem jeden vergelten, wie es seine Taten verdienen – nicht nur den Bösen mit Strafe, sondern auch den Gerechten mit der ewigen Herrlichkeit. Das erfordert sowohl die gerechte Vergeltung wie die gnadenhafte Erlösung, die geordnete Leitung und die machtvolle Erschaffung. All dies findet seine Vollendung am Ende.

Erstens: Die Belohnung aller Gerechten muß der *Gerechtigkeit des Richters* und der *Kraft des Schöpfers* entsprechen. Gott erschuf die vernunftbegabte Seele in großer Nähe zu sich selbst: als «Gottes fähig» kraft der ihr eingeprägten Gottebenbildlichkeit. Ihm, der allerheiligsten Dreifaltigkeit, dienten die Gerechten mit ihrer ganzen Seele, so wie es dieser als unversehrtem Ebenbild Gottes entspricht. Daher kann die vernunftbegabte Seele mit nichts Geringerem als Gott selbst belohnt oder erfüllt werden, noch könnte etwas Geringeres ihrer Fassungskraft Grenzen setzen. Darum wird ihr als Lohn die Gottförmigkeit der Glorie *(deiformitas gloriae)* zuteil, durch die sie Gott ähnlich wird, so daß sie ihn mit der Erkenntniskraft in Klarheit schaut, im Willen erfüllt ist von der Liebe zu ihm und ihn im Gedenken für immer festhält. Dann ist die Seele ganz lebendig, wird als ganze beschenkt mit Gaben für ihre drei Kräfte, wird als ganze Gott ähnlich gestaltet, wird ihm ganz vereint und ruht ganz in ihm; denn in ihm, der alles und jedes Gut ist, findet sie Frieden, Licht und alles, was sie wünscht, für immer. Da sie also in einem «Zustand ist, der alle Güter in Vollendung in sich vereint»[265], und da sie in ewigem Leben lebt, heißt sie «selig», ja «verherrlicht» *(gloriosa)*.

Zweitens: Die Vergeltung muß nicht nur der Kraft des Schöpfers und der Gerechtigkeit des Richters entsprechen, sondern auch der Ordnung, mit der er die Schöpfung *regiert*. Der Schöpfer des Menschen hat den Leib mit der

[265] Boethius' Definition für Glückseligkeit: Consolatio philosophiae, III, prosa 2.

Seele verbunden und sie so miteinander vereint, daß sie ein natürliches, wechselseitiges Verlangen nacheinander haben; er unterstellte den Leib der Seele zur Leitung und richtete es so ein, daß die Seele sich im Zustand der Bewährung zum Leib herabneigen und für ihn Fürsorge tragen sollte, um verdienstlich zu handeln. Das natürliche Verlangen der Seele nach ihrem Leib läßt daher nicht zu, daß sie vollkommen selig sei, wenn ihr nicht der Leib wiederhergestellt wird; sie hat eine von Natur gegebene Neigung, ihn wieder anzunehmen. Und die Leitungsaufgabe, welche der Seele eignet, fordert, daß der wiederhergestellte Leib dem seligen Geist in allem gleichgestaltet und untertan sei, so weit nur irgend der Körper dem Geist gleichgestaltet werden kann. Da also die geistige Seele durch die Schau des ewigen Lichtes licht und klar wird, muß in ihrem Leib überaus herrliche lichte Klarheit widerleuchten. Weil die Seele in der Liebe zu Gott, dem höchsten Geist, in höchstem Maße geistlich wird, muß der Leib ihr entsprechend feinstofflich und geistgeformt sein. Weil die Seele die Ewigkeit festhält, ist sie allem Leiden enthoben; und daher muß auch ihr Leib in jeder Hinsicht leidensunfähig sein, so daß ihm weder von innen noch von außen etwas zustoßen kann. Aufgrund all dieser Eigenschaften fliegt die Seele mit all ihrem Streben Gott zu, und darum findet sich im verherrlichten Leib die Eigenschaft der raschen, mühelosen Beweglichkeit. Durch diese Eigenschaften wird der Leib der Seele gleichgestaltet *(conforme)* und zugleich untertan *(subiectum)*. Man nennt diese vier Eigenschaften seine hauptsächliche «Ausstattung»; denn durch sie erlangt er die Fähigkeit, der Seele zu folgen und in den himmlischen Gefilden zu wohnen, dem Ort der Seligen. Diese Eigenschaften machen den Leib den Himmelskörpern ähnlich; denn der Unterschied zwischen den himmlischen Körpern und den vier

Elementen besteht gerade in der Intensität dieser Eigenschaften. So vervollkommnet die vierfache Gabe den Leib in sich, macht ihn bereit für die himmlischen Wohnungen und formt ihn der seligen Seele ähnlich. Ausgehend vom höchsten Haupt, Gott, fließt die Fülle der Wonne, ein berauschender Strom der Seligkeit, über die Seele herab «bis zum Saum des Gewandes» (Ps 133,2), das heißt: des Leibes, und tränkt ihn, so weit es nur möglich ist.

Drittens: Der Lohn der Gerechten muß der Gerechtigkeit des Richters, der Kraft des Schöpfers, seiner weisen Lenkung und schließlich auch dem *Werk der Erlösung* entsprechen. Nun sind den Gliedern Christi aber verschiedene Gnadengaben verliehen, nicht nur Gaben des inneren Lebens, sondern auch äußerer Vollzüge, Gaben, die nicht nur Tugenden bewirken, sondern auch Lebensformen, solche, die auf die vollkommene Liebe im Inneren hingeordnet sind, und auch solche, die dem äußeren Wirken Schönheit und Zierde verleihen. Darum gebührt manchen Gliedern nicht nur das Ehrenkleid der Seele mit den drei Gloriengaben und das Ehrenkleid des Leibes mit seinen vier Gloriengaben, sondern auch eine Art herausragende Zier und Freude, weil sie in ihrem Handeln die Schönheit der Tugend auf eine besonders vollkommene Weise verwirklicht haben. Drei Arten von Werken sind von herausragender Vollkommenheit und Schönheit, weil sie den drei Seelenkräften eine besondere Wohlgestalt verleihen: In Bezug auf die Erkenntniskraft ist es die Verkündigung der Wahrheit, die andere zum Heil führt, in Bezug auf das begehrende Streben ist es die vollkommene Unterwerfung der Begierde in immerwährender jungfräulicher Keuschheit, in Bezug auf das mutige Streben ist es der um der Ehre Christi willen erlittene Tod. Darum gebührt diesen drei Gruppen von Gerechten: den Verkündigern, den Jungfräulichen und den Märtyrern jener besondere, noch zusätzlich beigegebene Lohn, den man Aureola nennt. Dieser ziert nicht nur die Seele, sondern auch den Leib; denn dieser Lohn wird nicht nur dem guten Willen zuteil, sondern auch dem äußeren Werk. Er setzt als Grundlage das Verdienst und den Lohn der Liebe *(caritas)* voraus, der in der siebenfachen Brautgabe besteht: drei für die Seele, vier für den Leib. In ihnen liegt die Vollendung beschlossen, die ganze Fülle aller Güter, die zur Glorie gehören.

Was das für Güter sind, und wie groß sie sind – das will ich nicht mit eigenen Worten sagen, sondern den hl. Anselm sprechen lassen. Er schreibt am Schluß des *Proslogion*[266]:

Erwache nun, meine Seele, erhebe dein Erkennen und bedenke, so gut du es vermagst, wie dieses Gut beschaffen ist und wie groß es ist. Wenn schon die einzelnen Güter Wonne schenken, dann führe dir eindringlich vor Augen, welche Wonne jenes Gut schenkt, das die Lieblichkeit aller Güter in sich enthält, und zwar nicht so, wie wir sie von den geschaffenen Dingen her kennen, sondern derart verschieden, wie eben der Schöpfer vom Geschöpf unterschieden ist. Wenn schon das geschaffene Leben gut ist, wie gut muß dann das schaffende Leben sein? Wenn schon das geschaffene Heil-Sein *(salus)* so freudvoll ist, wie freudvoll muß dann jenes Heil sein, das alles Heil bewirkt? Wenn schon die Weisheit in der Erkenntnis der geschaffenen Dinge geliebt zu werden verdient, wie sehr dann erst jene Weisheit, die alles aus dem Nichts erschaffen hat? Schließlich: Wenn so zahlreiche und große Ergötzungen in den ergötzlichen Dingen sind, wie – und

[266] Im folgenden – bis zum Ende des Breviloquium – zitiert Bonaventura aus Kap. 24-26.

wie groß – muß dann die Ergötzung in Dem sein, der die ergötzlichen Dinge erschaffen hat?

Wer sich in diesem Gut erfreut *(fruitur)* – was wird ihm gehören, was wird ihm nicht gehören? Sicherlich wird er haben, was er will, und was er nicht will, wird er nicht haben. Dort werden Leib und Seele Güter zuteil, deren Art «kein Auge geschaut, kein Ohr gehört hat und kein Menschenherz ersinnen konnte». Warum streifst du so viel herum, Menschlein, auf der Suche nach Gütern für deine Seele und deinen Leib? Liebe das Eine Gut, in dem alle Güter sind, und es genügt. Verlange nach dem einfachen Gut, das alles Gute ist, und es ist genug. Was liebst du denn, mein Leib *(caro),* was liebst du, meine Seele? Dort ist alles, was ihr liebt, alles, was ihr ersehnt. Wenn dich Schönheit erfreut: «Die Gerechten werden leuchten wie die Sonne» (Mt 13,43). Wenn Schnelligkeit, Stärke, Freiheit des Leibes, der nichts widerstehen kann: «Sie werden den Engeln Gottes gleichen» (Mt 22,30); denn «gesät wird ein von den Sinnen bestimmter Leib *(corpus animale),* auferstehen wird ein geistbestimmter Leib *(spirituale)*» (1 Kor 15,44), geistlich aufgrund seines Vermögens, nicht seiner Natur nach. Wenn du ein langes und gesundes Leben wünschst: dort ist gesunde Ewigkeit und ewige Gesundheit, weil «die Gerechten in Ewigkeit leben werden» (Weish 5,16), und «das Heil der Gerechten von Gott kommt» (Ps 37,39). Wenn du danach verlangst, dich zu sättigen: «Sie werden gesättigt werden, wenn die Herrlichkeit Gottes erscheint» (Ps 17,15). Wenn du übergenug zu trinken willst: «Sie werden trunken sein vom Reichtum des Hauses Gottes» (Ps 36,9). Wenn du nach Musik verlangst: Dort werden die Chöre der Engel ohne Ende das Lob Gottes singen. Wenn du Wonnen suchst – nicht unreine, sondern reine –: Gott «wird sie mit dem Strom seiner Wonnen tränken» (Ps 36,9). Wenn du Weisheit suchst: Die Weisheit Gottes selbst wird sich ihnen zeigen. Wenn du dich nach Freundschaft sehnst: Dort lieben sie Gott mehr als sich selbst und den anderen wie sich selbst, und Gott liebt sie mehr als sie sich selbst; denn sie lieben Ihn und sich selbst und die Anderen durch Ihn, und Er liebt Sich und sie durch Sich selbst. Wenn du Eintracht suchst: Dort sind alle eines Willens, weil sie nichts anderes wollen als den Willen Gottes. Wenn du nach Macht verlangst: Sie werden alles können, was sie wollen, wie auch Gott. Denn wie Gott durch sich selbst kann, was er will, so können jene durch Ihn, was sie wollen. Weil sie nichts anderes wollen als Er, so will Er das, was sie wollen. Was aber Er will, das muß auch sein. Wenn du Reichtum und Ehre suchst: Gott wird «seine guten und getreuen Knechte über vieles setzen» (Mt 25,21.23), ja sie werden «Kinder Gottes» und «Götter genannt» werden und es auch sein (Mt 5,9; Ps 82,6; Joh 10,34). Wo sein Sohn sein wird, da werden auch sie sein, «Erben Gottes und Miterben Christi» (Röm 8,17). Wenn du dich nach wahrer Sicherheit sehnst: Ganz sicher werden sie dort die Sicherheit haben, daß diese, oder besser gesagt: dieses Gut, ihnen niemals und in keiner Weise abgehen wird, wie sie auch sicher sind, daß sie es niemals aus freiem Willen aufgeben würden, und Gott, der sie liebt, es ihnen, die Ihn lieben, niemals gegen ihren Willen nehmen würde, und daß es nichts gibt, das mächtiger wäre als Gott und sie ohne ihren Willen voneinander trennen könnte.

Was für eine Freude wird das sein, wie groß wird sie sein, angesichts eines solchen Gutes, angesichts der Größe dieses Gutes! O Menschenherz, bedürftiges Herz, nur zu vertraut mit aller Mühsal, ja ganz zu Boden gedrückt davon, welch große Freude wirst du haben, wenn du an all diesen Gütern Überfluß hast! Frage dich im Innersten deines Herzens, ob es seine Freude über solche Seligkeit fassen könne!

Wenn nun jemand anderer, den du liebst wie dich selbst, die gleiche Seligkeit besäße, dann würde doch sicher deine Freude sich verdoppeln, denn du freutest dich über ihn nicht weniger als über dich. Wenn zwei oder drei, oder noch viel mehr, die gleiche Seligkeit hätten, dann würdest du dich für jeden einzelnen genauso freuen wie für dich selbst, wenn du jeden einzelnen so liebst wie dich selbst. In jener vollkommenen Liebe unzähliger Engel und Seliger, wo keiner den anderen weniger liebt als sich selbst, wird sich jeder für den anderen genauso freuen wie für sich selbst. Wenn also das Herz des Menschen seine eigene Freude über sein Gut kaum fassen kann, wie wird es so viele und große Freuden fassen können?

Weil ein jeder sich in dem Maß über das Gut eines anderen freut, wie er ihn liebt, so wird sich in jener vollkommenen Seligkeit jeder über die Seligkeit Gottes unvergleichlich mehr freuen als über seine eigene und die seiner Gefährten; denn jeder wird Gott unvergleichlich mehr lieben als sich selbst und alle seine Gefährten. Wenn sie aber Gott aus ganzem Herzen, ganzem Geist, ganzer Seele lieben (Mt 22,37), so daß das ganze Herz, die ganze Seele, der ganze Geist nicht ausreicht für die Würde dieser Liebe, dann werden sie wahrhaftig sich auch mit dem ganzen Herzen, dem ganzen Geist, der ganzen Seele freuen, so daß das ganze Herz, der ganze Geist, die ganze Seele nicht ausreichen für die Fülle der Freude.

Noch immer habe ich nicht ausgesprochen oder denkend erfaßt, o Herr, wie groß die Freude Deiner Heiligen ist. Mit Sicherheit werden sie so große Freude haben, wie sie Liebe haben. Sie werden so viel Liebe haben, wie sie Erkenntnis haben. In welchem Maß werden sie dich erkennen, in welchem Maß dich lieben? Hat doch gewiß in diesem Leben «kein Auge gesehen, kein Ohr gehört, und ist es in keines Menschen Herz gedrungen», wie tief sie dich erkennen und lieben in jenem Leben.

Ich bitte dich, o Gott,
daß ich dich erkennen und lieben möge,
damit ich mich auch an dir erfreue.
Und wenn ich das zur Fülle in diesem Leben
nicht vermag,
so gewähre mir, wenigstens Tag für Tag
darin voranzuschreiten,
bis die Fülle dessen kommt.
Möge meine Erkenntnis von dir
hier auf Erden zunehmen
und dort erfüllt sein.
Möge meine Liebe zu dir hier wachsen
und dort erfüllt sein:
Auf daß meine Freude schon hier groß sei
in der Hoffnung
und dort erfüllt in der Fülle der Wirklichkeit.
Herr, durch deinen Sohn heißt du uns bitten,
legst uns ans Herz, wir sollten bitten,
und versprichst, daß wir empfangen werden:
daß unsere «Freude vollkommen sei» (Joh 16,24).
Gott, der du ganz wahrhaftig bist, ich bitte darum:
Möchte ich doch erhalten, daß meine Freude
vollkommen sei.
Ich bitte, Herr, was du uns durch unseren
«wunderbaren Ratgeber» (Jes 9,5) zu bitten rätst:
Ich möchte erhalten, was du durch Deine WAHRHEIT
selbst verheißt:
daß meine Freude vollkommen sei.

In der Zwischenzeit soll mein Geist
darüber nachsinnen,
meine Zunge davon sprechen, mein Herz dies lieben,
mein Mund davon reden,
meine Seele danach hungern,
mein Leib danach dürsten,
ja mein ganzes Wesen sich danach sehnen –
bis ich eintrete in diese Freude
meines Herrn (Mt 25,21),
des dreifaltig-einen Gottes, der gepriesen sei
in Ewigkeit.
Amen.

Hier endet das Breviloquium des Bruders Bonaventura.

GLOSSAR

Lateinische Begriffe

(Zahlen in Klammern bezeichnen Anmerkungen im Text)

accidia – «Akedia», eines der sieben Wurzelsünden: Trägheit und Widerwillen gegenüber dem Guten, «böse Traurigkeit»: III,9.

aequalitas – «Gleichheit», «Ausgewogenheit» von Teilen, «Ebenmaß»: I,6 (44); II,4 (67); II,10.

affectus – «Streben», «Neigung»; insofern mit der Vernunft verbunden: «Wollen»; Gegenpol zu *intellectus* – «Erkenntniskraft»; Sitz der Liebe: II,9; *affectus Christi*: IV,5.

ars – «Kunst», Gottes «Schöpfungsplan», insbes. der Sohn Gottes als Urbild des Geschaffenen: I,8; II,11.

auctor – «Urheber», «Garant», der «Vollmacht hat»: VI,4.5.

auctoritas – 1. «Zuverlässigkeit», «Vollmächtigkeit», 2. «grundlegender Text»: Prol §6; V,7.

caritas – die theologische Tugend der Liebe: Gott als höchstes Gut über alles und alles andere im Hinblick auf ihn, bzw. nach dem Rang im «ordo amoris», zu lieben.

comprehendere – «begreifen» in zweifachem Sinn: IV,6 (151); V,6.

contingens – «nicht notwendig»: I,8 (54).

convenientia – «Gemeinsamkeit», «Übereinkommen», «Entsprechung», «Analogie», «Angemessenheit»: IV,8.

deiformitas – Gottähnlichkeit: aufgrund von geistiger Natur (z.B. der Intellekt der Engel: II,6); «gottähnlich» ist der menschliche Geist, wenn er die ihm von Natur eingesenkte Möglichkeit, zu seinem Schöpfer zurückzukehren (nämlich durch *memoria*, Erkenntnis und Willen), verwirklicht; dazu befähigt ihn aktual die Gnade (durch die drei theologischen Tugenden) und die Glorie (unverlierbare Heiligkeit): II,12; V,1; V,4.

dispensatio – 1. «Heilsplan» Gottes, «Heilshandeln», «Heilsordnung» (110). 2. «Spendung» der Sakramente.

donum – «Gabe», «Geschenk»: 1. Eigenname für den Hl. Geist (wie «Wort» für den Sohn): I,3; 2. die vom Hl. Geist gegebenen Gnaden: V,1, bes. 3. die sieben «Geistesgaben» nach Jes 11: V,5.

fruitio – «genießen», im Besitz des vollkommenen Gutes «selig sein»: V,8; VII,7 (261).

gratia – «Gnade»: II,11; V,1 (163); V,2.

hierarchia, -izatio – «heilige und heiligende Ordnung», ausgehend von einem «heiligen Ursprung»: Prol. (9).

influentia – «Einfließen», Wirkung eines Höheren auf ein Niedrigeres: II,4; besonders für die Mitteilung der von Gott her «fließenden Gnade»: Prol. (2); V,1; VII,3.

memoria – «Gedächtnis», «Gedenken», «Selbst-Bewußtsein»: II,9.12; die für jede Erkenntnis und Liebe vorausgesetzte Selbstgegenwart der Person. Die *m.* enthält Gegenwärtiges, Vergangenes und Zukünftiges (in der Weise der Vorausschau), ist Sitz von Erkenntnis-Prinzipien wie Punkt, Einheit, Augenblick, und von evidenten Sätzen. Aufgrund ihrer zeitübergreifenden Dimension bildet die *m.* im geschaffenen Geist die Ewigkeit Gottes (appropriativ die Eigenschaft des Vaters) ab.

ordo – 1. die «Ordnung» (der Natur, der Gerechtigkeit); 2. der rechte «Platz» eines Geschöpfes innerhalb des Ganzen, der bestimmt wird durch seine «Hinordnung» auf ein Ziel oder einen bestimmten Dienst (die Ordnungen der Engel: II,8); 3. geistlicher «Stand», vornehmlich der durch das «Weihesakrament» begründete: VI,12 (236).

perfectio – «Vollkommenheit», Gottes *p.*: I,4 (33).

pietas – «rechtes Empfinden», «Frömmigkeit», «Erbarmen»: I,2 (25); V,5.6.

pulcritudo – «Schönheit»: harmonische Einheit von Vielem, bzw. Vielfalt in Einheit, s. *aequalitas.*

ratio – 1. «Seinsgrund», 2. «Erkenntnisgrund», daher «Begründung», 3. «Vernunft»

rationes aeternae – «die ewigen Gründe», das Gegründetsein der geschaffenen Dinge in Gottes Gedanken: I,8 (53).

rectitudo – «Rechtheit», «Recht-Sein» als Eigenschaft Gottes: III,5; sowie des an Leib und Seele gut erschaffenen Menschen: II,10.11; III,1 (104), bzw. durch die Gnade neugeschaffenen Menschen: V,4; Im Unterschied zu *r.* betont *iustitia* – «Gerechtigkeit» – eher die Relation nach außen.

reparatio – «Wiederherstellung» im Sinne von «Erlösung»: IV,1 (132)

sapientia – «Weisheit»: I,1 (24); II,8 (80); Gottes *s.*: I,8; «Theologie» als *s.*: I,2; Geistesgabe, welche die mystische Erkenntnis ermöglicht: V,5.

species – 1. (sichtbare) «Gestalt»; 2. das besondere «Wesen» eines Dinges; 3. «Schönheit»: I,6 (44); II,5 (69).

spiritus – «Geist»; «Seele» als Gegenpol zu *caro* (250); «Geistwesen», Engel: II,6.

speculum, -ari – «Spiegel», «(im Spiegel) betrachten»: Prol. § 4, (8); V,6; *intellectus speculativus* – «theoretische» Betätigung der Vernunft: II,9.

status – «(vollendeter) Zustand»: wo etwas zum Stehen kommt: Prol. (6); II,1.

tempus, ex tempore – die Erschaffung der Welt als «zeitlich»: II,1 (62).

vires animae – «Seelenkräfte», «Seelenvermögen»: II, 9; V,5.

- *vis rationalis* – «Erkenntnisvermögen»
- *v. irascibilis* – das «mutige Streben»
- *v. concupiscibilis* – das «begehrende Streben»

virtus – 1. «Kraft», wodurch ein Seiendes tätig wird, 2. «Tugend».

virtuositas – Kraftfülle, Kräftigkeit.

Deutsche Stichworte

(soweit sie nicht aufgrund der einzelnen Kapitelüberschriften ersichtlich sind)

Appropriationen: I,6; (80).

Doppelgebot: V,8.

Einwohnung Gottes, *(in-)habitatio:* I,5.

Erkenntnis «im Abend-/ im Morgenlicht» – *cognitio vespertina/matutina:* II,8. Gotteserkenntnis: II,12; mystische Erkenntnis: V,6; IV,6 (151).

Erscheinung Gottes, *apparitio:* I,5.

Glorie: Prol. (10).

Gnade: Prol. (10), s. *gratia.*

Gottebenbildlichkeit: II,12.

Habitus: Die Formung oder stabile Disposition einer (geistigen) Potenz: im Bereich der Erkenntnis durch die «Wissenschaften», im Bereich des Wollens durch «Tugenden» oder «Laster». Zu unterscheiden sind 1. Habitus, die mit der geistigen Natur der Seele selbst gegeben sind (zum Beispiel die Fähigkeit, sich ihrer selbst zu erinnern, oder die Fähigkeit des freien Willens), 2. erworbene Qualitäten, 3. «eingegossene», durch die Gnade geschenkte Tugenden (Glaube, Hoffnung und Liebe, sowie alle Tugenden, insofern sie von der göttlichen Liebe geformt sind).

Kirche: IV,5; IV,10.

Maria: Freiheit von der Erbsünde III,7; Verkündigung: IV,3; leibliche Aufnahme in den Himmel: VII,5.

Pfingsten: IV,10.

Schönheit: s. *pulcritudo, species, aequalitas.*

Schrift, Hl.: Verhältnis Altes und Neues Testament: V,9 (206); VI,2.

Seele: *anima* (v.a. als mit dem Leib verbunden, ihn belebend und lenkend); *spiritus* (als Gegenpol zur Körperlichkeit); *mens* (als ihrer selbst bewußt, und als «Gottes fähig»: *capax Dei*).

Transsubstantiation: VI,9 (230).

Wille: *voluntas*, freier Wille – *liberum arbitrium:* II,6 (73); II,9; III,1 (104); III,11 (128).

In der Reihe CHRISTLICHE MEISTER sind erschienen:

1 Basil Kardinal Hume, Gott suchen
2 Johannes Tauler, Predigten, Bd. I, 328 S.
3 Johannes Tauler, Predigten, Bd. II, 352 S.
4 Richard von Sankt-Victor, Die Dreieinigkeit
6 Angelus Silesius, Cherubinischer Wandersmann
7 Der Franckforter, Theologia Deutsch (A.M. Haas)
8 Die Wolke des Nichtwissens, (Wolfgang Riehle)
9 Charles Péguy, Das Tor zum Geheimnis der Hoffnung
10 Malcolm Muggeridge, Jesus, der Mann, der lebt
11 Irenäus, Gott in Fleisch und Blut
12 Wilhelm von St-Thierry, Der Spiegel des Glaubens
13 Paul Claudel, Die Messe des Verbannten
14 Nikolaos Kabasilas, Das Buch vom Leben in Christus
15 Anselm von Canterbury, Wahrheit und Freiheit
16 Aurelius Augustinus, Der Gottesstaat
17 Blaise Pascal, Schriften zur Religion
18 Der Brief an Diognet, (Bernd Lorenz)
19 Diadochus von Photike, Gespür für Gott
20 Aurelius Augustinus, Über die Psalmen
21 Gregor der Große, Homilien zu Ezechiel
22 Pierre de Bérulle, Leben im Mysterium Jesu
23 Gregor von Nyssa, Der versiegelte Quell
24 Die apostolischen Väter – Clemens, Ignatius, Polykarp
25 Augustinus, Die Bekenntnisse
26 Bernhard von Clairvaux, Was ein Papst erwägen muß
27 Maurice Blondel, Logik der Tat
28 Marie de l'Incarnation, Der Lebensbericht
29 Origenes und Gregor der Große, Das Hohelied

30 Jan van Ruusbroec, Die Zierde der geistlichen Hochzeit
31 Mechthild von Hackeborn, Das Buch vom strömenden Lob
32 Léon Bloy, Schrei aus der Tiefe
33 Thomas von Aquin, Sentenzen über Gott und die Welt
34 Paschasius Radbert, Vom Leib und Blut des Herrn
35 Beda Baumer, Endzeit armenisch. Die Hoffnung eines bedrängten Volkes
36 Juliana von Norwich, Offenbarung von göttlicher Liebe
37 Aelred von Rievaulx, Spiegel der göttlichen Liebe
38 Petrus Faber, Memoriale. Das geistliche Tagebuch des ersten Jesuiten in Deutschland
39 Dionysios Areopagita, Von den Namen zum Unnennbaren
40 Friedrich Spee, Güldenes Tugend-Buch
41 Augustinus, Das Antlitz der Kirche
42 Jerónimo Nadal, Der geistliche Weg
43 Origenes, Geist und Feuer
44 Ambrosius von Mailand, Der Tod – ein Gut
45 Ignatius von Loyola, Die Exerzitien
46 Hans Urs von Balthasar, Texte zum ignatianischen Exerzitienbuch (Jacques Servais)
47 Ludolf von Sachsen, Das Leben Jesu Christi
48 Gregor der Große, Von der Sehnsucht der Kirche
49 Maximus der Bekenner, Drei geistliche Schriften
50 Charles de Foucauld, Der letzte Platz
51 Elisabeth von Dijon, Der Himmel im Glauben
52 Bonaventura, Breviloquium
53 Georges Bernanos, Das sanfte Erbarmen / Die Geduld der Armen
54 Augustinus, Die Bergpredigt